文明的历程

西周

THE COURSE OF CIVILIZATION

李学勤 主编

张广志 著

上海科学技术文献出版社

Shanghai Scientific and Technological Literature Press

图书在版编目（CIP）数据

西周 / 张广志著 . 一上海：上海科学技术文献出版社，2020

（文明的历程丛书 / 李学勤主编）

ISBN 978-7-5439-8131-7

Ⅰ.①西… Ⅱ.①张… Ⅲ.①文化史—中国—西周时代 Ⅳ.① K224.03

中国版本图书馆 CIP 数据核字 (2020) 第 061330 号

策划编辑：张　树
责任编辑：王　珺　罗毅峰
封面设计：留白文化

西　　周
XI ZHOU
李学勤　主编　张广志　著
出版发行：上海科学技术文献出版社
地　　址：上海市长乐路 746 号
邮政编码：200040
经　　销：全国新华书店
印　　刷：常熟市人民印刷有限公司
开　　本：650×900　1/16
印　　张：22.75
字　　数：253 000
版　　次：2020 年 6 月第 1 版　2020 年 6 月第 1 次印刷
书　　号：ISBN 978-7-5439-8131-7
定　　价：68.00 元
http://www.sstlp.com

序

这套书的诞生，有着时代的背景和特定的机缘。

近年间，随着中国国势走向振兴，中国传统的历史文化越来越受到世人关注。这对于中国这样历史悠久、文化基础深厚的国家来说，是必然的。绵延连续，从未断绝，乃是中国传统的特性，因此要深入理解中国，不能不求诸历史，而且必须向上追溯其源头，以追寻其形成奠基的根本，也便是上古的先秦时期。自从二十几年前的"文化热"，直到最近盛兴的"国学热"，贯穿着对中国传统的反思和探究，也总离不开先秦时期种种问题的讨论。

1996年，作为国家"九五"重点科技攻关计划项目的"夏商周断代工程"启动。这一自然科学与人文社会科学交叉结合的大型科研项目，总目标是使作为先秦时期重要部分的夏、商、西周的年代学进一步量化，为更好地研究古代历史文化、探索中国文明的起源及早期发展打下良好基础。2000年新世纪降临之际，"夏商周断代工程"阶段性成果通过验收，公布了"夏商周年表"。中国先秦史学会不少同仁参加了有关工作，获有启发，一些出版界友人也受到激励。经过再三酝酿，于是拟定编写这套书的计划。这个计划幸能得到先秦史各分段多位专家的支持，终能将这系列之作呈献给读者。

中国久远的历史究竟怎么分期，是学术界长期探讨的问题，学者们见仁见智，各持己见，但是无论如何，先秦时期和秦汉以下之间总是有一条明显的分界线，在历史的研究方法上也有着较大的差异。先秦史研究有其本身的特殊性，由于传世文献的有限，不能如秦汉以下那样以载籍为主体，而是年代越古，越需要依靠考古学等学科的成就。

具体来说，先秦史又可大致划分两大阶段：从远古至唐、虞，是所谓传说时期，与后来的夏、商、周三代有所不同。这只是根据现有研究情况来讲的，两阶段间并没有很清楚的界限。比如唐、虞有没有可能划下来，和三代合为"四代"，像《大戴礼记》说的，便很值得斟酌。

不管是传说时期，还是后来的夏、商、周三代，在研究途径上都需要多学科的交叉，主要是历史学与考古学（还有与考古学密切关联的古文字学）的结合。夏鼐先生曾在《什么是考古学》一文中讲道："考古学研究的对象只是物质的遗存，这包括遗物和遗迹。所以它和利用文献记载进行历史研究的狭义历史学不同。虽然二者同是以恢复人类历史的本来面目为目标，是历史科学（广义历史学）的两个主要的组成部分，犹如车子的两轮、飞鸟的两翼，不可偏废，但是二者是历史科学中两个关系密切而各自独立的部门。"我个人体会，夏鼐先生不仅讲了考古学作为学科的独立性，也非常生动地说明了它和历史学（狭义）相辅相成的关系。多年来先秦史研究的前进，正是靠着这"两轮""两翼"。

即使是传说时期，情形也是如此。应该特别强调的是，古史传说也是古史的一部分，而且是相当重要的一部分。去年我有机会去河北省作一次演讲，谈及炎帝、黄帝传说和文明起源研究，曾引述王国维、徐炳昶、尹达等先生的观点。大家熟悉，王国维先生1925年在清华国学研究院讲授《古史新证》，针对当时关于古史的讨论，他指出世界各民族的古史总是史实和神话交综在一起，其间固然不免有后人增加的成分，但一定有史实的"素地"，即历史的背景。他在《古史新证》中，还专门提出文献与地下材料互相印证的"二重证据法"。到1936年，出版了两种有关这一问题的书，即徐炳昶先生的《中国古史的传说时代》和尹达先生的《中国原始社会》，两者都接续和发展了《古史新证》的观点，主张将古史传说的研究与考古学成果互相结合融会。

撰著的各位先生，对于各卷涉及的学术问题都能抒发多年心得，立足最新前沿，视野弘阔，精义纷呈。如果说有什么共同点的话，我想就在于把历史学和考古学紧密结合起来，努力为先秦史的进展开拓一个新境界。在这里，我谨代表中国先秦史学会，向各位作者表示衷心的感激，同时也要感谢策划和出版这套系列图书的出版社的各位先生给予的大力帮助。

李学勤

2007 年 3 月 12 日于北京

目　录

引　言

　　西周在历史上和后人心目中的地位都是十分重要、突出的。昔时，著名学者王国维在名文《殷周制度论》中曾有言："中国政治与文化之变革，莫剧于殷周之际。""殷周间之大变革，自其表言之，不过一姓一家之兴亡与都邑之移转；自其里言之，则旧制度废而新制度兴，旧文化废而新文化兴。"[①]杨向奎亦谓："没有周公不会有武王灭殷后的一统天下；没有周公不会有传世的礼乐文明；没有周公就没有儒家的历史渊源，没有儒家，中国传统的文明可能是另一种精神状态。"[②]王、杨二氏所论，虽不乏绝对化和夸饰之处，却在一定程度上揭示了西周一代在中国历史上突出的、不可磨灭、不可取代的巨大作用的一面。陈来说："我们今天所说的'中国文化'的基因和特点有许多都是在西周开始形成的。""周代的文化与周公的思想已经型塑了中国文化的精神气质。"[③]启良也说过："实

　　① 王国维：《观堂集林》，北京：中华书局，1959 年，第 451、453 页。
　　② 杨向奎：《宗周社会与礼乐文明（修订本）》，北京：人民出版社，1997 年，第 141 页。
　　③ 陈来：《古代宗教与伦理——儒家思想的根源》，北京：生活·读书·新知三联书店，1996 年，第 169、196 页。

际上，中国的'轴心时代'从西周初年开始，从周公制礼作乐开始。周公对德治的提倡和制定一整套礼乐规范，其实质便是创立一种伦理宗教，以区别于在此之前的自然宗教。也正是从这一意义上，我们称周公是中华民族的文化先祖。"①

应当说，以周公为代表的周人在中国的制度文明与精神文明的建设上，确有许多创制之功。而正是这些东西，在相当程度上决定了中华文明之所以成其为中华文明。

由于西周在历史上占有非常突出、重要的地位，再加上旧时读书人"书不读三代以下"（三代之夏、商，基本上是无多少书可读，故读三代之书主要还是读周代之书）的恋古情结，故对西周史事、人物、典章制度等的研究一直是旧学中的一块十分重要的阵地。近世之治古史者，不管是继续沿着旧路子治学的学者，还是借鉴了西方历史学的理论和方法治学的学者，抑或郭沫若、范文澜、吕振羽、翦伯赞、侯外庐等老一辈马克思主义史学家，亦无不涉足西周历史，予这一传统学术领域以极大关注。1949 年以来的几次大的历史论争，如中国古史分期问题的讨论，亚细亚生产方式的讨论，中国封建社会土地所有制形式问题的讨论，汉民族形成问题的讨论，特别是中国古史分期问题的讨论，也都在这样那样的程度上同西周史的研究密不可分。二十世纪八九十年代以来，由于周原甲骨的出土和一批重要西周遗址、青铜器的相继发掘、问世，给西周史的研究以新的材料支撑，再加上"夏商周断代工程"的刺激、推动，西周史的研究越来越成为人们关注的学术热点之一。

———————

① 启良：《中国文明史》上册，广州：花城出版社，2001 年，第 462 页。

　　西周史上的问题也很多，例如在年代、人物、事件、制度、思想文化等诸多方面，虽经古今学者的辛勤探索、研究，仍有许多问题没有得到很好的解决，有的甚至至今仍是迷雾一团。如井田制在历史上到底有没有，如有，其内涵是什么，性质如何，等等，在学者间都还没有取得一致意见。再如西周的主要生产者"庶人"的身份问题，亦有"奴隶""农奴""自由民""村社成员"等种种不同说法。在西周的田制和主要生产者的身份这些主要问题上既然都无法取得一致意见，西周的社会性质是什么也就只好是歧见纷呈、各说各的了。凡此，都说明西周史不仅是一个在中国历史上占有十分重要地位的领域，而且是一个有着许多问题尚待深入研究、解决，对广大学者充满着学术魅力的领域。

　　本卷按照出版社和编委会共同商定的编写宗旨、体例，将西周史中比较重要、且争论较多的方方面面归纳为二十一个专题予以介绍、论述，而不作教科书式面面俱到的铺陈；各专题的篇幅，本着有话则长、无话则短的原则，不求分量上的均衡；每个专题，先介绍史事（人物、制度等）的来由和基本面貌，再介绍古今学者，特别是二十世纪七八十年代以来史学界对该问题的研究状况、成果，并在力所能及的情况下表明自己对该问题的基本看法、倾向。

　　希望这是一本对西周史的研究者和一般读者都有些用的书。至于能否做到这一点，那就全赖实践的检验和读者诸君的评判了。

专题一　西周史料的整理、研究与新的发现

西周史料可分为传世文献材料、甲骨文、金文和其他考古发掘材料等四个方面。研究西周史，这四个方面的材料缺一不可。近世，特别是二十世纪七八十年代以来，学者们在西周史料的整理、研究和新材料的发现方面，做了大量卓有成效的工作。

一　传世文献资料及其整理、研究

有关西周史的传世文献材料，数量不是很多，且十分分散、零乱。这类文献，有的比较直接，也相对可靠些，如《尚书》中的《周书》和《诗经》中的西周诗作；更多的，则相对晚出，基本上属间接材料，使用时需格外注意。

（一）《尚书》

《尚书》本身有一个颇为复杂的流变过程。原来的《尚书》亡于秦火；西汉初伏生所传今文《尚书》和西汉中期孔安国所献《古文尚书》后亦相继亡佚；惟东晋初梅赜所献伪孔传《古文尚书》流

传了下来，这便是今天我们仍然能够看到的汇刻在《十三经注疏》中的把《孔传》与唐孔颖达《尚书正义》合刻在一起的《尚书注疏》。早在宋代，即有人（如吴棫、朱熹）怀疑《孔传》的真实性，后又经明、清学者梅鷟、阎若璩、惠栋等人的考证，终于判定此书是伪《古文尚书》，《孔安国传》为伪《孔传》，此本为伪孔本。不过，这个伪孔本中却保留了原已失散的西汉今文《尚书》二十八篇，是商周文献的孑遗，为我们留下了研究上古史十分珍贵的材料。这二十八篇中，《周书》占十九篇。十九篇《周书》中，除《文侯之命》《秦誓》为春秋作品，《洪范》《金縢》《无逸》《顾命》等篇亦可能为春秋、甚至战国作品外，余皆为西周作品，且大部分出自西周真实可靠的档案文献。虽说，它们在流传过程中免不了经过孔子一类儒家人物的剪裁、润饰。

近今学者整理、研究《尚书》取得突出成绩者有章炳麟、王国维、于省吾、曾运乾、张西堂、杨筠如、陈梦家、屈万里、顾颉刚、刘起釪等先生。特别是顾颉刚先生，早在二十世纪二三十年代即已开始对《尚书》的整理、研究工作，1949 年后更决心集中精力从校勘、解释、章句、今译、考证五个方面全面系统整理《尚书》文本，仅《大诰译证》即历时七年、数易其稿，洋洋七十万言。惜由于"文革"的干扰和年已迟暮，这项工作尚未最后完成。"文革"后，在王煦华先生的关心下，《大诰译证》的下编《周公东征史事考证》已于 1984 年至 1990 年刊布于《文史》第 22、23、26、27、29、30、31、32 各辑；八诰中的《〈酒诰〉校释译论》《〈梓材〉校释译论》亦相继在《文史》第 33、42 辑刊出。

刘起釪先生曾协助顾颉刚先生整理、研究《尚书》，他本人在这方面亦倾力甚多，二十世纪七八十年代以来，除单篇论文外，尚发表有《尚书评述》①、《尚书源流及传本考》②、《尚书学史》③ 等专著。其他如李民先生的《尚书与古史研究》④、蒋善国先生的《尚书综述》⑤、杜勇先生的《〈尚书〉周初八诰研究》⑥，以及一些较好的译注本等⑦，对读者正确认识、使用《尚书》，都有一定帮助。

（二）《逸周书》

该书的流变情况亦颇为复杂。本名《周书》，因材料多系儒家编定《尚书·周书》后的逸篇，故又称《逸周书》。此书约编集于春秋末年，书中的一些篇章，常为春秋战国时人征引，称《书》或《周书》。《汉书·艺文志》著录有这部书，称"《周书》七十一篇"。晋五经博士孔晁曾为之作注，唐时存八卷四十五篇。西晋太康二年，《汲郡竹书》出，中有《周书》残本，东晋李充校书时将传世孔晁注本与汲冢本合而为一，厘为十卷，称"汲冢书"，不言孔注，致误导后人，造成混乱，如《隋书·经籍志》即因之，著录《周书》十卷，注曰"汲冢书"；《新唐书·艺文志》更将"《汲冢周书》十卷"，与"孔晁注《周书》八卷"并列。今所见十卷六十篇传本，便是李充归并的本子，其中无注者十八篇，系从《汲冢周书》并入（当然，自宋以来，亦有学者怀疑汲冢是否出有《周书》），有注者

---

① 齐鲁书社，1985 年。
② 辽宁大学出版社，1987 年。
③ 中华书局，1989 年。
④ 河南人民出版社，1981 年；1983 年经扩充增订又由中州书画社出版了第二版。
⑤ 上海古籍出版社，1988 年。
⑥ 中国社会科学出版社，1998 年。
⑦ 如齐鲁书社 1981 年出版的牟庭《同文尚书》、岳麓书社 1984 年出版的周秉钧《尚书易解》、四川人民出版社 1982 年出版的王世舜《尚书译注》等。

四十二篇即孔晁原注本。

该书构成十分复杂。从内容上讲，有礼书、兵书、史记、训诰、政令、政论、说教等。从产生时代讲，据有的学者研究，有些篇章（如《世俘》《商誓》《度邑》《皇门》《尝麦》《祭公》《芮良夫》等）属于或基本属于西周作品；有些篇章（如《籴匡》《克殷》《作雒》等二十二篇）本出西周而经春秋人加工；余皆为春秋作品，"无一篇可以断属战国或以后"，虽说，某些内容（如《官人》末段、《周月》和《时训》之"雨水""惊蛰"二名）经后人增益、改易过。①旧时学者多认为该书出自战国、秦汉甚至魏晋人之手，不足凭信。现在看来，这种看法是不能成立的。朱右曾、郭沫若、董作宾、李学勤先生等皆在具体分析研究的基础上，有选择地肯定该书的史料价值，这才是治史者应有之态度。

《逸周书》旧校注本，较著名的有清陈逢衡《逸周书补注》、朱右曾《逸周书集训校释》等。二十世纪九十年代以来，黄怀信先生在《逸周书》的整理、研究上下了很大工夫，先后出版有《〈逸周书〉源流考辨》②、《逸周书汇校集注》③、《逸周书校补注译》④，为治古史者使用该书提供了很大方便。

（三）《诗经》

《诗经》是我国最早的一部诗歌总集，传为孔子删定。所收诗作，上起周初，下迄春秋中叶，凡历时五百余年。分风、雅、颂三

---

① 见黄怀信：《〈逸周书〉源流考辨》，西安：西北大学出版社，1992年，六《各篇内容、性质与时代》。
② 西北大学出版社，1992年。
③ 与张懋镕、田旭东合纂，上海古籍出版社，1995年。
④ 西北大学出版社，1996年。

大类，"风"乃民间歌谣，按地域分为十五国风，共一百六十篇；"雅"分《大雅》《小雅》，主要是西周王畿贵族宴享乐歌和批评朝政的歌谣，共一百零五篇；"颂"分《周颂》《鲁颂》《商颂》，大体是周王、鲁侯、宋公用于祭祀或其他重大典礼时的乐歌，共四十篇。西汉时，传《诗》者有鲁、齐、韩、毛四家，前三家为今文，后者为古文，魏晋以后，齐、鲁、韩三家皆亡，唯《毛诗》流传下来。

关于《诗》三百篇的写作时代，学者多认为《周颂》三十一篇为西周前期作品，二《雅》一百零五篇基本上也是西周作品，《鲁颂》《商颂》及十五国风，除少数为西周作品（如《桧》诗四篇、《豳》诗七篇）外，多为春秋诗作。当然，在对一些诗作时代的认识上，学者们的意见并不一致，如《豳》诗十篇，多数学者认为是西周作品，徐中舒先生则认为"是春秋时代鲁国的诗"。①

《诗经》中近半数属于西周时期的作品，对研究认识西周社会，提供了多方面的、形象直观的材料。

《诗经》旧注本甚多，著名者有清胡承珙《毛诗后笺》、马瑞辰《毛诗传笺通释》、陈奂《诗毛氏传疏》、王先谦《诗三家义集疏》等。当代学者高亨先生的《诗经今注》一书，②文字简明，书前所附《诗经简述》对各类诗作的大体年代有所交代，颇便读者。惟高氏注文中亦间有含混、不确处，如谓"田畯，奴隶主所设的田官，掌

---

① 徐中舒、常正光：《论〈豳风〉应为鲁诗——兼论〈七月〉诗中所见的生产关系》，《历史教学》1980 年第 4 期。

② 上海古籍出版社，1980 年。

管监督农奴的农事工作"，①高氏的本意可能是把"农奴"当作"农业奴隶"使用的，但这样的简称容易造成概念上的混乱，是不妥的。继高氏注后，相继又有陈子展《诗经直解》②、金启华《诗经全译》③、程俊英《诗经译注》④、杨任之《诗经今译今注》⑤ 等多种注本出版，可资读者使用时之参考。

（四）《周易》

《周易》，一名《易》《易经》，周代占卜的书，后成为儒家经典之一。内容分《经》《传》两部分。《经》，一名《易经》，由六十四卦的卦名、卦辞和三百八十四爻的爻题和爻辞（或认为可再加上《乾·用九》和《坤·用六》两条爻辞为三百八十六爻辞）组成。旧传伏羲画卦，不可信。一般认为，《易经》可能产生于殷商之际而于西周时大体完成。《传》，一名《易传》，是解释《经》的，凡七种十篇，旧称"十翼"。旧传，《易传》为孔子作，至今仍有学者坚持这种看法，⑥而更多的学者则倾向于"十翼"并非一人、一时之作，且晚出，大体为战国后期和汉初人所作。

《易经》虽是一部占卜的书，但它包含着若干朴素辩证法的因素，保存了当时的一些社会情况，有些还涉及周初国家大事，故亦

---

① 见高亨：《诗经今注》，《七月》"田畯"注，上海：上海古籍出版社，1980年，第201页。

② 复旦大学出版社，1983年。

③ 江苏古籍出版社，1984年。

④ 上海古籍出版社，1985年。

⑤ 天津古籍出版社，1986年。

⑥ 金景芳先生即认为："据我看，《易传》应属于孔子，基本上是孔子作的。《易传》当然不可能都是孔子亲笔作的。但绝大部分是孔子留下来的，应当没有问题。"见金景芳讲述、吕绍纲整理：《周易讲座》，吉林：吉林大学出版社，1987年，第26—27页。

为治西周史者所重。

古今说《易》之书汗牛充栋，数以千计，著名者有焦循《易》学诸书（《易章句》《易通释》《易图略》《易话》《易广记》《周易补疏》），杨树达《周易古义》①，李镜池《周易探源》《周易通义》②，尚秉和《周易尚氏学》③，胡朴安《周易古史观》④，高亨《周易古经今注》《周易大传今注》⑤ 等。二十世纪八十年代以来，《易》学热甚炽，成立了中国《周易》研究会，有的高校如山东大学，还成立了《易》学研究中心，出版有《周易研究》刊物，出版的专著、论文之多更属空前（不包括与《易》学热相伴而生的神秘文化热中粗制滥造的产品）。二十世纪八十年代以来新出版整理、研究《周易》的著作主要有：金景芳《易学四种》和《周易讲座》⑥、刘大钧《周易概论》⑦、沈宜甲《科学无玄的周易》⑧、吕绍纲《周易阐微》⑨等。另外，尚有萧元主编的《周易大辞典》⑩、李树政和周锡䪖编著

---

① 中华书局，1929 年。
② 《周易探源》为作者 20 世纪 30—60 年代所写有关《周易》的论文结集，1978 年中华书局出版；《周易通义》由中华书局 1981 年出版。
③ 为作者 1949 年前旧著，中华书局 1980 年出版。
④ 此书撰成于 1942 年，旋由作者自刊 200 部行世，后经包敬第、徐小蛮整理、核订，于 1986 年由上海古籍出版社出版。
⑤ 《周易古经今注》为作者 20 世纪 40 年代旧著，1949 年后经作者修订于 1984 年由中华书局出版；《周易大传今注》为 1949 年后新著，1979 年齐鲁书社出版。
⑥ 《易学四种》，1987 年吉林文史出版社出版，该书所收之《易通》，20 世纪 40 年代曾由商务印书馆印行，《易论》写于 20 世纪 50 年代，《说易》和《关于周易的作者问题》则为 20 世纪 90 年代所写；金景芳讲述、吕绍纲整理：《周易讲座》，长春：吉林大学出版社，1987 年。
⑦ 齐鲁书社，1986 年。
⑧ 该书原为英、法文本，中译为节选本，有台湾中国文化大学 1982 年版，中国友谊出版公司 1984 年版。
⑨ 吉林大学出版社，1990 年。
⑩ 中国工人出版社，1992 年。

的《实用易学辞典》①，亦有一定参考、查阅价值。

（五）三礼

"三礼"即《周礼》《仪礼》《礼记》。

《周礼》，一名《周官》《周官经》，儒家经典之一。旧传周公所作，亦有人谓为西汉末刘歆伪造。现在，这两种极端看法已不再为多数学者所接受，但成书于西周、成书于春秋、成书于战国、成书于秦汉之际、成书于汉初诸说，②仍然是争论不休，莫衷一是。多数学者倾向于认为，该书系战国儒者参照西周及当时各国官制按儒家理想编排而成。

《仪礼》，一名《礼经》《士礼》，又简称《礼》，儒家经典之一。《仪礼》是讲礼仪的书，凡十七篇。旧谓该书为周公所作，经孔子整理。近今学者多认为成书于战国初至中叶间。该书记载了周代冠礼、婚礼、丧礼、士相见礼、乡饮酒礼、燕礼、聘礼等各种礼节仪式，对研究西周等级制度、礼俗等有重要参考价值。

《礼记》，一名《小戴礼》《小戴记》《小戴礼记》，儒家经典之一，四十九篇，是战国至汉儒者讨论仪礼的论文选集，传为西汉礼学家戴圣编定。而另有所谓《大戴礼记》者，原有八十五篇，今本残缺，存三十九篇，传为戴德（戴圣之叔父）编定。有学者认为，后世所谓《大戴》八十五篇和《小戴》四十九篇两种选本，并非西汉戴德、戴圣汇辑本的原貌，而是编定于东汉中期，只不过"挂着西汉礼学大师戴德、戴圣牌子"罢了。③

---

① 三环出版社，1993 年。

② 见彭林：《〈周礼〉主体思想与成书年代研究》，北京：中国社会科学出版社，1991 年，第 1、7 章。

③ 王文锦：《大戴礼记解诂·本书前言》，北京：中华书局，1983 年。

大、小戴《礼记》所收录的虽为战国，甚至汉代人的论礼之作，但不少内容牵涉到西周礼仪、制度，有的如《夏小正》篇，相传是夏代遗书，故亦可供治西周史及其他上古史者参考。

清儒整理、研究"三礼"的著作主要有：孙诒让《周礼正义》、胡培翚《仪礼正义》、孙希旦《礼记集解》、王聘珍《大戴礼记解诂》等。近今学者的著作主要有：刘师培《礼经旧说》《逸礼考》《周礼古注集疏》[①]，彭林《〈周礼〉主体思想与成书年代研究》[②]，钱玄《三礼名物通释》《三礼辞典》《三礼通论》[③]，邹昌林《中国古礼研究》《中国礼文化》[④]，常金仓《周代礼俗研究》[⑤]，杨志刚《中国礼仪制度研究》[⑥] 等。另，杨宽《古史新探》《西周史》[⑦]，杨向奎《宗周社会与礼乐文明》[⑧]，以较大篇幅论述西周礼制，对研究"三礼"及西周制度很有帮助。

（六）其他

与西周史有关的文献，还有一些，兹亦简介如下。

《竹书纪年》。该书为晋武帝太康二年（281）汲冢所出古书之一。因是写在竹简上的编年体史书，故称《竹书纪年》，一名《汲冢竹书》《汲冢纪年》。书凡十三篇，是一部上溯远古（起于夏或黄帝）、下迄战国魏襄王二十年（前299）的魏国史书。可惜这部重要

---

① 1936 年钱玄同等编辑《刘申叔先生遗书》本。
② 中国社会科学出版社，1991 年。
③ 江苏古籍出版社，1987 年、1998 年；南京师范大学出版社，1996 年。
④ 台湾文津出版社，1992 年；社会科学文献出版社，2000 年。
⑤ 台湾文津出版社，1993 年。
⑥ 华东师范大学出版社，2001 年。
⑦ 中华书局，1965 年；上海人民出版社，1999 年。
⑧ 人民出版社，1997 年。

史书早已散佚。后有人杂采诸书纂集成二卷本《竹书纪年》，即所谓《今本竹书纪年》，虽不能说毫无史料价值，但"其所出，本非一源，古今杂陈，矛盾斯起"（王国维《今本竹书纪年疏证》卷前语），故已大失其真，价值不高。有鉴于此，清儒朱右曾将他书中的《竹书纪年》部分佚文汇辑起来，编为《汲冢纪年存真》；后王国维又在《存真》的基础上加以补正，重辑为《古本竹书纪年辑校》；20世纪50年代，范祥雍又对王书加以校订增补，成《古本竹书纪年辑校订补》①；20世纪80年代，方诗铭、王修龄又在前人的基础上成《古本竹书纪年辑证》② 一书，正文外，又附有《〈存真〉〈辑校〉〈订补〉等所引〈纪年〉存疑》、王国维《今本竹书纪年疏证》等，甚便读者，为迄今较完备的一个本子。这些被称为《古本竹书纪年》的辑本，虽非原貌，仍不失为研究包括西周史在内的上古史的重要资料，因为，它的一些与《史记》相冲突的记载，已被甲骨、金文证明《纪年》是正确的，而《史记》为非。

《世本》。唐人避李世民讳，故又名《系本》。记黄帝以来迄春秋（一说秦代）时帝王公侯卿大夫世系、事迹，盖古代史官所为，代有增益，非一人一时之作，约成书于战国末年。原书约佚于宋代，清人有辑本多种，以洪饴孙、雷学淇、茆泮林辑本较佳，1957年商务印书馆曾汇集为《世本八种》出版，甚便读者。《汉书·司马迁传》"赞"称，太史公作《史记》时即曾"采《世本》"，足见其早已为史家所重。

《穆天子传》。一名《周王游行》，作者不详，亦西晋太康二年

---

① 新知识出版社，1956年。
② 上海古籍出版社，1981年。

汲冢所出。书言周穆王北绝流沙、西登昆仑见西王母及美人盛姬死事。言虽不典，然亦可资证史，如该书卷四、卷五提到穆王大臣"毛班""毛公"，郭璞注云"毛公即毛班也"；杨树达先生认为此人可能就是《经》《传》失载而见于《毛伯班毁》（通称《班毁（簋）》）中之毛伯（公）班，并据此发挥说："《穆天子传》一书，前人视为小说家言，谓其记载荒诞不可信，今观其所记人名见于彝器铭文，然则其书固亦有所据依，不尽为子虚乌有虚构之说也。"①由于原简"多毁落残缺"（荀勖语），歧异乖违处颇多，清儒陈逢衡成《穆天子传补正》一书，于使用此书有一定帮助。

《国语》与《左传》。这两部书，一为编年，一分国记事，记述的对象都是春秋史事（《国语》可上溯至西周穆王时代），又传为皆左丘明所作，故后人视二书为姊妹篇，谓《左传》为《春秋内传》、《国语》为《春秋外传》。谓二书可互相补充、印证，互为表里固然不错，谓同出一人之手则失之。关于《国语》和《左传》的作者及成书年代，至今众说纷纭，没有定论。一般认为，二书大约皆成书于战国，作者则难确指。这两部书虽以言春秋史事为主，上涉西周史事者亦不少，如《左传》僖公二十四年、昭公二十八年、定公四年即多处言及周初分封事；《国语》中《周语上》前十章、《郑语》前一章言西周后期事颇详。

孔、孟、荀、韩等诸子书中亦间有语及西周史事、制度者，如孟子之言井田等。此外，《史记》中的《周本纪》及有关的《表》《世家》《书》中，言及西周史事、制度处颇多，《汉书》有关《表》

---

① 杨树达：《毛伯班毁》，《积微居金文说》卷四，北京：中华书局，1997年，第103—104页。

《志》及前后《汉书》中的《西南夷传》《匈奴传》《东夷传》《西羌传》亦每有涉及西周史事处，凡此，皆可供治西周者之参考。

二 西 周 甲 骨

以前一提起甲骨，人们很自然地把它同殷商联系起来，后来才知道，甲骨并非殷商专有，西周也是有甲骨文的。

1954 年，山西洪赵县坊堆村一周代遗址中发现 1 片有字卜骨，8 个字。两年后，李学勤先生经研究首次指出它"应当是西周的"。①这是人们认识西周甲骨之始。

1956 年，在陕西长安张家坡出土有字卜骨 3 片、合文 5 字（亦有人认为此 3 片所刻不是文字，而是某种表意符号）。

1975 年，在北京昌平白浮村周初燕国墓地出土有字卜甲 4 片、11 字。

1977—1979 年，在陕西岐山县凤雏村西周宫殿遗址西厢二号房两窖穴内出土甲骨（图 1）一万七千余片，其中有字甲骨三百余片，903 字，合文 12 个。在与凤雏村相邻的扶风县齐家村发掘、采集到有字甲骨 6 片、102 字。

进入 20 世纪 90 年代后，又有新的发现。1991 年，在河北邢台南小汪西周遗址发现有字西周卜骨 1 块、11 字。1996 年，在北京琉璃河燕都遗址发现刻字龟甲 3 片、8 字，其中一片刻有"成周"两字。

---

① 李学勤：《谈安阳小屯以外出土的有字甲骨》，《文物参考资料》1956 年第 11 期。

 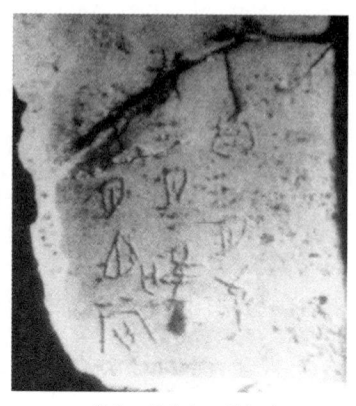

第十一号窖穴一号卜辞 第十一号窖穴二号卜辞

图 1　凤雏村甲骨刻辞

1977 年陕西岐山凤雏村出土。采自徐锡台：《周原甲骨文综述》，三秦出版社，1991 年。

　　这样，在 1954—1996 年的四十余年中，在山西、陕西、北京、河北四省市的多处遗址中共发现了有字西周甲骨三百余片、一千余字。当然，从数量上看，它实在无法与洋洋十余万片的殷商甲骨相比肩，但西周甲骨的发现毕竟拓展了甲骨学的领域，为先周、西周史的研究提供了新的、切实可靠的材料，因而理所当然地在国内外学术界引起了较大震动、反响。

　　西周甲骨（主要是周原甲骨）发现以来，学者们在整理、研究方面做了大量工作，并取得相当成绩。周原甲骨发现后不久，即陆续、零星公布于世，供学者研究。最早集中公布凤雏村甲骨文材料是在 1982 年 5 月，即陈全方《陕西岐山凤雏村西周甲骨文概论》的刊布。①这虽是一篇研究性论著，却将已发现的二百九十余片有字甲骨分 10 类予以摹写、隶定、考释。再一次是 1991 年徐锡台

_____

　　① 参见《四川大学学报》丛刊第 10 辑《古文字研究论文集》，成都：四川人民出版社，1982 年。

《周原甲骨文综述》一书的出版。①作者于该书第二章《周原甲骨文考释》中，对凤雏村11号窖穴274片有字卜甲、②31号窖穴9片有字卜甲、扶风县齐家村出土的6片有字甲骨、扶风县强家村采集到的1片卜刻文字——一共是290片周原甲骨进行认真摹写、隶定、考释，被石兴邦先生誉为"目前研究这门学问的集成"（见石氏为该书所作的《序》）之作。

二十世纪九十年代以来，对周原甲骨的研究，主要集中在如下几个方面：

（一）周原甲骨特点、特征的研究

周原甲骨与殷商甲骨虽从所用材料、文字词语及社会功用方面看属同一体系，有不少共性，但周原甲骨又有不少不同于殷商甲骨的自身的特点、特性，这主要表现在甲骨的整治方法、钻凿形态（卜甲绝大部分方凿）、刻辞与卜兆分布关系（如"顺着兆枝的走向，也就是朝着腹甲中线'千里路'横向纵行，这是商代卜辞没有见过的"③）、刻辞卜骨一般以骨臼一端为下、字迹纤细（有的仅直径为1毫米，小如粟粒，须用放大镜放大数倍才能看清）、大部分为与占卜有关的记事刻辞而少见卜辞及卜辞格式上的简化（商代完整卜辞，由前辞、贞辞、占辞、验辞等部分组成，且正、反对贞，周原卜辞则远没有这样规范）等等。

---

① 三秦出版社，1991年。

② 作者于该书第9页言：11号窖穴共出"甲骨一万六千多片，其中带字卜骨二百八十多片"，摹释编号亦多至283号，但据作者自己称，203、204、228、229、235、239、263、268、272号卜甲"无字"（见该书第125页），摹释中已略去，故11号窖穴所出有字卜甲并被徐氏摹释者实仅274片。

③ 李学勤：《西周甲骨的几点研究》，《文物》1981年第9期。

（二）归属

有学者认为，"周原甲骨不是周族的而是商王室的"，"很可能是在殷商末年商纣王时，掌管占卜的卜人投奔周人时，携带过去的"，当然，"也必须承认周原甲骨中也还有一小部分卜甲，确乎是属于周人的"。① 亦有学者认为，周族文化人缺乏，直到周初，作册、祭司等职多用殷人，因推测周原甲骨刻辞的作者亦"出自殷人"。② 意思当是说，东西还是周人的，只是假殷人之手为之。另有学者认为，凤雏周原甲骨从整体上讲当然是周人的，但也有为数不多（仅8片）的殷人甲骨，"这些殷人甲骨在周人发祥地与记有周人重大活动的'档案'同出"，是作为周人的战利品出现的，"做为战利品的殷人甲骨（不少与进攻周族有关）存放周原，一是发泄对殷人的仇恨，二是为了炫耀胜利并使后世子孙永不忘记。因此，有的学者认为这些甲骨为殷末叛臣太师、少师或内史挚携来，或认为是武王伐纣后所劫掠而来，是不无道理的"。③

（三）时代与分期

学者们大都承认周原甲骨为先周晚期至西周前中期物，具体看法上，学者间又颇不相同。李学勤先生认为："凤雏甲骨的年代上起周文王，下及康、昭。"④ 徐中舒先生认为，"周原甲骨绝大部分皆为文王时代遗物"，"武王时代的卜辞，可以肯定的只有三条"，"也当有成王遗物在内"。⑤ 陈全方先生认为："这批甲骨文的时代，虽

---

① 王玉哲：《陕西周原所出甲骨文的来源试探》，《社会科学战线》1982年第1期。
② 徐中舒：《周原甲骨初论》，《四川大学学报丛刊》第10辑《古文字研究论文集》，成都：四川人民出版社，1982年。
③ 王宇信：《西周甲骨探论》，北京：中国社会科学出版社，1984年，第249页。
④ 李学勤：《西周甲骨的几点研究》，《文物》1981年第9期。
⑤ 徐中舒：《周原甲骨初论》，《四川大学学报丛刊》第10辑《古文字研究论文集》，成都：四川人民出版社，1982年。

不能绝对把握其上限和下限，但从卜辞内容及其书体看，大体可分为两期，是可以的，即周武王克商以前和克商以后，早到周文王，迟到成、康。"①王宇信先生认为：在 289 片有字西周甲骨中，属文王时期的仅 23 片，如再除去 8 片属于帝乙、帝辛时期的商人卜辞，实际上属于文王时期的才 15 片左右，"其余各片基本可作武、成、康时期处理"，"这一事实又说明了周原凤雏甲骨绝大部分应是武、成、康时代的遗物，而并非'绝大部分都是文王时代遗物'"。②徐锡台先生认为："周原出土的这批甲骨，有一部分相当于周王季晚期或文王早期，大部分卜甲属于文王中、晚期，极少数卜甲可能属于武王时期和周公摄政时期的。"③看来，由于有字周原甲骨数量太少等原因的限制，短时期内尚难解决这个问题。

（四）证史、考史

周原有字甲骨虽总量不大，但相对说来其记事成分颇重，人名、地名、方国名、官爵名等尚有一些，故对与古文献相互印证重新研究、认识先周后期及西周前期的历史仍有很大帮助。

过去，学界对先周后期是否已进入文明时期看法很不一致，且多数人持否定态度，现据周原甲骨之文王称王、四处征伐、官爵称号、占卜文字等项可知，文王时代的周人确已进入国家时期，文王也早已不再是亲自耕作、放牧牛羊的氏族大酋长了。

从周原甲骨看，当时周人曾征伐过蜀、巢、密、䟒等方国部

---

① 陈全方：《陕西岐山凤雏村西周甲骨文概论》，《四川大学学报丛刊》第 10 辑《古文字研究论文集》，成都：四川人民出版社，1982 年。

② 王宇信：《西周甲骨探论》，北京：中国社会科学出版社，1984 年，第 247—248 页。

③ 徐锡台：《周原甲骨文综述》，西安：三秦出版社，1991 年，第 154 页。

落，同楚、鬼、虫（崇？）等亦有交往、联系。说明文王时已征服了西北、西南的一些方国部落，并同一些方国部落有着联系，从而为日后武王率"八国（族）联军"克商打下良好基础。

在张家坡、凤雏、齐家出土的甲骨中，都有一种与占卜无关、纯由数字组成的刻辞。李学勤先生最早提出"这种纪数的辞和殷代卜辞显然不同，而使我们想到《周易》的'九''六'"的看法"。① 后来，张政烺先生又明确提出这类刻辞为"易卦"。②《史记·周本纪》载：西伯"囚羑里，盖益《易》之八卦为六十四卦"，即所谓文王重卦。把周原甲骨和文献记载联系起来考察，适足以证明过去一些学者认为《易经》大约产生于殷周之际的说法是成立的。

有关西周甲骨的论著，中国社会科学出版社 1999 年版王宇信《甲骨学通论（增订本）》附录四之《西周甲骨论著目》，语文出版社 1999 年版宋镇豪主编之《百年甲骨学论著目》亦收有西周甲骨部分，可资检索。

三　西　周　金　文

比起只有百年之程的甲骨学来，金石之学的历史要长得多。一般认为，这门学问大约在曹魏时已发其端；至宋，已逐渐形成一门专门学问，出现了吕大临《考古图》、王黼《宣和博物图》、薛尚功《历代钟鼎彝器款识法帖》、王俅《啸堂集古录》、赵明诚《金石录》等著作；到了清代，对青铜器的研究又取得较大进展，发现了大、

---

① 李学勤：《谈安阳小屯以外出土的有字甲骨》，《文物参考资料》1956 年第 11 期。
② 张政烺：《试释周初青铜器铭文中的易卦》，《考古学报》1980 年第 4 期。

小《盂鼎》、《天亡簋》（又称《大丰簋》、《朕簋》）、《毛公鼎》等一批长铭名器，出现了梁诗正《西清古鉴》、王杰《西清续鉴》（甲、乙编）、阮元《积古斋钟鼎彝器款识》、吴式芬《捃古录全文》、吴大澂《愙斋集古录》等一批名家、名著。

进入民国，特别是 1949 年以来，由于出土物日多（如著名的《利簋》、《何尊》、《史墙盘》、裘卫四器、《宜侯矢簋》等，皆 1949 年后出土），再加上研究方法的日臻科学，金文的整理、研究更进入了一个全新阶段。

于 1937 年影印行世的罗振玉《三代吉金文存》，收商周青铜器铭文四千八百余器，是前此金文拓本的集大成之作，甚便于学者。该书的不足是除拓本和目录外，器型、出土、著录、收藏、考释诸项等皆付阙如。两年后，其子罗福颐成《三代吉金文存释文》（附《古今文字释例》及《著录索引》），直到 1983 年才由香港问学社出版问世。1957 年科学出版社出版的于省吾《商周金文录遗》，是罗氏上书出版后先秦青铜器铭文资料的补编。孙稚雏《金文著录简目》一书，①收录历代传世铜铭及解放以来新出铜铭七千余器，每器皆注明字数、原著录书刊。中国社会科学院考古研究所编辑的《新出金文分域简目》一书，②收录自 1949 年以来至 1981 年底已公开发表的各地新出殷、周金文资料，按省（市、区）、县（市）分区编排，每器皆标明地点、年代和性质（窖藏、墓葬或个别铜器）、出土情况、资料来源、器物尺度、释文，使用颇方便。稍后出版的

---

① 中华书局，1981 年。
② 中华书局，1983 年。

同性质的还有徐中舒主编的《殷周金文集录》一书。①该书收 1949 年以来至 1980 年底国内出版书刊中已著录及部分未著录的有铭铜器 973 件，亦按地区编排，器下注明出土地点、出土情况及材料出处，并有器铭摹本和释文。进入 20 世纪 80 年代，又有两部大型金文著录问世：一是 1983 年台湾艺文印书馆印行的严一萍编《金文总集》，收自宋迄 1983 年 6 月所出先秦有铭铜器 8 000 器，按器物类别排列，器下列所见书名、释文、前人题跋、出土地点（知道的）等；一是中国社会科学院考古研究所编《殷周金文集成》②，全书由铭文集、图像集、释文集和索引组成。作为该书主体部分之铭文集录，皇皇 18 巨册，收殷商至秦统一前器铭近 12 000 件。体例上，按器类和字数编排，版面上标注器名、统编器号，并详列目录以便检索。每分册后附有文字说明，逐一交代所收器铭字数、时代、著录、出土、流传、现藏地点、拓片来源等。在收器数量、印刷（采用珂罗版按拓本原样印制）、内容上均大大超出目前所见同类集录，极便学者。另，1983—1986 年间，台湾五南图书出版公司陆续出版了邱德修编著的《商周金文集成》《商周金文集成释文稿》《商周金文新收编》《商周金文总目》（收宋人著录 630 器、清代以来著录 9 680 器，共 10 310 器）等，皆卷帙浩繁，资料甚丰，然编纂有失审处，故严一萍很有意见，尝苛责《商周金文集成》"虚妄"，"务在贪多，一无准则可言"。③

---

① 四川人民出版社，1984 年。
② 中华书局，1984—1994 年。
③ 严一萍：《金文总集·后记》，台北：艺文印书馆，1983 年。

二十世纪八九十年代，还有一些选编、选注本出版，如洪家义《金文选注释》①、上海博物馆商周青铜器铭文选编写组（马承源主编）《商周青铜器铭文选》②、吴镇烽《陕西金文汇编》③、侯志义《西周金文选编》④等。虽为选本，然所选多为史料价值较高之精品，颇便翻检使用。

近世金文字书类工具书，首推容庚《金文编》。该书初版于1925年，1939年增修再版，1959年再次修订出了第三版，后又在张振林、马国权协助下再作修订，容氏逝世后由中华书局于1985年出版。该书虽问世已有七十余年，至今仍不失为研习金文者案头必备之书。周法高《金文诂林》《金文诂林补》⑤，罗列诸家说于每字之下，且注明出处，甚便读者。此外，尚有陈初生编纂、曾宪通审校《金文常用字典》⑥、戴家祥主编《金文大字典》⑦等，亦有助于学者。

还有一本工具书，即吴镇烽编《金文人名汇编》⑧，汇集传世和1985年6月底前考古发掘出土的铜器铭文中人名5 228条，人名词头用字1 562个，并据铭文内容及有关文献记载对每个人物作简要介绍，使用颇方便。

---

① 江苏教育出版社，1988年。
② 文物出版社，1986—1990年分4卷。
③ 三秦出版社，1990年。
④ 西北大学出版社，1990年。
⑤ 分别由香港中文大学、台湾"中央研究院"历史语言研究所于1974—1975年、1982年出版。
⑥ 陕西人民出版社，1987年。
⑦ 学林出版社，1995年。
⑧ 中华书局，1987年。

研究性论著亦为数不少。在这方面，郭沫若贡献甚大。郭氏先后著有《殷周青铜器铭文研究》①《金文丛考》②《两周金文辞大系》《两周金文辞大系图录》《两周金文辞大系考释》③《古代铭刻汇考四种》《古代铭刻汇编考续编》④ 等。他在"大系"中采用的按年代、国别排列青铜器的方法，为前人所未有，有开创之功。其他如容庚《商周彝器通考》⑤，容庚、张维持《殷周青铜器通论》⑥，朱芳圃《殷周文字释丛》⑦，杨树达《积微居金文说》⑧，陈梦家《西周铜器断代》⑨，唐兰《西周青铜器铭文分代史征》⑩，管燮初《西周金文语法研究》⑪，张亚初、刘雨《西周金文官制研究》⑫，陈汉平《西周册命制度研究》⑬，李学勤《新出青铜器研究》⑭ 等，皆或从总体、或从某个侧面对金文作了比较深入的研究，有较高学术价值。

国外学者中，值得一提的是日本学者白川静。他著有《金文通释》⑮、《金文的世界——殷周社会史》⑯ 等，在学界影响颇大。他

---

① 上海大东书局，1931 年。
② 日本文求堂，1932 年。
③ 日本文求堂，1932、1934、1935 年。
④ 日本文求堂，1933、1934 年。
⑤ 哈佛燕京学社，1941 年。
⑥ 科学出版社，1958 年。
⑦ 中华书局，1962 年。
⑧ 中国科学院考古研究所 1952 年；中华书局，1997 年增订版。
⑨ 《考古学报》1955 年总第 9—10 期、1956 年第 1—4 期。
⑩ 中华书局，1986 年。
⑪ 商务印书馆，1981 年。
⑫ 中华书局，1986 年。
⑬ 学林出版社，1986 年。
⑭ 文物出版社，1990 年。
⑮ 《白鹤美术馆志》第 1—56 辑，1962—1984 年。
⑯ 平凡社，1971 年。

的《西周史略》一书，1977 年在《白鹤美术馆志》第 46、47 辑发表，1982 年又作为六卷八册本《金文通释》的一部分由朋友书店出版，现国内有袁林中译本。①该书篇幅不大，特点是力图根据金文重构西周史，使人读后有别开生面之感。

西周金文对西周史研究的重要意义、作用，早已为学界所公认。如《利簋》之于武王伐商，《何尊》之于周初营建成周，《史密簋》之于孝王东征，《宜侯夨簋》之于分封制、授民授疆土，《堇鼎》之于燕、周关系，《𪨗盨》之于周末社会动荡，《智鼎》之于财产诉讼，《卫盉》、《五祀卫鼎》、《九年卫鼎》、《倗生簋》（又名《格伯簋》）、《散盘》（又称《夨人盘》）、《鬲从盨》、《鬲攸从鼎》之于土地转移，《小盂鼎》《过伯簋》《班簋》《兮甲盘》《虢季子白盘》之于西周征伐鬼方、荆、痟戎、猃狁，等等，举凡西周政治、经济、军事大事，皆有所反映，且比传世文献的记载要可靠得多。可以说，治西周史，是离不开金文、离不开考古发掘材料的。前引白川静《西周史略》及许倬云《西周史》②两部西周史专著，皆甚重金文材料的运用（白川静更是主要依靠金文重构西周史），效果不错。

四 西周考古

西周科学的现代田野考古工作，始于 1933 年前国立北平研究

---

① 三秦出版社，1992 年。

② 台湾联经出版事业公司 1984—1990 年间，印过三版；耶鲁大学出版社出过英文本；近又有生活·读书·新知三联书店，1994 年增订本、2001 年增补本。

院对陕西宝鸡斗鸡台沟东区墓葬的发掘。但那时国无宁日，考古工作自难有大的作为。下面，主要将 1949 年后，特别是二十世纪八九十年代以来西周考古的重大发现做一简单介绍。这些发现，主要集中在作为周人发祥地的周原地区，政治中心的丰、镐地区，东方重镇的成周地区及某些封国地区。

（一）周原遗址

1949 年后，考古工作者曾在这里进行多次调查、发掘，而大规模的发掘工作则是从 1976 年开始的。周原遗址考古的主要收获是：

（1）岐山凤雏和扶风召陈两组大型建筑群基址的发现。周原及早周都域岐邑由于是周人的发祥地，即使在文王作邑于丰，武王都镐后，甚至整个西周时期，仍地位显要。但它究竟在哪里，历来说法不　。这两组建筑基址（凤雏基址约在文王前后，属早周；召陈基址属西周中期偏后）及附近扶风云塘、齐镇、齐家等地西周制骨、冶铜、制陶作坊及平民居住遗址的发现，基本弄清了周原的范围、岐邑所在及布局（宫室宗庙区、作坊区、平民居住区）。

两组建筑基址规范宏大，布局、结构复杂，反映了当时建筑技术的进步，特别是板瓦、筒瓦和瓦当的发现，更将我国用瓦的历史上推了近千年。

（2）周原甲骨的发现。上文提到的一万七千余片（有字者三百余片）凤雏甲骨就是在凤雏村甲组基址西厢二号房两个窖穴中发现的；邻近的扶风齐家亦发掘、采集到 6 片有字甲骨。

（3）周原青铜器的发现。由于这里是周人发祥地，许多贵族死后多埋葬在这里，故地下埋葬丰富，青铜器出土亦多（如著名的《天亡簋》《盂鼎》《毛公鼎》皆出自周原），特别是一些窖藏青铜器，多系世家贵族几代人的制品，数量大，保存完整，便于比较研究，史料价值尤高。

1976年12月，陕西周原考古队发掘清理扶风庄白一号西周青铜器窖藏，共出青铜器103件，75件有铭文。其中《史墙盘》，铭文长达284字，是1949年后所出西周青铜器中铭文最长的一件；同窖出土的还有旂器、丰器、痶器等，多数可确定为微史家族的铜器。时间上起周初，下迄西周晚期（关于该窖铜器中最晚的"痶器"的年代，学界看法不一，或谓为孝王前后，或谓为夷王时，《夏商周断代工程1996—2000年阶段成果报告·简本》表八《西周金文历谱》则断《四年痶盨》为厉王时物），可以说是一部简要的西周史，更是一部微史家族的家族史。据研究，该家族的先祖原是殷微子之后，武王伐纣时烈祖归降于周，其后世为周王朝的作册史官，盛极一时。这批铜器的出土，对探讨商、周关系和西周史有重要参考价值。

1975年2月，岐山董家村出土的一窖青铜器，共37件，30件有铭文，著名的裘卫四器即此次出土。四器中的《卫盉》《五祀卫鼎》《九年卫鼎》三器，为共王时器，记有当时土地转移、交换情况，史料价值甚高。同窖所出之《𤼈匜》，记载了鞭刑、墨刑、赎刑及诉讼等，是一篇重要的法律史文献。还有同出的此器11件，作器者为周王的膳夫官。

在周原地区发现于窖藏或墓葬中的青铜器比较著名的还有伯戎诸器（1975年出于扶风庄白墓葬）、《师𩵋鼎》（1974年与《师奂镜》《恒簋》同出于扶风强家村窖藏中）、《𤼈簋》（1978年出于扶风齐村——不是上文言及的齐家、齐镇）、《师同鼎》（1981年出于扶风下务子村一窖穴中）等，皆具有相当史料价值。

（二）丰、镐遗址

从 20 世纪 30 年代起，考古工作者即在这里开展调查工作，1949 年后多次进行发掘，目前这一工作仍在继续进行中。

丰、镐在三百年左右的时间里一直是早周末期和整个西周时期周人和全国的政治、经济、文化中心，后因犬戎之乱和平王东迁而逐渐衰落、湮没，以致后人连丰、镐的具体位置都搞不清了。1949 年以来丰、镐考古的主要收获是：

（1）确定了丰、镐的位置。在沣河西岸以客省庄、张家坡为中心的约六平方千米的范围内，西周文化埋藏十分丰富，这与史籍丰邑在沣水西岸、汉长安城西南、户县城东或唐长安城西的记载是吻合的；在沣河以东的普渡村、花园村、斗门镇一带约四平方千米的范围内，也是一个内涵丰富的西周文化遗址密集区，与史籍镐京在昆明池北、且部分沦于昆明池内的记载亦大体相符。

（2）发掘了一批墓葬和大型宫殿基址。丰、镐地区西周各个时期墓葬的发掘已有千余座，主要有沣西大原村、张家坡和沣东花园村等。1984 年张家坡 157 号大墓发掘，出土铜器上有"井叔"铭，可能即井叔墓。1986 年花园村 15 号墓出土一批铜器，多铸有"禽作文考父辛宝鼎"铭，学者们认为这批铜器可能为周初鲁国国君伯禽为其父周公旦所作，墓主可能即伯禽；17 号墓为 15 号墓的衬葬墓，墓主可能为鲁孝公酋。特别重要的是 1986 年长安县斗门镇花园村西周都城镐京遗址发现了大型宫殿基址。宫殿建筑基址为 10 组，两两相对地排列在两条平行线上。基址区东西长达 3 千米，南北宽 2 千米。已发掘的最大一组宫殿建筑，南北长 80 多米，东西宽 40 多米。中心是大厅，两端各有 11 间房屋，每间长 12—23 米不等，宽 4 米左右。室内有壁炉等设施，墙壁用白灰粉刷。建筑用瓦有绳纹板瓦、带钉筒瓦、A 型槽瓦等。夯土台基至今尚有 5 米多厚。这批大型墓葬和宫殿建筑基址的发现，对最终确定镐京的位置、范围及其面貌具有十分重要的意义。

（3）出土一批青铜器。1954 年，长安县普渡村出土《长甶盉》。1961 年、1973 年，沣西马王村先后出土了两批窖藏铜器，共 80 件，不少铜器上有铭文，西周早期和中晚期的都有。1980 年在长安县下泉村（古镐京附近）出土了《多友鼎》。此鼎铭文长 278 字，为厉王时器，记多友参加王师反击狁进犯的战争并获得胜利事。多友，或谓即厉王少子、宣王庶弟、郑始封之君桓公友。铭文言此次战争中狁动用战车百余乘，知狁势力颇盛。还有上文已提到过的井叔墓、伯禽墓中的一批铜器。

（4）1997 年 3—5 月，在沣西马王镇发掘的灰坑，获得先周与西周分界界标的考古学证据和系列测年标本，为"夏商周断代工程"做出了重要贡献。

（三）宝鸡地区的"矢王""夨伯"文化遗存

20 世纪 60 年代至 80 年代，先后在宝鸡县上官村、灵陇村、霉霉村，陇县南坡村、梁甫村，宝鸡市茹家庄、纸坊头等地的西周墓葬中，出土了《矢王簋》《矢伯鬲》及一批带有"矢"字的器物。再联系到清乾隆年间陕西凤翔府有西周晚期器物《夨人盘》（又称《散氏盘》）的出土，因有学者认为古矢国虽不见于经籍记载，但确实存在，其地望就在今宝鸡至陇县一带的千河（汧水）西岸，其族属当为姜姓羌族。

二十世纪七八十年代，考古工作者在宝鸡市区的茹家庄、竹园沟，发掘一批墓葬，出土了有"弢伯作"铭文的鼎、簋等铜器。所出大量器物，既有同中原西周文化相同的一面，又有明显的不同于周人文化的少数民族文化特征。关于弢人的族属，学者们看法很不一致，有认为属氐族的，有认为属巴族的。还有人认为太伯、仲雍奔"荆蛮"实是投奔到宝鸡附近的古"弢"国；弢，应读为弓鱼，弓鱼氏即文献中的"句吴"族，也就是"荆蛮"。①

"矢"与"弢"的问题，究竟如何，尚须进一步研究。

（四）甘肃灵台白草坡西周墓

1967 年、1972 年，考古工作者先后在白草坡发掘清理了 9 座西周早、中期墓葬，1 个车马坑，出土了一批青铜礼器、兵器、釉陶、车马器等。铜器铭文有"潶伯作""𣶥伯作"字样。据史，灵台古为密国，文王受命第三年"伐密须"，则这里早在先周末年已为周人所有，𣶥伯、潶伯可能为此地之封君或采邑主。

（五）洛阳北窑西周墓地和铸铜遗址

二十世纪六七十年代，河南洛阳市文物考古工作者在洛阳机制砖瓦厂北窑发掘清理了一处西周王室在洛邑的高级贵族墓地，共发掘清理墓葬三百六十余座，出土了数十件有铭铜器和原始瓷器等；与墓地相邻，又发现一主要铸造青铜礼器（亦间或铸造车马、兵器）的西周宗室大型青铜铸造作坊。这些发现，为研究西周社会面貌提供了资料，也为西周洛邑城址的寻找提供了重要参照。

---

① 尹盛平：《西周弢氏的族属及其相关问题》，《华夏文明》第 2 集，北京：北京大学出版社，1990 年。

（六）浚县辛村西周墓地

卫为康叔封地，辖今河南北部、河北南部。1949 年后，在邢台、邯郸、武安、磁县、安阳、辉县、获嘉、浚县等地，普遍发现有西周遗址和墓葬。其中，以浚县辛村墓地规模最大，并出土有"卫""厌"字样的铜器。

（七）三门峡虢国墓地和都城遗城

20 世纪 50 年代以来，考古工作者多次在河南三门峡上村岭发掘一处虢国贵族墓地。共发掘墓葬二百余座，车马坑十余座，时代为西周晚期至东周早期，出土了大批青铜器、乐器、车马器等。其中两座（M2001、M2009）为虢君墓。有学者认为，M2009 号墓主人"虢仲"，即周厉王卿士"虢公长父"，也就是西周晚期著名的"国人之难"的祸首；M2001 号墓主人"虢季"，就是《国语》所载周宣王的贤臣虢文公。[①]

2000—2001 年，考古工作者又对位于虢国墓地东南 2 千米的李家窑遗址进行了大规模的考古发掘，发现城垣、城壕、宫城、宫殿、作坊、粮库等建筑遗址。专家们经研究认定，这里便是周代虢国都城——上阳城所在。

（八）齐、鲁等国的西周文化遗存

1977 年 3 月至 1978 年 10 月，山东文物考古工作者对曲阜鲁国故城进行了大规模的钻探和试掘，对鲁故城的年代（从城垣的发掘资料知此城创建于西周前期）、形制和城市布局已基本查清，并发掘清理了一批建筑基址、作坊、墓葬、车马坑，出土了一批有铭文

---

① 蔡运章：《论虢仲其人》《虢文公墓考》，《甲骨金文与古史新探》，北京：中国社会科学出版社，1996 年。

青铜器和各种生产、生活用具。1984年、1985年发掘的兖州西吴寺遗址，出土了一批西周陶器。这里，可能是鲁国的一个邑落。

由于对营丘、临淄是一地还是二地认识不一，故对西周齐都故城之地望至今尚难判定。20世纪80年代，在临淄周围发掘了四百余座墓葬，其中有些墓葬属西周时期。在临淄城内，亦发现过西周时期的墓葬和文化堆积。另外，在临淄附近的益都、寿光、昌乐、邹平、历城等地，亦有不少西周遗址被发现。

此外，尚有20世纪80年代山东滕县姜屯乡庄里西村西周早期滕侯墓的发掘（出土有《滕侯鼎》《滕公鬲》和《滕侯编钟》等），滕县张汪镇薛国故城（修建于西周初年或商代晚期）的钻探、试掘等。

（九）江苏丹徒烟墩山西周墓

1954年6月，考古工作者在江苏丹徒龙泉乡下聂村烟墩山南麓发现了一座西周时期的墓葬，出土铜器12件及釉陶、石器等，著名的《宜侯夨簋》即此次出土。器铭126字，言周王（康王，或认为是成王）改封虞侯夨至宜地，赐土地、人民事。此器铭对研究西周分封制、周王室同长江下游地区的关系提供了重要材料。

（十）河北元氏县西张村西周墓

1978年，在河北元氏县西张村一西周前期墓葬中，出土有铭铜器2件：《叔趯父卣》《臣谏簋》。李学勤等先生认为"叔趯父"与"臣谏"是一人。[1]据器铭：臣谏（叔趯父）在邢国为臣，其弟倏则在軧国为臣。二国毗邻。戎侵軧，周王亲往征讨，且调邢师助征，

---

① 李学勤、唐云明：《元氏铜器与西周的邢国》，《考古》1979年第1期。

邢侯因令臣谏率军前往䣅国参战。邢,为周公庶子封国,其地望在今之邢台过去或有所疑,得此器疑当可释;䣅国,经传失载,据二器出土地点和元氏古有泜水(今名槐河)并距邢台不远诸项可判定䣅国就在泜水附近。

(十一)北京房山县琉璃河黄土坡墓地和董家林古城遗址

武王灭商后,封其弟召公奭于北燕。周初之燕在今何地,说法不一。

早在清末,据说在北京近郊或卢沟桥就有"匽侯"铜器出土。1955 年,在辽宁喀左(原凌源)马厂沟又有《燕侯盂》出土。

1973 年以来,考古工作者在北京房山县琉璃河黄土坡村附近对一处西周墓地进行了大规模发掘,出土了《堇鼎》《伯矩鬲》《复尊》《攸簋》等一批有铭铜器。有学者认为,《堇鼎》铭文中的"太保"应即虽封燕而仍留周室任太保的召公奭,"匽侯"应即以"元子"身份"就封"的召公之子或其后代(亦有人认为此"匽侯"指召公奭)。

1986 年琉璃河遗址出土的《克罍》《克盉》,其铭文被史家认为是研究周初封燕事的重要史料。有些学者认为,铭文中提及的"克",是人名,即召公之子,第一代燕侯;亦有学者认为,"克"乃助词,铭文所讲正是封太公本人。

1996 年,琉璃河燕国墓地又出土了卜甲数十片,其中 3 片刻有文字,在一片腹甲的甲首部分刻有"成周"两字,对研究西周初周、燕关系及西周年代学具有重要资料价值。

在墓地附近的董家林村还发现有一座古城遗址。从城基夯土被西周墓葬所打破看,这座古城的始建年代应是西周或更早些。从城址规模和附近有燕侯的陵墓等情况判断，它很可能是西周初期燕国的都城。

（十二）山西曲沃晋侯墓

据史，成王灭唐后，封母弟叔虞于唐，仍号唐，至其子燮时始改国号曰晋。唐和晋的早期都域在什么地方呢？过去一直争论不休。

1979 年以来，考古工作者多次对山西曲沃天马-曲村遗址进行大规模发掘。共发掘了六百多座墓葬，主要是西周早期的，获取甚丰。进入 20 世纪 90 年代后，又主要集中力量于 18 座大型墓葬的发掘，出土了《晋侯苏鼎》《晋侯苏编钟》《晋侯所簋》等珍贵青铜器及一批兵器、玉器、成套金器等。据此，有学者认为，"这批墓葬无疑可以确认是在曲沃武公灭晋侯缗以前的晋国墓地"；天马-曲村遗址是晋国早期都城遗址，亦即史家所谓之"故绛"①。

天马-曲村遗址，同北京房山琉璃河燕国遗址一样，对确定西周始年、从而建立自周初开始的比较完整的西周年代框架，具有重要的佐证价值。

---

① 张颔：《晋侯所簋铭文初识》，《文物》1994 年第 1 期；邹衡：《论早期晋都》，《文物》1994 年第 1 期。

专题二　周族起源与先周社会性质

一　先周文化与周族起源

关于周族起源的考察，过去全赖文献。近世，特别是 1949 年以来，考古发掘渐多，学者们遂力图把传世文献材料和考古发掘材料结合起来考察，并取得可喜成绩。

据《史记·周本纪》《诗·大雅·生民》《山海经》等记载，周的始祖名弃，"其母有邰氏女，曰姜原"，其兴"在陶唐、虞、夏之际"，帝舜"封弃于邰，号曰后稷，别姓姬氏"（《史记·周本纪》）。邰，《括地志》、《路史·国名记》、明康海《武功县志》、顾祖禹《读史方舆纪要》等皆言该地在秦汉时之斄县，即今陕西武功县境。

不窋时（《史记·周本纪》谓为后稷子，不确，后世史家多疑弃与不窋间有缺失环节），离开邰地，"奔戎狄之间"。迁到了哪里？无法确指，《史记正义》引《括地志》谓为"庆州弘化县"（今甘肃庆阳），可备一说。

据《史记·周本纪》不窋子为鞠，鞠事迹无可考；鞠子即有名的公刘。相传，公刘"邑于豳"。豳，说者多谓地在今陕西旬邑县西南。公刘迁豳，是周人发展史上重要的一步。

公刘以后的八世（可能不止八世）又基本于史无考，这种情况，直到公亶父时才有了改变。公亶父的最大贡献就是率族众"去豳，度漆、沮，逾梁山，止于岐下"，"贬戎狄之俗，而营筑城郭室屋，而邑别居之，作五官有司"（《史记·周本纪》），在周原建立起新的根据地，跨过文明的门坎，使周人进入一个迅速发展强大的历史时期，并终于在三代（季历、文王、武王）后完成了灭商任务。故诗人咏之曰："后稷之孙，实维太王，居岐之阳，实始翦商。"（《诗·鲁颂·閟宫》）

灭商前周人的这段历史（"早周"，或曰"先周"），得到了考古发掘的印证、充实。下面，简单介绍一下几种被认为与"先周"有关的考古学文化及学者们的看法。周原遗址和丰、镐遗址，鉴于文化面貌比较清楚和上一专题《西周考古》部分中已做过介绍，此处从略。

（一）斗鸡台"瓦鬲墓"类型遗存

1934—1935 年，前国立北平研究院史学研究所在陕西宝鸡斗鸡台戴家沟沟东区进行考古发掘。共发掘不同时期的墓葬百余座，约三十余座属先周、西周时期。因这批墓葬的随葬品以瓦（陶）鬲为主，故当时习称"瓦鬲墓"。

亲身参加过斗鸡台"瓦鬲墓"发掘工作的苏秉琦先生在《瓦鬲的研究》一文中将瓦鬲墓分为三期，[1]估计中期的年代为商周之际，

---

① 见苏秉琦：《苏秉琦考古学论述选集》，北京：文物出版社，1984 年。

暗示其初期已跨入先周时代。苏先生虽未说在时段上属先周的瓦鬲墓初期文化就是先周文化，①却为后人探索先周文化开辟了一条途径。如杨宽先生就认为："很明显这是周人发祥地的文化遗存，确是周人克商以前的'先周文化'。"②卢连成先生认为："先周文化斗鸡台类型"，是"周人已经建立了强大的国家，文明发展达到相当高度"的先周文化的最后一个阶段。③

（二）长武碾子坡先周文化遗存

自 1980 年起，考古工作者连续工作九个季度，在陕西长武碾子坡发掘清理了一批先周墓葬和居住遗址。据研究，碾子坡先周早期墓葬的年代，"在古公亶父以前"，晚期墓"相当迁岐之前不久或略晚"；与邻近的其他先周文化遗址相比较，碾子坡"年代较早，是周人迁岐以前的遗存"，"斗鸡台、北吕、西村墓葬年代大致与郑家坡相当，丰京范围的遗存最晚"。④这一遗址的发现及年代的认定，与文献所说公亶父由北向南迁徙的路线吻合，也是对胡谦盈、江林昌等先周文化"北来"说（详后）的有力支持。

（三）刘家"姜戎墓"类型遗存

1981 年冬，陕西周原考古队在扶风法门乡刘家村南发现和清理了 20 座"姜戎墓"。这批墓葬的一个显著特点是偏洞室墓和高领乳状袋足分裆鬲的存在。尹盛平先生认为："武功郑家坡遗址和扶

---

① 苏秉琦：《斗鸡台沟东区墓葬》，北平研究院，1948 年。

② 杨宽：《西周史》，上海：上海人民出版社，1999 年，第 51 页。

③ 卢连成：《扶风刘家先周墓地剖析——论先周文化》，《考古与文物》1985 年第 2 期。

④ 李峰：《先周文化的内涵及其渊源探讨》，《考古学报》1991 年第 3 期。

风刘家墓葬的发掘，使我们清楚地看出，宝鸡地区曾经存在着两种性质完全不同的青铜文化，一种是以联裆鬲为代表的先周文化；另一种是以高领乳状袋足分裆鬲为代表的刘家文化。两种文化虽然有相互渗透影响的现象，但是各自有不同的源流。""刘家文化当渊源于齐家文化。刘家文化作为宝鸡、陇东地区青铜文化的一个独特类型，与甘青地区的青铜文化，特别是辛店文化关系最为密切，从大的族属上可以归入西戎文化。"①与尹盛平先生基本上把刘家文化排除在先周文化外不同，卢连成先生则认为刘家文化是先周文化发展序列中重要的一环。他认为："继齐家文化之后，甘肃洮河流域辛店文化姬家川类型的一些部族曾经大规模向东游徙，在陇东和陕西西部形成了较大的部落联盟，先周文化石嘴头—晁峪类型遗存就是他们活动的见证。进入肥沃的关中平原之后依据有利的条件，迅速发展农业、畜牧业，并和高度发展的商文化进行频繁的交流，同时，吸收并融合了许多其他部族的文化，逐渐形成了先周文化刘家类型。刘家类型进一步发展，则形成了先周文化斗鸡台类型。""可以这样估计，甘青地区的辛店文化和寺洼文化有可能是先周文化形成的重要源流之一，而齐家文化则可能是辛店文化、寺洼文化乃至先周文化的祖源。"②

（四）郑家坡类型遗存

1981 年，宝鸡市考古工作队发掘武功郑家坡先周遗址。共发掘

---

① 尹盛平：《从先周文化看周族的起源》，《人文杂志》丛刊第 2 辑《西周史研究》，1984 年。

② 卢连成：《扶风刘家先周墓地剖析——论先周文化》，《考古与文物》1985 年第 2 期。

清理房基 17 座、灰坑和窖穴 18 处、陶窑 2 处，出土了一批陶器和少量铜器。尹盛平先生根据郑家坡各型鬲都延续至西周，卜骨、生产工具与西周的卜骨、生产工具有着明显的承袭关系，房屋全为半地穴式，并与沣西早期的房屋相同等因素，认为"西周文化主要是由武功郑家坡遗址文化发展而来，郑家坡遗址的文化遗存无疑是西周以前的周族早期文化"。[1]

（五）客省庄二期文化遗址

这是一种新石器时代晚期的陇西龙山文化遗存，因 1955 年首次发现于沣西客省庄而得名。徐锡台先生根据"叠压在仰韶文化层上边的为客省庄第二期文化（又称陕西龙山文化），叠压在客省庄第二期文化之上是周文化，在周文化和客省庄第二期文化之间，再没有文化遗存"的地层叠压关系认为："早周文化起源于客省庄第二期文化，在它发展的后期，受了殷商文化的影响而形成西周时期的社会经济形态。"[2]张忠培先生则认为："先周文化以高领袋足分裆鬲著称，客省庄二期文化晚期以单把联裆罐形鬲为特征，两者不属一个谱系，先周鬲是自有渊源的，从这个角度看，很难把客省庄二期文化说成是周族的原始文化。"[3]

（六）山西有关文化遗存

如果考虑到周人并非关中土著而有可能来自山西的话（见后），那么，考察先周文化就不能不跳出陕西的圈子而把目光移向山西。

---

[1] 尹盛平：《从先周文化看周族的起源》，《人文杂志》丛刊第 2 辑《西周史研究》，1984 年。

[2] 徐锡台：《早周文化的特点及其渊源的探索》，《文物》1979 年第 10 期。

[3] 张忠培：《客省庄文化及其相关诸问题》，《考古与文物》1980 年第 4 期。

说到山西，自然离不了大家经常提到的被认为与周族、先周文化有密切关系的光社文化（详后）；但亦有学者认为："据目前考古资料察知，周族原始阶段的'先周文化'，可能当即是指山西汾河流域中下游，临汾盆地周围地区，具有类型特征和渊源发展关系的龙山晚期文化、东下冯类型的夏文化直至西周（原文如此，疑为"先周"之误）各阶段的考古文化。……山西汾河流域临汾盆地的周围地区，可能为周族和周文化的发祥地。"①

关于先周文化的源头，上引徐锡台及尹盛平先生文，皆主"关中土著"说。卢连成先生文则主"西来"说。而 1949 年前和现在，又有不少学者持"东来"说。

1931 年，钱穆先生提出"周人盖起于冀州，在大河之东。后稷之封邰，公刘之居豳，皆今晋地，及大王避狄居岐山，始渡河而西"。②此说一出，影响颇大，从其说并有所修正、发挥者不少。如吕思勉先生说："公刘旧邑，实在山西；大王逾梁山，当在今韩城；岐山亦当距梁山不远也。……山西之地，三面皆山，惟自蒲津渡河入渭域为平坦，钱氏之言，衡以地理情势，固无不合矣。"③陈梦家先生说："公刘之豳以及周在今山西南部之新绛、稷山、河津、万泉、荣河一带，当大河之东、汾水之南、盐池西北的涑水流域。……自古公而周始去晋南而至于陕。"④徐中舒先生说："姬族来源于晋陕之间的光社文化"，"光社文化是从太原北郊光社首先发现而得名的。光社文化的公布几乎占了山西省的大半，从晋西北、

① 王克林：《略论夏文化的源流及其有关问题》，《夏史论丛》，济南：齐鲁书社，1985 年。

② 钱穆：《周初地理考》，《燕京学报》第 10 期。

③ 吕思勉：《先秦史》，上海：上海古籍出版社，1982 年，第 118 页。

④ 陈梦家：《殷虚卜辞综述》，北京：科学出版社，1956 年，第 292 页。

陕东北的黄河两岸直到河套地区都有光社文化的遗迹。这里就是一个广阔的黄土高原，就是姬族周人的老家"。①王玉哲先生说："周族本为夏族的一分支"，"周族最早曾住过山西，当无可疑"，"周族最初所居之周原，实即在今山西之临汾。大概在商末周太王时，才从山西的周原西迁到陕西的岐山下，并以原来居住的旧地名，称其新迁之地，于是陕西才也有了周原之名"。②其他如李仲立、李民、杨升南、许倬云、伊藤道治等先生，亦基本持类似看法。③

此外，尚有一种"北来"说。如胡谦盈、江林昌先生等就认为：周人是从陇东的泾水上源向南发展，其中心地域在陕西长武县一带，周族先活动于甘肃庆阳，后进入豳州地区；④田昌五先生亦认为：周人本在晋陕北部，后沿洛水南下，西与羌人结盟，东与夏人联姻，其后又返回泾水而南下。⑤

邹衡先生与上述持周文化单一说或基本单一说者不同，他认为："先周文化的形成是由多种文化因素相互融合的过程。这些文化因素的主要组成部分有三：（1）来自以殷墟为代表的商文化；

---

①　徐中舒：《周原甲骨初论》，《四川大学学报》丛刊第 10 辑《古文字研究论文集》，成都：四川人民出版社，1982 年。

②　王玉哲：《先周族最早来源于山西》，《中华文史论丛》1982 年第 3 辑。

③　李仲立：《试论先周文化的渊源——先周历史初探之一》，《社会科学》（甘肃）1981 年第 1 期；李民：《释〈尚书〉"周人尊夏"说》，《中国史研究》1982 年第 2 期；杨升南：《周族的起源及其播迁——从邰的地望说起》，《人文杂志》1984 年第 6 期；许倬云：《西周史》，北京：生活·读书·新知三联书店，1994 年，第 49 页；[日] 伊藤道治：《中国古代王朝的形成——以出土资料为中心对殷周史的研究》附录四《西周文化的起源和宗周》，东京：创文社，1975 年，第 346 页。

④　胡谦盈：《浅谈先周文化分布与传说中的周都》，《华夏文明》第 2 集，北京：北京大学出版社，1990 年；江林昌：《姬周族"窜于戎狄之间"与泾水流域考古遗存》，《齐鲁学刊》1999 年第 5 期。

⑤　田昌五：《对周灭商前所处社会发展阶段的估计》，《华夏文明》第 2 集，北京：北京大学出版社，1990 年。

（2）从光社文化分化出来的姬周文化；（3）来自辛店、寺洼文化的姜炎文化。就其人群而言，主要包括三大集团：（1）来自东北方的姬周集团。（2）来自西方的羌姜集团。（3）其他居民集团。这个集团比较复杂，有居住居民，也有外来户。"①前引徐中舒先生文，亦主张周原文化"有东西两个来源：东面的姬族来源于晋陕之间的光社文化，西面的姜族来源于甘肃地区的辛店文化和寺洼文化。周原文化就是这两方面文化的融合"。②

关于周之族别，亦有种种不同说法。最传统、流行的说法自然是弃为帝喾子、帝喾乃黄帝曾孙，把老根直追到中华民族的人文始祖黄帝头上。但亦有人认为，合力建立起西周王朝的姬、姜两族，可分别上溯到夏、黄帝、少典和四岳、炎帝、有蟜，而少典出自氏，有蟜出自羌；少典之"典"，显然是"氏"的音转，"姬""周"的读音，亦渊源于"氏"；而"蟜"与"姜"，皆古"羌"字的音转。③众所周知，周人尊夏，并每以夏人之后自居。今之学者亦有人认为"周族本为夏族的一分支"（前引王玉哲先生语），"夏、周之先祖实为一个强大的部落联盟的不同氏族或部落"。④而夏之源，又有出自黄帝（《史记·夏本纪》："禹者，黄帝之玄孙而帝颛顼之孙也"）、出于西羌（陆贾《新语·术事》："文王生于东夷，大禹出于西羌"）等不同说法。还有学者认为"姬周族本为夏族的一

---

① 邹衡：《论先周文化》，《夏商周考古学论文集》，北京：文物出版社，1980 年。

② 徐中舒：《周原甲骨初论》，《四川大学学报》丛刊第 10 辑《古文字研究论文集》，成都：四川人民出版社，1982 年。

③ 刘起釪：《周姬姜与氏羌的渊源关系》，《华夏文明》第 2 集，北京：北京大学出版社，1990 年。

④ 李民：《释〈尚书〉"周人尊夏"说》，《中国史研究》1982 年第 2 期。

支","姬周族在古公亶父迁岐以前，一直是住在山西的。古文献和殷墟卜辞中的土方，应当就是商人对夏族当然包括所属的姬周族在内的称呼"。"总之，姬周族与山西姬姓戎狄的族源是相同的，他们都出于土方"。[①]而前此，徐中舒先生曾明确提出"周人出于白狄说"。[②]

看来，诸家对先周文化后期（周原阶段和丰、镐阶段）的认识比较清楚，看法也比较接近；迁岐前的文化面貌及其来源，问题就多了。之所以会出现这种状况，一是材料本身（文献的和考古的）的限制；二是对"先周文化"内涵的界定尚不明确、统一（如从时间上说，下限明确——克商前，上限就不好说了，总不能无止境地往前追吧！从范围上说，"先周文化"究竟是灭商前的周族自身文化呢，还是指以周族为主体或代表的某一地域、某一时段内的某种复合文化或多元混合文化呢？至今大家并不太清楚，故常常是各说各的，谈不大拢）；三是研究方法问题。有些学者文献根底深厚，多在文献上兜圈子，而一些搞考古的，则主要以考古材料立论，把二者结合起来尚须下大功夫。

二 先周社会性质

灭商前的周人处于何种社会发展阶段？学者们的看法颇不一致。

---

① 方述鑫:《姬周族出于土方考》,《西周史论文集》（上），西安：陕西人民教育出版社，1993 年。

② 徐中舒:《西周史论述》（上），《四川大学学报》1979 年第 3 期。

044

　　大家知道，长期以来，有相当一部分学者认为灭商前的周人始终处在原始社会阶段。如吕振羽先生即认为"在周人建国（指灭商后的建国——引者）的前夜，其自身还处在氏族制即原始公社制末期的状态下"，"专门以战争为事的酋长，如王季和文王……还不曾完全从农业劳动中脱离了出来"。①李亚农先生同样认为"周文王还是没有脱离生产的一个氏族酋长"，"周族征服殷族……乃是氏族制社会部落的联盟征服了奴隶制社会国家"。②斯维至先生亦认为："一直到武王克商以前，周大概尚在氏族社会末期父家长家庭公社阶段。"③

　　更多的研究者则认为，灭商前，周人先经历了漫长的原始社会阶段，后转入奴隶社会阶段。如郭沫若先生主编的《中国史稿》就认为古公亶父迁岐后，周人"开始从原始社会跨入阶级社会"，到了文王都丰，周已成了"商朝西方最强大的奴隶制国家"。④不少著述、教材，都持类似看法。

　　第三种看法是周人在灭商前依次经历了原始社会、奴隶社会、封建社会三个社会发展阶段。如范文澜先生即认为："从公刘到古公亶父凡十代，都住在豳地。……那时候周社会正经历着很不发展的奴隶制阶段。"古公亶父迁岐后，"为缓和内部矛盾，采用商原有的助耕制……这样，新的生产关系即封建的生产关系在周国里成为主要的生产关系了"，古公终于建立起"封建制度的周国"。⑤孙作

　　① 吕振羽：《殷周时代的中国社会》，北京：生活·读书·新知三联书店，1962年，第131、138页。
　　② 李亚龙：《中国的奴隶制与封建制》，上海：华东人民出版社，1954年，第15、42页。
　　③ 斯维至：《早周的历史初探》，《历史研究》1978年第9期。
　　④ 郭沫若主编：《中国史稿》第一册，北京：人民出版社，1976年，第216、218页。
　　⑤ 范文澜主编：《中国通史简编》修订本第一编，北京：人民出版社，1964年，第126—127页。

云先生亦认为：居豳时，"周国也是奴隶制国家"；"周文王时，已行公田私田制度，即已行'力役地租'的剥削法，因而在这时候，周国已经进入封建社会"。①

第四种看法是灭商前周人从原始社会直接步入封建社会。笔者认为：文王时既已行"耕者九一"的助法，行力役地租，显然已是建立在农村公社基础上的村社封建制社会了；人们在拿不出证明早周是奴隶社会的像样材料的情况下例行公事式地给早周安排一个奴隶社会阶段，无非是受了"奴隶社会乃人类历史发展必经阶段"说的束缚、影响；"早周所经历的由原始社会到封建社会的转变"，"一点也不值得大惊小怪，而应视作社会发展规律的正常体现，完全用不着在早周的原始社会与封建社会之间人为地添加进一段奴隶制的蛇足"。②

过去，限于材料。人们对先周社会发展水准的估计普遍偏低，20 世纪 70 年代以来，随着岐山凤雏村早周宫室（宗庙）建筑基址和周原甲骨、青铜器等的发现，人们始逐渐对早周后期（迁岐后）社会发展水准刮目相看。

---

① 孙作云：《从诗经中所见的灭商以前的周社会》，《诗经与周代社会研究》，北京：中华书局，1966 年，第 31、51 页。

② 张广志：《关于早周社会的性质问题》，《奴隶社会并非人类历史发展必经阶段研究》，西宁：青海人民出版社，1988 年，第 150—152 页。

专题三　武王克商之年与西周诸王年世

　　文王时，通过对犬戎、密须、耆（黎）、邢、崇等的一系列征伐，远近"诸侯"及殷商旧臣纷往归之，已成所谓"三分天下有其二"（《论语·泰伯》）之势，并于死去的前一年徙都于沣西新建的丰邑，做东进伐商取天下的最后准备。可以说，灭商和开周八百年王业之功，是由文王奠立的。不过，文王没有来得及完成这个大业便死去了。他的遗志是由武王最后完成的。

　　武王继立后，又经过一番准备，"乃遵文王，遂率戎车三百乘，虎贲三千人，甲士四万五千人，以东伐纣。十一年十二月戊午，师毕渡盟津……二月甲子昧爽，武王朝至于商郊牧野……帝纣闻武王来，亦发兵七十万人距武王。……纣师虽众，皆无战之心，心欲武王亟入。纣师皆倒兵以战，以开武王。武王驰之，纣兵皆崩畔纣。纣走，反入登于鹿台之上，蒙衣其珠玉，自燔于火而死。"（《史记·周本纪》）

　　以上，便是太史公留给我们的有关武王伐纣的比较完整的记述。太史公的记述当本于《尚书·牧誓》《古文尚书·武成》《逸周书·世俘》《国语·周语》等，但上述文献有的已经散失（如《古文尚书·武成》），而传留至今者也没有给我们提供比司马迁更多的东西。

武王克商后没几年就死去了。武王后是成王、康王、昭王、穆王、共王、懿王、孝王、夷王、厉王、宣王、幽王等，连同武王一共是十一世、十二王。共和元年（公元前841年）后，我国历史已有确切纪年，故在这之后的宣王、幽王两代的纪年自然也是明确的；可前此的十个王，除穆王、厉王两代司马迁还留给我们具体的在位年数（分别在位55年、37年——后人尚有不同意见）外，其他诸王皆付阙如。

于是，武王究竟于何年克商，西周诸王在位年数及西周一共历时多少年等，一直像谜一样让后人猜测了二三千年。

一 关于武王克商之年

司马迁不愧为良史，他的许多历史记述多是有所本，即有历史史实作根据的。如"甲子昧爽"的牧野之战，不但有《尚书》等文献作根据，也得到了1976年出土于陕西临潼的《利簋》（图2）铭文"武王征商，唯甲子朝"的证明。特别重要的是，《利簋》的作器者利，很可能亲自参加了这次伐商战争，所以在伐商后的第七天（辛未）受到武王的赏赐，并作器纪念自己的先人。《利簋》的出土，足证太史公所言不诬。

问题是，日子虽有了，但发生在哪一年，并不清楚。太史公虽有"十一年十二月戊午，师毕渡盟津"，"二月甲子昧爽……至于商

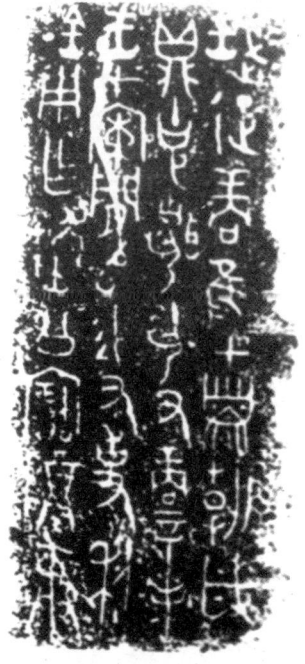

图2 利簋及铭文

1976年3月陕西临潼零口镇西段村出土。通高28厘米，口径22厘米，重7.95公斤，腹内底有铭文32字，是目前已知西周最早（武王时）的一件青铜器。

郊牧野"之说，但起算年为哪一年既搞不清，这十一年云云对于后人来讲还是等于白说。

当然，这并不是说这个问题已是个永远解不开的死结，古文献中保存下来的有关伐纣时的天象记录、地下遗存和铜器铭文等，还是为这个问题的破解提供了某些根据。

最早尝试解决这个问题的是西汉末年的大学问家刘歆。刘歆精通天文历算之学，他根据《国语·周语下》"昔武王伐殷，岁在鹑火，月在天驷，日在析木之津，辰在斗柄，星在天鼋"及《周书·武成》篇的有关记载，推定"《三统历》上元至伐纣之岁，十四万二千一百九岁，岁在鹑火张十三度"（见《汉书·律历志下》所保存的刘歆《世经》）。刘歆《三统历》设定的"上元"是哪一年，有何根据，我们姑且不去管它，但从他后面提到的我们已确知其年代的一些重大事件距"上元"的年数（如谓"汉高祖……伐秦继周……天下号曰汉，距上元年十四万三千二十五岁"）中，却很容易换算出刘歆推定的灭商之年实为公元前1122年。此后，宋邵

雍《皇极经世》、刘恕《通鉴外纪》、郑樵《通志》、宋元间人金履
祥《通鉴前编》、清乾隆官修《通鉴辑览》等多从其说。刘歆的主
要方法是将文献中的天象记录与根据《三统历》推算出的历史上发
生的天象相比对，以确定文献所记录的天象发生的年代。但限于当
时的科学水平，历法推算的初始值和对天体长期运行规律的数学描
述都不够精确；历法的不准确，又自然会影响据这种历法推算出来
的天象发生年代的准确性。有些学者正是抓住这一点来否定刘歆对
武王克商之年的推定的。有的，还甚至怀疑刘歆在伪造史料，如至
今仍有学者认为："《国语·周语下》的'铸无射'章……所讲的
'昔武王伐殷，岁在鹑火，则我有周之分野也'……是刘歆编造的
伪书而窜入《国语》中的。""伪造的目的，在于用'岁在鹑火'和
'二月癸亥'，为他的伐纣之年作旁证；同时，也为他以《三统历》
解说《春秋》开路。"①更多的学者则认为，刘歆纵有这样那样的不
足，但他利用天象材料确定历史年代的开创之功却是值得肯定的。
正如有的学者所说："刘歆以天文历法为基础，利用古代天象记录来
确定历史事件的年代，他的这一开创性工作开辟了一个新的历史年
代学研究领域。""可以毫不夸张地说，两千年前，西汉末年的超级
学术大师、王莽新朝的'国师'刘歆，正是天文历史年代学之祖。"②

　　继刘歆之后在这方面下过一番工夫的是唐代高僧、天文学家一
行。一行的研究方法基本上是沿袭刘歆的，但他的天文学水平显然

---

① 何幼琦：《周武王克商的年代问题》《〈国语〉"铸无射"章辨伪》，《西周年代学论
丛》，武汉：湖北人民出版社，1989年。
② 江晓原、钮卫星：《回天——武王伐纣与天文历史年代学》，上海：上海人民出版
社，2000年，第171页、后记。

比刘歆高出一些，对刘歆的某些推算上的不足也有所改进，特别是他又接触了刘歆所不曾见过的《竹书纪年》这样的新材料，故他对武王克商之年的推定与刘歆不同。《新唐书·历志》三上保存的一行《历议》载："《竹书》'十一年庚寅，周始伐商'。"研究者多认为，一行正是以此为据，按《大衍历》法推定出武王克商之年的（换算为公历当公元前 1111 年）。一行的推定，得到近今学者董作宾、严一萍等的支持。但亦有学者认为："'庚寅'二字为一行推算所得，非《纪年》原文。"① "一行根据《尚书·武成》的月日，用他的《大衍历》来推算，认为伐纣应该是庚寅。"②事实真相究竟如何，一时尚难论定。

还有一种以西周诸王积年推定克商之年的办法。因为西周亡年（公元前 771 年）是明确的，知道了西周的总年数自然也就知道了它的起始之年。如依《古本竹书纪年》之"自武王灭殷以至幽王，凡二百五十七年也"（《史记集解·周本纪》引《汲冢纪年》，《通鉴外纪》卷三引同），自然可推出灭商之年为公元前 1027 年。梁启超、雷海宗、莫非斯、陈梦家、高本汉、屈万里、何炳棣等基本上都是持取这一办法的。此外，还可据《今本竹书纪年》"武王灭殷，岁在庚寅……至幽王庚午""共二百八十一年"的记载，推定克商之年为公元前 1051 年，以及据《帝王世纪》等书推定等等。如果所据文献及文献所说西周诸王积年准确无误，不用说，这自然不失为一种最简便、最可靠的办法。问题是，文献及文献所说积年是否

---

① 方诗铭、王修龄：《古本竹书纪年辑证》，上海：上海古籍出版社，1981 年，第 40 页。

② 唐兰：《中国古代历史上的年代问题》，《新建设》1955 年 3 月。

靠得住？《今本竹书纪年》后出，问题较多（年代体系袭自一行《历议》，不能作为先秦史料使用），这里姑且不去说它，即以《古本竹书纪年》论，其可靠程度怕也值得深思。美国学者吉德炜有言："首先，不能断定257年的记载是《竹书纪年》的原始记录，还是后人的注释。第二，我们不能断定这条资料是否流传准确。第三，我们不能肯定257年是到幽王元年，还是到幽王末年。……第四（也是最重要的），我们无法证明《纪年》的作者（们）见过据精确的西周记载中推衍出来的年表。"①吉德炜的诘难，很值得主要据《纪年》推定克商年代的学者深思。

近世，特别是1949年以来，考古工作进步很快，收获亦大。随着考古发掘工作的大规模开展和大批新青铜器的出土，学者们又纷纷借助考古资料（青铜器及其他遗物、遗址）和碳-14等新的测年方法成果推定克商之年，论著之多，自非前代可比。1997年，北京师范大学国学研究所编《武王克商之年研究》一书出版。该书共收载论文全文或摘要57种，书末附"要目"106种，一共是44种不同的伐商之年。持同一年代说的，有时又不止一个人，各人的根据也并不相同；而同一个人，或由于兼采数说，或由于观点的改变，又经常占据不止一个克商年代。从时间上说，有早自公元前1130年的（如清儒林春溥），也有晚至公元前1018年的（如周法高），前后相差竟有112年之巨。真可谓林林总总、蔚为大观矣。

然过去之研究，多赖个人一己之力，或偏重文献，或倚重天象，或倾力于金文、考古材料之间，难以作多层面、多渠道、多学

---

① ［美］吉德炜：《晚商的绝对年代》，北京师范大学国学研究所编：《武王克商之年研究》，北京：北京师范大学出版社，1997年。

科之交叉综合研究。须知，单独倚重任何一个方面都是不能妥善解决克商之年这个老大难问题的。如传世文献，本身多残缺，且每有自相龃龉处，更不用说还有个伪书、伪篇的问题了，一味在文献中索解克商之年，自然没多大出路；金文中年、月、纪时词语与日名干支四要素俱全的本来就少，且又都不明言王为何王，更不用说让它告诉你某王何年即位、何年崩、一共在位多少年的问题了，故单靠金文也难以解决问题；二十世纪八九十年代以来考古发掘中广泛应用的碳-14测年技术，其作用、价值早已为人们公认，但它毕竟还只能给出被测对象的大体年代区域，对一些只需有个约略年代的遗址、遗物它也许已经够用了，但对克商这样一个须精确到年份的项目要求来说，它仍然无法满足；从理论上讲，能给出历史事件最精确日期的莫过于天文学方法了，因为，应用现代天文学中的天体力学方法，天文学家已能对几千年前的一些有规律出现的周期天象（如日食、月食、行星位置、周期彗星等）进行精确到年、月、日，甚至时、分、秒的精确回推计算。但它仍须依赖两个条件：一是文献所记天象真伪的甄别、筛选，一旦文献所记失真，自然也回推计算不出正确的结果。其次，可回推计算的周期天象必有多重解，如"岁在鹑火"每12年就会出现一次，"日在析木之津"则每年出现一次。如不辅之以其他手段尽量缩小历史事件可能发生的时间区段，单独的天文学回推计算亦很难一锤定音。方法、手段上的分割和各自为战，也是造成这个问题迟迟得不到解决的一个重要原因。

随着"夏商周断代工程"取得阶段性成果，作为三代年代学关键的武王克商之年终于有了一个比较合理的选定——公元前1046年！应该说，这个年代选定是有参加断代工程的众多学者多方面研究成果作支持的，因而也是比较稳妥、比较合理的。

为了求得比较准确的克商之年，第一步是缩小其范围。

1997 年发掘的长安县沣西 18 号灰坑，是"断代工程"的一次重要发现。据史，文王受命后第六年由岐下迁都沣西之丰邑，次年卒，不久就发生了武王克商那件划时代的历史大事件。这里即是克商前后周之都邑，弄清它的年代无疑对推定克商之年有极大的帮助。18 号灰坑，属先周文化晚期，即商代末期，其上叠压着西周初期文化层（T1 第四层），两者的这种叠压关系为从考古学上划分商周界限提供了理想的地层依据。专家对从这组地层中采集的系列含碳样品做了碳-14 年代测定。常规法测年后，用 1998 年树轮校正曲线对常规法测年所得数据进行高精度扭摆匹配，得到武王克商的年代范围为公元前 1050—前 1010 年。AMS 法测年的结果，武王克商的年代范围为公元前 1060—前 995 年。接着，专家们又用与推定克商年范围有较直接联系的殷墟四期、西周琉璃河一期一段墓葬和曲村一期一段的碳-14 测年年代范围以及宾组卜辞中五次月食的年代证认作比证研究，又进一步将克商的年代范围缩小到公元前 1050—前 1020 年之间。这一结果，同专家们据《左传》《孟子》《古本竹书纪年》等文献推断西周始年应在公元前 1020 年以前的说法亦相吻合。这些工作，将克商年的范围从 112 年缩短到 30 年。

在克商年的已被大大缩小了的可能范围内，有关专家运用现代天文学方法和国际上最先进的天文学软件（如"长时段日月行星星历表数据库 DE404"）对有关的克商天象进行回推，得到公元前 1046 年、公元前 1044 年、公元前 1027 年等三个克商年方案。这三个克商年，是有关专家各自独自得到的，都有一定的合理性，但都无法满足文献所给出的全部条件，因此，只能根据其满足的程度，及与金文历谱匹配的状况来选定最优解。根据"断代工程"所定金文历谱，成王元年为公元前1042年；武王克商后的在位年数文献有2年、3年、4年、6年、7年、8年等不同说法，经研究比较，专家们多以四年说为长。取此说则克商年为公元前1046年。此说与金文历谱衔接较好，且与《武成》《召诰》《洛诰》历日，《国语·周语下》"伶州鸠"语等相容，是三说中符合条件最多的一种，故被"断代工程"定为武王克商的首选之年。

二 关于西周诸王年世

西周年代学问题有二，一是西周积年，一是诸王在位年数。前一个问题和克商之年实为一个问题的两个方面，克商之年既定，这个问题也就随之解决了；剩下来的便是诸王在位年数，亦即西周的276年如何在诸王间分配的问题。

西周从武王伐纣至幽王败亡，共历十一世、十二王（周公行政、共和行政未计入）。由于有了《史记·十二诸侯年表》，中国历史从共和元年（公元前841年）起，已有了确切纪年，故共和及宣王、幽王的年代早已不成问题，搞不清的是共和前武王至厉王十王的在位年。

关于这十王，《史记·周本纪》谓："武王已克殷，后二年……武王病……后而崩，太子诵代立，是为成王。"似言武王克商后当国三年或三年以上。提得比较明确的是"周公行政七年"，"穆王立五十五年，崩"，厉王"三十四年，王益严，国人莫敢言，道路以目。……三年，（国人）乃相与畔，袭厉王，厉王出奔于彘"。则厉王在位凡 37 年。不过，除周公行政 7 年外，太史公关于武、穆、厉三王的在位年数并未得到后世史家的公认。另，《太平御览》卷八十五引《史记》又有"懿王在位二十五年，崩"和"孝王在位十五年，崩"的记载，今传本《史记》不见，录此备考。

魏晋间人皇甫谧《帝王世纪》一书（已佚，有清儒辑本多种），亦有大部分周王在位年数的记载，如武王 7 年（或 6 年）、周公行政 7 年、成王 30 年、①康王 26 年、昭王 51 年、穆王 55 年、共王 20 年、夷王 16 年等。该书杂采诸书，所记或可补史，但亦未可尽信。

宋元间人马端临《文献通考》卷二五○《帝系一》更整齐开列出西周诸王在位年数：武王 7 年、成王 37 年、康王 26 年、昭王 51 年、穆王 55 年、共王 12 年、懿王 25 年、孝王 15 年、夷王 16 年、厉王 37 年等。马端临在《自序》中说，《帝系》等五《考》，为杜佑《通典》所无，是他"采摭诸书以成之者也"。

近今中外学者系统研究这个问题的有吴其昌、新城新藏、陈梦家、章鸿钊、荣孟源、刘启益、马承源、何幼琦、赵光贤、李仲

---

① 《太平御览》卷八十四引《帝王世纪》："武王……四年，起师至鲔水，甲子至于商郊牧野。……十年冬，王崩于镐，殡于岐，时年九十三岁矣。"则武王伐纣后在位 7 年。而《史记·周本纪》《集解》引皇甫谧曰"武王定位元年在乙酉，六年庚寅崩"，则在位凡 6 年。关于成王在位年数，差异更大。《太平御览》卷八十四引《帝王世纪》："周公居冢宰，摄政。成王年少未能治事，故号曰孺子。八年始躬亲王事。……七年王崩，年十六矣。"则成王在位仅 7 年，连同周公摄政 7 年，一共是 14 年。而《史记·鲁世家》《集解》据徐广引皇甫谧云"伯禽以成王元年封，四十六年、康王十六年卒"，则成王在位为 30 年。类此龃龉处尚多，使用时需格外注意。

操、白光琦等。①为便读者，兹将朱凤翰、张荣明编制之《西周诸王年代诸说一览表》② 附后。

可能由于犬戎之乱所造成的周室典籍多有散失的缘故吧，太史公写《周本纪》时已弄不清西周好几位王的在位年数，而《鲁世家》中却连贯、具体记有考公以下历代鲁公的在位年数，间或还具体点明"真公十四年，周厉王无道，出奔彘，共和行政，二十九年，周宣王即位"，"孝公二十五年，诸侯畔周，犬戎杀幽王"一类的对应关系，从而为后人利用鲁纪年索解周王年数提供了帮助。这样，鲁孝公二十五年当西周灭亡之公元前771年，上推考公元年当公元前998年。刘歆为了凑成他的"上元至伐纣之岁十四万二千一百九岁"（换算下来伐纣之年当公元前1122年）之说，曾擅改几位鲁公的在位年数，如改炀公六年为六十年、献公三十二年为五十年等。由于刘歆的学问、名气大，虽然他只给出过西周武、成、康三王的在位年数（7、37、26），后之学者仍多从他的克商之年说，而诸王在位年数则用《帝王世纪》等书所推周王年数充之，《册府元

---

① 吴其昌：《金文历朔疏证》，《燕京学报》1929 年第 6 期；[日] 新城新藏：《中国上古金文中之历日》，沈璿译：《东洋天文学史研究》，上海中华学艺社，1933 年；陈梦家：《西周年代考》，重庆：商务印书馆，1935 年；章鸿钊：《中国古历析疑》，北京：科学出版社，1958 年；荣孟源：《试谈西周纪年》，《中华文史论丛》1980 年第 1 辑；刘启益：《西周纪年铜器与武王至厉王的在位年数》，《文史》1982 年第 13 辑；马承源：《西周金文和周历的研究》，《上海博物馆集刊》（建馆三十周年特辑），上海：上海古籍出版社，1983 年；何幼琦：《西周的年代问题》，《江汉论坛》1983 年第 8 期，收入《西周年代学论丛》，武汉：湖北人民出版社，1989 年；赵光贤：《武王克商与西周诸王年考》，《西周史论文集》，西安：陕西人民教育出版社，1993 年；李仲操：《西周年代标尺的运用》，《西周史论文集》，西安：陕西人民教育出版社，1993 年；白光琦：《西周的年代与历法》，《西周史论文集》，西安：陕西人民教育出版社，1993 年。

② 见朱凤翰、张荣明编：《西周诸王年代研究》，贵阳：贵州人民出版社，1998 年，第 432—433 页。

西周诸王年代诸说一览表

序号	诸家说	克殷年	武王	周公(摄政)	成王(亲政)	康王	昭王	穆王	共王	懿王	孝王	夷王	厉王(在位)	共和	宣王	幽王	西周总年	武王至厉王末年
1	古本纪年	1027	自周受命至穆王百年														257	
2	今本纪年	1050	6	7	30	26	19	55	12	25	9	8	12	14	46	11	280	209
3	史记	—	3	—	—	—	—	55	—	—	—	—	37	14	46	11	—	—
4	御览引史记	—	—	—	—	—	—	55	—	25	15	—	—	14	46	11	—	—
5	汉书引世经	1122	8	7	30	26	51	55	20	—	—	16	—	14	46	11	—	—
6	帝王世纪	—	7	7	7	26	51	—	—	—	—	16	—	—	—	—	—	—
7	皇极经世	1122	7	7	30	26	51	55	12	25	15	16	37	14	46	11	352	281
8	通鉴外纪	1122	7	7	30	26	51	55	10	25	15	15	40	14	46	11	352	281
9	通志	1122	7	7	30	26	51	55	10	25	15	15	40	14	46	11	352	281
10	通考	1122	7	7	30	26	51	55	12	25	15	16	37	14	46	11	352	281
11	通鉴前编	1122	7	7	30	26	51	55	12	25	15	16	37	14	46	11	352	281
12	王国维	—	3	6	—	—	—	—	—	—	—	—	—	—	—	—	—	—
13	新城新藏	1066	3	7	30	26	24	55	12	25	15	12	16	14	46	11	296	225
14	吴其昌	1122	7	7	30	26	51	55	15	22	15	16	37	14	46	11	352	281
15	丁山	1029	2	7	12	26	19	37	18	20	7	3	37	14	46	11	259	188
16	董作宾	1111	7	7	30	26	18	41	16	12	30	46	37	14	46	11	341	270

（续　表）

序号	诸家说	克殷年	武王	周公(摄政)	成王(亲政)	康王	昭王	穆王	共王	懿王	孝王	夷王	厉王(在位)	共和	宣王	幽王	西周总年	武王至厉王末年
17	陈梦家	1027	3	—	20	38	19	20	20	10	10	30	16	14	46	11	257	186
18	叶慈	1050	3	—	30	25	19	55	15	3	7	32	20	14	46	11	280	209
19	山田统	1062	3	6	西周始于成王六年即周公返政年(前1054)或七年													
20	章鸿钊	1055	3	7	30	26	23	55	16	17	15	7	15	14	46	11	285	214
21	屈万里	1027	—	—	—	—	—	—	—	—	—	—	—	—	—	—	257	—
22	方善柱	1030							懿王元年为前899									
23	白川静	1087	3	—	25	35	26	31	17	14	19	39	37	14	46	11	317	246
24	戚桂宴	—	3	—	—	—	—	55	—	—	—	—	30	—	—	—	—	—
25	荣孟源	1055	3	7	32	29	19	54	16	16	11	12	30	13	45	11	285	—
26	高木森	1051	—	—	—	—	—	—	—	—	—	—	—	—	—	—	—	—
27	丁骕	1076	6	7	27	20	19	51	16	孝16	懿6	31	37	15	46	11	306	236
28	刘启益	1075	2	7	17	26	19	41	19	孝2	懿13	29	37	—	—	—	305	234
29	劳榦	1025	4	6	14	20	16	50	15	17	30	—	12	14	46	11	255	184
30	马承源	1105	3	—	32	38	19	45	27	17	26	20	37	14	46	11	335	264
31	何幼琦	1039	2	7	17	26	22	14	26	2	20	38	24	14	46	11	269	198
32	周法高	1045	3	7	17	26	19	27	29	9	15	34	18	14	46	11	275	204

（续　表）

序号	诸家说	克殷年	武王	周公(摄政)	成王(亲政)	康王	昭王	穆王	共王	懿王	孝王	夷王	厉王(在位)	共和	宣王	幽王	西周总年	武王至厉王末年
33	张汝舟	1106	2	—	37	26	35	55	15	18	25	15	37	14	46	11	336	265
34	姜文奎	1051	7	—	30	26	19	55	10	25	10	16	12	14	46	11	281	210
35	夏含夷	1045	3	7	30	28	21	39	18	27	7	8	16	14	46	11	275	404
36	李仲操	1071	3	—	37	26	19	55	15	25	14	13	23	14	46	11	301	230
37	赵光贤	1045	3	7	28	27	19	29	15	24	12	18	30	14	46	11	275	204
38	谢元震	1130	7	—	37	26	20	52	22	29	33	23	40	14	46	11	360	289
39	李学勤	—	—	—	—	—	19	—	—	—	—	—	—	—	—	—	—	—
40	刘　雨	1027	2	—	15	25	19	37	30	13	12	9	24	14	46	11	257	186
41	张闻玉	1106	2	7	30	26	35	55	23	孝12	懿23	15	37	14	46	11	336	265
42	倪德卫	1040	3	7	25	28	21	39	18	27	5	8	18	14	46	11	270	199

注释：

(1)《资治通鉴外纪》引皇甫谧云：共王"在位二十五年"，懿王"在位二十年"。

(2) 丁骕文：共和元年(前841年)相当于厉王37年，同年起元。

(3) 赵光贤文：康王至厉王实际继位年当年起元。

(4) 倪德卫文：成王继位于前1035年，周公摄政末年为前1031年，成王亲政实始于前1030年，据朱凤瀚、张来明编《西周诸王年代研究》所收丁骕《西周王年表》与殷世新说》所收丁骕《西周中下叶王年表》，丁文《西周中下叶王年表》于"孝王"子"懿王"之先后排定的，不当，这恐怕也是造成朱、张二氏《一览表》致误的原因。

按：《一览表》序号27"丁骕"栏序号16"丁"骕懿王"930—925"在位，孝王"924—909"在位，王序为懿王在前，孝王在后。丁文《西周中下叶王年表》于"孝王"子"懿王"之先后排定的，不当，这恐怕也是造成朱、张二氏《一览表》致误的原因。

龟》《皇极经世》《通鉴外纪》《通鉴前编》《通志》《文献通考》《周诸王世表》等，基本都是这个格局；甚至连近世之吴其昌等，亦未能脱其樊篱。

当然，从总体上讲，由于方法、手段的进步和资料渐丰，近今学者在研究西周诸王年世问题上还是在前人的基础上又前进了一步。其突出特点有二：一是考古学、金文学及现代天文学的介入；二是研究者日多，甚至还吸引了部分外国学者的关注、投入，讨论热烈。

旧之金石学者限于条件和认识水平，对铜器断代缺乏研究。早在 20 世纪 30 年代，郭沫若有感于"夫彝铭之可贵在足以征史，苟时代不明、国别不明，虽有亦无可征"，"周代彝铭在能作为史料之前，其本身之历史尚待有一番精密之整理也"，①先后撰有《殷周青铜器铭文研究》《金文丛考》《两周金文辞大系图录》及《考释》等，在铜器断代体系的建立上有开创之功。郭氏之后有不少学者在这个领域继续进行研究、探索，并取得新的成绩，如容庚、唐兰、陈梦家、李学勤、王世民等②。铜器分期断代研究不仅提高了铜器及其铭文作为史料的科学价值，而且有助于西周年代的考定，是西周列王年表赖以建立的重要支柱之一。

考古学和天文学之介入历史，特别是历史年代学的研究，二十

---

① 郭沫若：《两周金文辞大系图录考释·序文》，上海：上海书店出版社，1999 年。
② 容庚：《商周彝器通考》，哈佛燕京学社，1941 年；唐兰：《西周铜器断代中的"康宫"问题》，《考古学报》1962 年第 1 期；唐兰：《西周青铜器铭文分代史征》，北京：中华书局，1986 年；陈梦家：《西周铜器断代》，《考古学报》1955 年第 9、10 册，1956 年第 1—4 期；李学勤：《新出青铜器研究》，北京：文物出版社，1990 年；王世民等：《西周青铜器分期断代研究》，北京：文物出版社，1999 年。

世纪八九十年代以来取得突出成绩。如北京房山琉璃河燕国遗址和山西曲沃天马—曲村遗址的发掘、研究，就对建立西周年代框架有着重要意义。在天文历法方面，章鸿钊、张培瑜、张钰哲、江晓原等的研究工作，[①]已在学者们中间产生积极影响，推动了历史年代学的发展。一些外国学者，如新城新藏、成家彻郎、倪德卫（D. S. Nivison）、班大为、哈特纳、彭瓞钧等，[②]亦曾投入到中国的天文历史年代学的讨论中来。

1996 年启动的"夏商周断代工程"中的西周年代学研究，主要是围绕着诸王在位年的推求进行的。在研究思路上，专家们以文献研究为基础，通过考古学文化的分期与测年建立年代学框架，同时构建金文历谱，并对有关天文材料进行计算，最后排出列王年代。

上文已经提到，北京房山琉璃河燕国遗址和山西曲沃天马—曲村晋国遗址的发掘、研究，对推断西周始年及建立自周初开始的比

---

① 章鸿钊：《中国古历析疑》，北京：科学出版社，1958 年；张培瑜：《西周历法和冬至合朔时日表》，南京紫金山天文台《科学工作报导》1980 年第 3 期；《西周天象和年代问题》，《西周史论文集》，西安：陕西人民教育出版社，1993 年；《中国先秦史历表》，济南：齐鲁书社，1987 年；张钰哲：《哈雷彗星的轨道演变的趋势和它的古代历史》，《天文学报》1978 年第 19 卷第 1 期；江晓原、钮卫星：《回天——武王伐纣与天文历史年代学》，上海：上海人民出版社，2000 年。

② ［日］新城新藏：《中国上古金文中之历日》《周初之年代》，沈璿译：《东洋天文学史研究》，上海中华学艺社，1933 年；［日］成家彻郎：《武王克商的年代》，《西周史论文集》，西安：陕西人民教育出版社，1993 年；《中国年代学研究》，ろうえん社（狼烟社），1994 年 8 月；［美］倪德卫（D. S. Nivison）：《西周之年历》，北京师范大学国学研究所编：《武王克商之年研究》，北京：北京师范大学出版社，1997 年；［美］班大为：《天命的宇宙——政治背景》，北京师范大学国学研究所编：《武王克商之年研究》，北京：北京师范大学出版社，1997 年；《三代的天文观察和五行交替理论的起源》，《殷墟博物苑苑刊》1989 年创刊号；［美］哈特纳：《关于商——殷的一些新闻》，北京师范大学国学研究所编：《武王克商之年研究》，北京：北京师范大学出版社，1997 年；［美］彭瓞钧：《古代和现代中国的行星天文学》，北京师范大学国学研究所编：《武王克商之年研究》，北京：北京师范大学出版社，1997 年。

较完整的西周年代框架具有重要意义。《古本竹书纪年》载："懿王元年，天再旦于郑。"有天文学家谓此为日出前的日食。1997 年 3 月，由陕西天文台刘次沅研究员负责的专题组成员，利用日食机会，选择在日出前发生日食的新疆塔城、阿勒泰等地进行实地观测，证明《古本竹书纪年》所记确应为日食。后经精密推算，认为这次日食可基本确定发生在公元前 899 年 4 月 21 日。这一成果，不仅确定了懿王元年为公元前 899 年，也为西周王年的复原提供了新的定点。由中国社会科学院考古所王世民等承担的"西周青铜器分期断代研究"专题，在材料搜集之齐备、分期研究之精密上，均超出前人。专题组专家通过对三百余件青铜器，特别是其中 51 件铭文中年、月、纪时词语、日名干支"四要素"俱全，而且有器形图象的青铜器的器形、纹饰、铭文内容、文法等的研究，先排定大致顺序（相对年代），然后，有关专家再根据已初步掌握的西周历法原则进行天文计算，对铜器排序作进一步的调整。据此，再参以有关文献记载，从而确立了吴虎鼎与宣王十八年（公元前 810 年），晋侯苏钟与厉王三十三年（公元前 845 年），"天再旦"与懿王元年（公元前 899 年），虎簋盖与穆王三十年（公元前 947 年），鲜簋与穆王三十四年（公元前 943 年），静方鼎与《古本竹书纪年》昭王之年（昭王十八年为公元前 978 年），《召诰》《毕命》历日与成、康之年（成王元年为公元前 1042 年，康王元年为公元前 1020 年）等推定西周王年的七个支点。这样，便奠定了西周王年的基本框架。基本框架既定，再参以《周本纪》、泷川资言《史记会注考证》引高山寺《周本纪》钞本、《古本竹书纪年》、郑玄《诗谱·豳风谱》、《尚书·召诰》、《尚书·洛诰》、《尚书·武成》、《尚书·毕命》、《逸周书》、《国语·周语》等有关文献记载，上推武王在位年数，选定懿、孝、夷三王在位年数的最佳方案，西周诸王在位年遂基本确定。①虽说这个结果（也包括"夏商周断代工程"的其他研究结果）今后还会随着新材料的发现和研究方法的进步不断得到改进、完善，但它毕竟不失为迄今所能达到的年代学最高水平。下面便是 2000 年公布、出版的《夏商周年表》中的"西周诸王年表"：②

朝　代	王	年代（公元前）	年　　数
西　周	武　王	1046—1043	4
	成　王	1042—1021	22
	康　王	1020—996	25
	昭　王	995—977	19
	穆　王	976—922	55（共王当年改元）
	共　王	922—900	23
	懿　王	899—892	8
	孝　王	891—886	6
	夷　王	885—878	8
	厉　王	877—841	37（共和当年改元）
	共　和	841—828	14
	宣　王	827—782	46
	幽　王	781—771	11

---

① 参见彭林：《破解千古疑案，填补历史空白》，《文汇报》2000 年 11 月 18 日；夏商周断代工程专家组：《夏商周断代工程 1996—2000 年阶段成果报告·简本》，第 12—37 页，北京：世界图书出版公司，2000 年。

② 夏商周断代工程专家组：《夏商周断代工程 1996—2000 年阶段成果报告·简本》，第 88 页，北京：世界图书出版公司，2000 年。

专题四　西周王朝的建立、兴盛

武王克商虽标志着西周王朝的建立，但新起的周人真正在中原站稳脚跟实有赖于周公的东征平叛和洛邑的营建。随着这两大举措的完成，空前强大的西周王朝终于在大范围内确立起自己的统治秩序，出现了"成康之治"的盛世稳定和昭、穆二世的南征、西征武功，西周王朝呈鼎盛景象。

一　武　王　克　商

文王时通过对犬戎、密须、耆（黎）、邘、崇等的一系列征伐，远近"诸侯"及殷商旧臣纷往归顺，已成所谓"三分天下有其二"（《论语·泰伯》）之势，并于死去的前一年从岐下徙都丰邑，旋又令其子发（武王）在沣水东岸建镐京，已基本奠定了灭商的基础。

武王继立后，"太公望为师，周公旦为辅，召公、毕公之徒左右王，师修文王绪业"（《史记·周本纪》），国势进一步增强，遂选准时机一举完成克商大业。

作为克商的前奏、预演，《史记》中《殷本纪》《周本纪》《齐世家》皆记有武王于牧野之战前两年盟津观兵、不战还师一事，即所谓："八百诸侯"会盟津。后世史家多从其说，并谓此举或为扬威示警，冀纣悛悟，或为振旅邀盟，借卜诸侯之向背。此事，宋儒早已有所怀疑。近来，祝中熹又对此说提出新的质疑。祝氏认为，此说既不合情理——"伐商大事只能暗中准备且要求一举成功，决不允许事前即大肆张扬"，又无任何先秦文献可资证明，且太史公诸处所言亦每相龃龉，故此说实不成立。之所以会产生这个问题，是太史公为了调和伏生弟子们所为《尚书大传》和武帝时新出《泰誓》的不同记载误把作为一次军事行动两个阶段的"观兵"（大战前休整、检阅与政治动员）和"伐纣"误为时隔两年的两次军事行动了。①我们认为，祝氏所论颇有道理，可能是太史公搞错了。

关于整个战役所费时日及进军路线，学者亦间有论述。王国维于《生霸死霸考》一文中推断：1 月 26 日癸巳，武王兴师伐纣；2 月 27 日甲子，牧野之战，克商。凡历时 32 天。江晓原等谓：公元前 1045 年 12 月 4 日戊子，周师出发；公元前 1044 年 1 月 3 日戊午，师渡孟（盟）津；公元前 1044 年 1 月 9 日甲子，牧野之战，克商。凡历时 37 天。②大体是一次急行军长途奔袭速决战。关于进军路线问题，战国秦汉以来即有"师渡孟津"或"至汜而汛"（《荀子·儒效》）两说，争论至今，仍未取得一致意见。如孙醒即持

---

① 祝中熹：《武王观兵还师说质疑》，《青海师范大学学报》1987 年第 3 期。

② 江晓原、钮卫星：《回天——武王伐纣与天文历史年代学》，上海：上海人民出版社，2000 年，第 146 页。

"师渡孟津"说，而陈昌远则认为周师是"从汜渡河"的，即"从孟津向东越来偃师、巩县而至汜渡河"。渡河地点的不同，又引起进军路线的争执：孙氏考定的进军路线是孟津——邢丘——造甲店——承恩镇——待王镇——宁——百泉——共山头——牧野；陈氏所考则为汜——邢丘——怀——宁（待王镇、承恩镇均在宁地）——共山头——百泉——牧野。①二氏所论皆有相应文献做依据，在目前材料不全的情况下，亦难断孰是孰非。

关于作为战场的"牧野"，似亦有不同看法。《尚书·牧誓》《孔传》曰："纣近郊三十里，地名牧。"《说文》："坶，朝歌南七十里地。《周书》曰武王与纣战于坶野。"后之《尚书》注家及《辞海》《辞源》《汉语大词典》等工具书，仍多袭用上说，作专用地名处理。而《水经·清水注》则云"自朝歌以南，南暨清水，土地平衍，据皋跨泽，悉坶（同牧）野矣"，《诗经》《国语》《礼记》《尚书大传》《墨子》《荀子》《淮南子》《韩诗外传》亦皆云"牧之野"，是以有学者据此谓"皆指商郊牧地之平野，为武王与纣交战处"，并非"专有地名名词"。②杨宽亦谓："古文献……作'牧之野'，是对的，这是指牧邑（杨宽认为'牧邑'即'妹邦''妹土'，春秋以后称为朝歌，为殷之别都——引者）郊外的广大地区。后人指为朝歌以南七十里的地点，是错误的。"③更有学者进一步指出："本来'牧野'不是一个地名，这是肯定的。……由于历史上武王伐纣的

①　孙醒：《也谈武王伐纣的进军路线》，《河南大学学报》1987年第4期；陈昌远：《再谈武王伐纣进军路线》，《河南大学学报》1988年第4期。
②　孙醒：《也谈武王伐纣的进军路线》，《河南大学学报》1987年第4期。
③　杨宽：《西周史》，上海：上海人民出版社，1999年，第496—497页。

战争是在距殷都南七十里的牧野发生的，所以，经过这次战争之后，这个战场也就成为一个固定地名，称为牧野。"①

　　这场改朝换代的战争，可能进行得异常惨烈，故《尚书·武成》有"血流漂杵"之说。对此，孟子却大不以为然，说"尽信《书》则不如无《书》，吾于《武成》，取二三策而已矣。仁人无敌于天下，以至仁伐至不仁，而何其血之流杵矣?"（《孟子·尽天下》）以为只要正义在握，就会轻易取胜，这自然是孟子的书生之见。对于纣之速败，旧史（《尚书·武成》《史记·周本纪》等）多谓系纣兵"前徒倒戈"所致。但亦有学者认为，"纣兵当时必无倒戈之事"，②有的且指责《尚书·武成》之并言"前徒倒戈"与"血流漂杵"为"自相矛盾"。③我们认为，这并不矛盾，纣兵中既有发动阵前起义的，也有顽抗到底的，这很自然，为什么一定要非此即彼、二者只能取其一呢?

　　对于这场战争的性质，学者间亦有很不相同的看法。过去，范文澜、吕振羽、翦伯赞等老一辈西周封建论者，是把这场战争视为事关社会性质变革的革命战争的，与之相联系便又有了所谓"前徒倒戈"为"首都的奴隶暴动"之说。④郭沫若等战国封建论者，虽不认为这场战争具有任何革命意义，却同样坚持"商王军队中的奴隶兵，掉转戈头，发动起义，使周师顺利进占朝歌"的看法。⑤而另一些学者则认为，"武王伐纣，其目的就是掠夺财富"，"是野蛮民族

①　陈昌远：《再谈武王伐纣进军路线》，《河南大学学报》1988年第4期。
②　黄怀信：《纣兵未"倒戈"辨》，《中国史研究》1992年第2期。
③　杨宽：《西周史》，上海：上海人民出版社，1999年，第505页。
④　翦伯赞主编：《中国史纲》第一卷，上海：生活书店，1946年，第263页。
⑤　郭沫若主编：《中国史稿》第一册，北京：人民出版社，1962年，第120页。

的一次掠夺战争";"武王伐纣的真正目的在于灭商,以夺取商国对天下的统治权"。①这是对的,武王伐纣,不过是统治权的一次转移,一次改朝换代。当年,毛泽东同志曾有"武王领导的当时的人民解放战争"一说,②那是他当时尚不赞同郭沫若的看法,而是信从范文澜等西周封建说的结果;再说,《别了,司徒雷登》一文,本属政论,历史典故只是信手拈来为我所用,既非历史论著,故人们对其中的"人民解放战争"云云也就不必十分在意。

二 周 公 东 征

克商后,武王虽有可能乘胜追击,扫灭附近殷商残余反抗势力,进一步扩大战果,但《逸周书·世俘》"武王遂征四方,凡憝国九十有九国,馘磿(卢文弨校改为"麿")亿有十(七)万七千七百七十有九,俘人三亿万有二百三十,凡服国六百五十有二"云云,显然是夸大了。事实上,克商后的一段时期内,武王和周公所面对的主要不是扩大战果,而是如何巩固、消化现有战果的问题。

牧野一战后,殷人虽已亡国,但其残余势力却不容低估。为了对付这股势力,武王和周公比较成功地运用了德与威、怀柔与镇压的两手,即一方面吸收愿意效忠周王朝的殷贵族人物参与政事,并"以殷余民封纣子武庚禄父,比诸侯,以奉其先祀勿绝",但又"恐其有贼心,武王乃令其弟管叔、蔡叔傅相武庚禄父"(《史记·卫康

---

① 陈维礼:《评"武王革命"》,《史学集刊》1987年第1期;孙醒:《试论武王伐纣的目的与性质》,《史学月刊》1987年第2期。
② 毛泽东:《别了,司徒雷登》,《毛泽东选集》合订一卷本,北京:人民出版社,1968年,第1384页。

叔世家》)。名曰"傅相"，实为"监管"。史称，周既灭殷，遂分其畿内之地为邶、鄘、卫三国，由三人监之，谓之"三监"（"三监"说法颇多，主要有二：一谓"邶以封纣子武庚；鄘，管叔尹之；卫，蔡叔尹之。以监殷民，谓之三监。"一谓"自殷都以东为卫，管叔监之；殷都以西为鄘，蔡叔监之；殷都以北为邶，霍叔监之。是为三监。"见《史记正义·周本纪》引《地理志》《帝王世纪》）。①这种相安局面很快便被打破了。克商后没几年武王去世，成王年少，周公恐天下闻武王崩而畔，乃践祚代成王摄行政当国。管叔、蔡叔等不服，遂联合武庚作乱叛周，东夷中的徐、奄、薄姑、熊、盈等亦乘机而起，一时间形势非常严峻，建立不久的西周王朝面临着倾覆的危险。

周公在取得周室另一重要人物召公的信任与支持后，毅然决定调动大军东征平叛。经过三年的持续战斗，终于取得了平叛斗争的胜利，杀了武庚和管叔，流放了蔡叔，骚动的东夷诸方国部落亦暂时安定下来，从而进一步巩固与强化了周王朝的统治秩序。

《尚书大传》谓："周公居摄，一年救乱，二年克殷，三年践奄。"即第一年就制止住了叛乱蔓延、扩大的势头，基本控制了局面，第二年平定三监之乱，第三年平定了以奄为代表的东夷诸国

---

① 关于"监"字的含义、"三监"人物及其疆地，旧儒及近今学者不同说法甚多，读者如需进一步了解，可参阅顾颉刚：《"三监"人物及其疆地——周公东征史事考证之一》，《文史》1984 年第 22 辑；杨宽：《论西周初期的封建制》，《纪念顾颉刚学术论文集》，成都：巴蜀书社，1990 年；王玉哲：《周初的三监及其地望问题》，《郑天挺纪念论文集》，北京：中华书局，1990 年；刘起釪《周初的"三监"与邶、鄘、卫三国及卫康叔封地问题》，《历史地理》1982 年第 2 辑，收入《古史续辨》，北京：中国社会科学出版社，1991 年；周书灿：《三监人物及其疆地再考察》，《北方论丛》1998 年第 5 期；杜勇：《从三监看武王大分封的性质》，《人文杂志》1999 年第 1 期。

之乱。

第三年之"践奄"，成王也参加了。这有《书序》"成王东伐淮夷，遂践奄"，"成王归自奄，在宗周，诰庶邦，作《多方》"及《尚书·多方》"惟五月丁亥，王来自奄，至于宗周"等记载可证。《史记·周本纪》亦述及此事，但明确指出"诛武庚、管叔，放蔡叔"系周公摄行政当国时所为；而"东伐淮夷，残奄"则系成王亲政后亲征，周、召二公只不过以"师""保"的身份参与其事罢了。这样，周公的东征便没有了"践奄"这一段。伪《孔传》为调和这个矛盾，认为"践奄"有两次，先是周公东征"践奄"，及"成王即政，淮夷奄国又叛，王亲征之，遂灭奄而徙之，以其数反复"。杨宽认为不可能发生周公与成王先后两次"践奄"的事，这是司马迁的"偶有不照"，并引《簋簋》"王伐鳌侯（鳌侯即盖侯，亦即奄侯），周公某（谋），禽（伯禽）祝"以证"践奄"发生在周公摄政时，成王也参加了。①

"践奄"后的另一次较大军事行动是征伐丰和薄姑。《墨鼎》载："惟周公于征伐东尸（夷），丰白（伯），尃古（蒲姑）咸戈"。"咸戈"，谓杀伐、灭绝。奄，地在今山东曲阜；蒲姑，在博兴、临淄一带；丰，则未详何地。顾颉刚推测说："丰伯和蒲姑氏是极邻近的两国，所以周公一下子把这两国灭了。"②唐兰则认为"其国当在汉代沛郡之丰县，今江苏省北部的丰县。"③谭戒甫以为即商代的

①　杨宽：《西周史》，上海：上海人民出版社，1999年，第154—155页。
②　顾颉刚：《周公东征和东方各族的迁徙——周公东征史事考证四之一》，《文史》1986年第27辑。
③　唐兰：《西周青铜器铭文分代史征》，北京：中华书局，1986年，第42页。

逢公（《国语·周语下》），亦称有逢伯陵（《左传》昭公二十年），
"丰""逢"同属"钟部，滂纽"，声韵全同。①《左传》昭公十年杜
预注："逢公，殷诸侯，居齐地者。"地在今山东青州西北。顾、谭
二氏说比较合理，唐说似嫌根据不足。

东方到底有多少方国部落参与了这次叛乱，现已无法弄清。
《吕氏春秋·察微》言管、蔡"流言作乱，东夷八国附从。……奄，
八国之中最大"。《逸周书·作雒》谓：武王崩，"周公立，相天子，
三叔及殷东徐、奄及熊、盈以略〔畔〕。周公……征熊、盈族十有
七国"。顾颉刚说："反周的国数不详"，"除管、蔡、商、奄是主角
外，随从的有徐、淮夷，蒲姑以及熊、盈诸族的国家如楚、秦等"，
"总之国数和人数都是相当多的"。②

杨善群认为，周公在平定了管、蔡、武庚的叛乱后，并没有立
即向实力较强的东夷诸国进军，而是先向南征伐虎方、楚、录等
国，解除了"后顾之忧"后，才"全力以赴向叛乱的顽固堡垒东夷
国家进剿"。③杨氏此论主要是根据《中鼎（二）》《令簋》《禽簋》
《大保簋》等的有关记载。此四器郭沫若皆断为成王时（周公居摄）
器，但唐兰却认为《中方鼎》（《中鼎（二）》）、《作册夨令簋》
（《令簋》）皆昭王时器；④《禽簋》为周公居摄时器，"禁"字，杨
善群从郭沫若释"楚"，唐兰等则释"盖"，认为即"奄"；《大保
簋》之伐录，是周公居摄时事，还是成王亲政后之事，也不好说，

---

① 谭戒甫：《西周〈盠鼎铭〉研究》，《考古》1963 年第 12 期。
② 顾颉刚：《三监及东方诸国的反周军事行动和周公的对策——周公东征史事考证
之三》，《文史》1986 年第 26 辑。
③ 杨善群：《周公东征时间和路线的考察》，《中国史研究》1988 年第 3 期。
④ 唐兰：《西周青铜器铭文分代史征》，北京：中华书局，1986 年，第 279、284 页。

在我们看来，很可能是成王亲政后之举。准上，杨氏之周公于伐东夷前曾南征一说，恐尚需斟酌。

周公东征平叛胜利及紧接着采取的营建洛邑、迁殷顽、分殷民（如以殷民六族、七族分鲁、卫）、大分封、建置成周八师等一系列有力措施，不仅挽救了濒危的周王朝，还进一步扩大了王朝的统治范围。如果没有东征对武庚和奄、薄姑等反周势力的排除，就不会有安定的中原，也不会有作为西周主要封国的鲁和齐等。

三 营 建 洛 邑

周人从西部起家，镐京偏西，为控制中原乃至东方更为广大的地区，周人必须在东方适当位置新建一政治、军事中心，这样，便有了洛邑的营建。

洛邑的营建有一个从动议、规划、选址到建成的过程。

据《利簋》铭文，武王于克商后的第7天便在"鼐（阑）自"赏赐利等有功之臣。"鼐"为商代重地，商代铜器铭文中曾有商王于此地的宗庙中赏赐臣下的记事。"鼐"字，容庚释"阑"，于省吾、徐中舒从之，并进一步认为是"管"的初文，即管叔之"管"。[①]后来，这个地方封给武王弟管叔鲜，前些年发现的郑州商城即此地。杨宽认为这个"管邑该和牧邑一样，原是商的别都，所以建有大城，设有宗庙，商王常到此对臣下进行赏赐。原来是个战略要地，所以驻屯有重兵，建有牢固城墙。当周师从盟津渡河进牧野

---

① 见容庚：《金文编》卷十二；于省吾：《〈利簋〉铭文考释》，《文物》1977 年第 8 期；徐中舒：《关于〈利簋〉铭文考释的讨论》（笔谈摘要），《文物》1978 年第 6 期。

时，估计此地已成为驻屯重兵的后方，所以《利簋》仍然称为‘阑自’。等到武王克商，就到此地来坐镇，并对臣下进行赏赐……后来把管叔封在这里，作为三监之一，同样是为了巩固对中原的统治，并就近监视殷贵族的行动。"①

管邑之外，东方还有一个军事重镇洛邑。太史公有言："学者皆称周伐纣，居洛邑，综其实不然。武王营之，成王使召公卜居，居九鼎焉，而周复都丰、镐。至犬戎败幽王，周乃东徙于洛邑。"（《史记·周本纪》）太史公的用意是提醒人们不要只盯着洛邑而忘了丰、镐仍作为都城的重要地位，但这话也从另一个方面印证了洛邑对于控制东方、维系周室的极端重要性。从上引太史公"武王营之"和《尚书·洛诰》称"洛师"看，还在新的洛邑未建成前，此地早已是武王相中并驻屯军队的军事要地了。

《逸周书·度邑》谓武王克商后曾整夜整夜地睡不好觉，原因是天下未宁、新都未定。为此，他曾亲自登高远眺，考察地理形势，为新都选址，并把自己的意见告诉、托付给周公。《史记·周本纪》谓武王"营周居于洛邑而后去"，并不是说武王时已建成了洛邑，而是指已经规划定营建洛邑之事。武王于克商后不久即有营建洛邑的打算，已得到 1963 年于宝鸡贾村出土的《何尊》铭的证实。学者们认为，武王所谓"余其宅兹中或（国）"，"中国"即"国中"，指洛邑。不过，亦有学者认为，武王当时为东都所选定的地址并不是后来周公所营之洛邑，而是阳翟（禹县）。②

---

① 杨宽：《西周史》，上海：上海人民出版社，1999 年，第 506—507 页。
② 王晖：《周武王东都选址考辨》，《中国史研究》1998 年第 1 期。

　　平定了管、蔡、武庚和东夷的叛乱后，周公于摄政的第七年，①亦即最后一年，动手营建洛邑。据《尚书·召诰》载，这年三月戊申（初五），召公先到洛邑"卜宅"（卜问在此建都是否吉利），占得吉兆，两天后便开始整治地基，五天完工。次日，周公来到洛邑，全面视察了新都的规模。几天后，又接连举行了隆重的郊祭（祭天）、社祭（祭地）仪式，并于甲子这一天（3月21日）正式开始了大规模的营建工作。当月底，工程基本告成，周公亦于是时归政于成王。还政后，周公仍以"四辅"的身份辅政，并主要留在洛邑主持东都政务，而由召公辅佐成王主持西都政务，即所谓"召公为保，周公为师，相成王为左右"（《书序》），"自陕而东，周主主之；自陕而西，召公主之"（《公羊传》隐公五年）。政局稳定，西周从此进入承平时期。

　　关于洛邑、成周、王城的关系及方位，历来有不同认识。认为成周与王城为二的学者，多认为洛邑指成周，王城为另一城。认为成周为王城为一地的学者，认为洛邑就是成周，其内的宫城为王城。

　　《公羊传》谓："成周者何？东周也。"（宣公十六年）"王城者何？西周也。"（昭公二十二年）将成周、王城分别与战国时代的东、西周两个小国对应，明显是将二者当作两个地方对待的。《汉书·地理志》更明确说"周公迁殷民，是为成周"，当汉代之洛阳县城（今白马寺东）；"故郏鄏地，周武王迁九鼎，周公致太平，营

----

　　①　王国维在《洛诰解》《周开国表》中认为营洛在周公居摄的第五年，《洛诰》之"惟七年"是"武王克商后之七年，成王嗣位，于兹五岁"。杨宽从其说，亦认为周公在摄政的第五年营建成周并归政于成王，见所著《西周史》，第533—534页。

以为都，是为王城，至平王居之"，当汉代之河南县城（今洛阳市区）。后郑玄等皆从其说，影响甚大。近今学者唐兰、陈梦家等更据《令彝》铭中同时出现"成周"和"王（城）"，益坚"成周"与"王城"确是两个邑的传统说法。①而童书业、杨宽、史为乐则力主洛邑即成周，成周即东都，王城在成周中、为成周之内城；整个成周大邑，有大、小二城，小城叫"城"，后来称为"王城"，因王宫所在而得名。大城叫"郭"，即是"郭"，用作居民会集和军队留守之处。②

《尚书·洛诰》载周公曰："我乃卜涧水东，瀍水西，惟洛食。我又卜瀍水东，亦惟洛食。""食"，旧儒说解甚多，大抵谓卜得吉兆可用。据此，洛邑的方位当在涧水以东、瀍水两岸。1949 年后，考古工作者在瀍河西洛阳机制砖瓦厂北窑庞家沟两侧发现了一处西周王室在洛邑的高级贵族墓地，出土万余件遗物；附近还发现了一处主要为西周宗室制作青铜礼器的大型铸造作坊。前此，还在涧水入洛处一带找到了东周时期的王城旧址。这些，都为进一步寻找西周洛邑城址提供了重要线索。也初步印证了文献所说洛邑在涧水东、瀍水两岸不诬。

洛邑建成后，这里成了周室的东都，驻有重兵"成周八师"，从而进一步加强了对殷人和东方广大地区的控制，巩固和进一步强

---

① 唐兰：《作册令尊及作册令彝铭考释》，《国学季刊》1934 年第 4 卷第 1 号；陈梦家：《西周铜器断代》（二），《考古学报》1955 年第 10 册。

② 童书业：《春秋王都辨疑》，《禹贡》半月刊 1937 年 7 卷 6、7 期，收入《中国古代地理考证论文集》，上海：中华书局上海编辑所，1962 年。杨宽：《中国古代都城制度史研究》上编五《西周都城布局的发展》，上海：上海古籍出版社，1993 年；《西周史》第四编第三章《西周初期东都成周的建设及其政治作用》，上海：上海人民出版社，1999 年。史为乐：《西周营建成周考辨》，《中国史研究》1984 年第 1 期。

化了周的统治秩序。

四　成康昭穆时代的文治武功
及华夏国家的初步奠立

西周十一世十二王（未计入"周公"和"共和"），历时 276 年（按"断代工程"所定计），大体可以穆、共之交的公元前 922 年为界划分为前后两个时期（或可按武、成；康、昭、穆、共、懿、孝、夷；厉、宣、幽划为前、中、后三期）。前期，是个上升期，又可细分为武王和周公的开国立基、成康之治及昭穆武功三个小阶段。

如前所述，武王和周公摄政的十年左右，主要是通过一系列战争创建、巩固周王朝。亲政后的成王和康王时期，虽还不时有对外征伐之举，如成王之伐录（《大保簋》。郭沫若以为"录"即群舒之"六"，在今安徽六安），康王时伯懋父对东夷的征伐和北征（《小臣谜簋》《吕壶》等），盂对鬼方的征伐（《小盂鼎》），以及康王十六年"南巡狩至九江庐山"（《今本竹书纪年》）和改封矢至宜地所反映出的对东南地区的拓展等，但总的来说，成康之世的施政方向已主要转向内部事务，转向"息民"（《左传》昭公二十六年）上。由于武王、周公时期已基本完成了武力克殷、平息叛乱、封邦建国、营建东都、厘定制度（制礼作乐）等一系列历史任务，加以对殷人的政策举措得当（镇压外，成功地施以安抚，不但殷上层人士有不少为周所用，如著名的微史家族等，一般殷民亦得继续"宅尔宅，畋尔田"，以致即使在武庚叛乱地仍有部分殷人上层人士坚决站在周一边。《尚书·大诰》有"十夫予翼"句，伪《孔传》解作"今天下蠢动……四国人贤者有十夫来翼佐我周"。孔《疏》："十夫不从叛逆……叛来投我，为我谋用"），"故成康之际，天下安宁，刑错四十余年不用"（《史记·周本纪》），后世史家誉为"成康之治"。

昭、穆二世，特别是昭王，颇有些不甘寂寞，又把精力往外事武功上转移。

昭王时，曾伐会（《员卣》）。会，又作桧、郐，地在今新密境。又曾伐虎方（《中方鼎》）。虎方之地望，学者有不同看法，或谓在肥水流域，或谓在汉水附近。

据《古本竹书纪年》，昭王曾有两次大规模南征（南巡）行动，一次在十六年，"伐楚荆，涉汉，遇大兕"；一次在十九年，"天大曀，雉兔皆震，丧六师于汉"，"王南巡不返"（《初学记》卷七、《太平御览》卷八七四引）。第一次，打了大胜仗，参战者纷纷受到赏赐，这在《过伯簋》《𬹿簋》《作册矢令簋》《𫚕驭簋》《史墙盘》《启尊》《小子生方鼎》等器铭中有明确反映。第二次，彝铭无直接反映。间接反映昭王十九年，也就是他最后一年活动的铜器有1976年陕西扶风庄白出土的作册折组铜器和传世的作册睘组铜器。铜铭记述昭王及其后王姜于这年五月在𪩘地赏赐臣僚；这时，虽还没有南征，但从频繁地召见臣下、进行赏赐看，很可能是为南征作准备。第二次南征，《史记·周本纪》只简单记述道："昭王之时，王道微缺。昭王南巡狩不返，卒于江上。其卒不赴告，讳之也。"《正义》引《帝王世纪》云："昭王德衰，南征，济于汉，船人恶之，以胶船进王，王御船至中流，胶液船解，王及祭公俱没于水中而崩。其右辛游靡长臂且多力，游振得王，周人讳之。"《吕氏春秋·音初》说："周昭王亲将征荆，辛余靡长且多力，为王右。还返涉汉，漂败，王及蔡（祭）公抎（陨）于汉中。辛余靡振王北济，又反振蔡（祭）公。"细审各种记载，或谓"南巡"，或谓"南征"，或谓"征荆"，或谓"济汉"（未明去或返），或谓"还反涉汉"，或谓"船解"，或谓"漂败"，多有不同。看来，这次征伐，可能进行得很激烈，周师败得很惨；昭王之死，也不会是一次偶然的意外事故，否则，何来《竹书纪年》"丧六师于汉"之说。另外，对所征为何地，学者间亦有不同看法。旧谓昭王此行为伐楚，并遭楚人算计。《左传》僖公四年齐桓公伐楚时管仲正是以"昭王南征而不复"作为兴师问罪的一个理由的。但楚人不认账，说"昭王之不复，君其问诸水滨！"杜注："昭王时，汉非楚境，故不受罪。"当今学者卢连成亦认为："昭王十九年第二次南征的对象并不一定是楚荆，有可能是汉水流域的一些方国、部落，包括今陕西汉中、安康、河南与湖北交界地区的一些小国，统称为南国。西周晚期至春秋时期，这些小国先后被楚国吞并。"[1]龚维英并猜测"周公东征，成王践奄，殷人及其同盟部落（原东夷族团之徐戎、淮夷等），纷纷避往南鄮江汉、淮海一带。周昭王南征，当是主要对付这些凤敌，不料竟为其所害"，"昭王死于凤敌殷商遗族之手"。[2]事情究竟如何，现已难以判定。

穆王在位55年，是西周诸王中在位时间最长的。《班簋》载，穆王曾令毛公班伐东国痟戎，三年才平定下来。这个毛公班，亦见

① 卢连成：《庴地与昭王十九年南征》，《考古与文物》1984年第6期。
② 龚维英：《周昭王南征史实索隐》，《人文杂志》1984年第6期。

于《穆天子传》卷四、卷五，作"毛班""毛公"。"肩戎"，郭沫若谓"当即奄人"；①唐兰认为，肩字"疑与偃通，偃戎即徐戎……传说徐偃王当穆王时，当由徐戎又称偃戎，所以称偃王。徐又称偃，如荆又称楚，吴又称邗之类。"②《录彧卣》《彧方鼎》《彧簋》记述淮夷内侵，穆王命彧率成周师氏从伯雍父抵御淮夷入侵事。

除对东方用兵外，据《古本竹书纪年》，又有"周穆王伐大越，起九师，东至九江，驾鼋鼍以为漂也"（《北堂书钞》卷一一四《武功部》引），"穆王北征，行流沙行里"（《山海经·大荒北经》注引），穆王"十三年，西征，至于青鸟之所憩"（《艺文类聚》卷九一《鸟部》引）一类记述，因材料所限，虽难以确认，但亦不至于全系凿空之谈，恐有一定依据。

另据《国语·周语上》，穆王曾"伐犬戎"，"得四白狼、四白鹿以归，自是荒服者不至"。《后汉书·西羌传》亦谓："至穆王时，戎狄不贡，王乃西征犬戎，获其五王，又得四白鹿、四白狼。王遂迁戎于太原。"《穆天子传》卷一亦有"天子北征于犬戎"的记载。看来，穆王曾对犬戎用兵是不会有什么问题的。

昭、穆二世虽在文治上无什么建树，但凭借国力在武功上仍有一幕幕壮烈演出，在前代基础上进一步拓展了疆土；另外，经百余年之发展，鲁、齐、燕、卫、晋等主要封国，都不仅在当地站稳了脚跟，且有较快发展；南方的吴、楚、巴、蜀等，其与周室的关系虽与鲁、齐等国不可同日而语，但亦与周室及中原各国交往不断。

---

① 郭沫若：《两周金文辞大系图录考释》，上海：上海书店出版社，1999年，第21页。

② 唐兰：《西周青铜器铭文分代史征》，北京：中华书局，1986年，第351页。

这样，经周王朝百余年之开拓、经营，一个以周王室为标志、代表的规模空前的华夏国家已粗具规模，初步奠立。当然，从另一方面说，由于不断征伐，西周国力亦渐露透支征兆，民族矛盾呈上升趋势，上引文献所谓"自是荒服者不至""戎狄不贡"，即其证。这些，再加上其他因素的作用，西周王朝终盛极而衰，逐渐走上了下坡路。

专题五　西周的衰亡

周室从共王开始，国势渐衰，至厉王，已濒临崩溃，后虽有"宣王中兴"之回光返照，终无补大局，不久便发生了幽王的败亡。

一　败象渐生的共懿孝夷四世

四王当国期间，亦曾对周边方国、部落进行过征伐或防御性战争，如：

> 共王"灭密"。（《国语·周语上》）
> "夷王衰弱，荒服不朝，乃命虢公率六师伐太原之戎，至于俞泉，获马千匹。"（《后汉书·西羌传》，注谓见《竹书纪年》）

此为文献所载，见于彝铭者有：

> 《史密簋》（关于该器的时代，学者多谓为共、懿、孝之世

物，而更倾向于懿王时）："南尸（夷）肤虎会杞尸（夷）、舟
尸（夷）、蒦（观）不阰（折），广伐东或（国）"，周王乃命
"师俗、史密"率"齐师"、"族人"、"螯（莱）白（伯）"等
予以讨伐。

这是与南淮夷、杞等国的一次较大的冲突。此时的对外征伐，不但
次数上明显减少，且几无胜绩可言，有的倒是"懿王时，王室遂
衰，戎狄交侵，暴虐中国"（《汉书·匈奴传》），"夷王衰弱，荒服
不至"（《后汉书·西羌传》）一类的记载，足见周室国力已远非昔
日可比。

此间，王室内部、王室与诸侯之间的矛盾亦渐趋尖锐。据史，
"共王崩，子懿王囏（《索隐》：《系本》作'坚'）立。……懿王
崩，共王弟辟方立，是为孝王。孝王崩，诸侯复立懿王太子燮，
是为夷王"（《史记·周本纪》）。从孝王以共王弟身份继其侄懿王
后立、"懿王自镐徙都犬丘"（《史记索隐·周本纪》引宋忠曰）、
"诸侯复立懿王太子燮"等迹象看，其间似发生过一场王位之争
（懿王徙犬丘或为戎狄所逼），只是由于史籍失载，其详已无从得
知了。又据《竹书纪年》，夷王"三年，致诸侯，烹齐哀公于鼎"
（《史记正义·周本纪》引）。说明周室与诸侯间的矛盾亦十分
尖锐。

在经济生活领域，由于不断地分封、赏赐，贵族势力迅速膨
胀，争夺、交换、转移土地的现象时有发生，"田里不鬻"的"井
田"制开始遭到破坏，为史学工作者所熟悉的反映土地转移、交换
情况的《卫盉》《五祀卫鼎》《九年卫鼎》《倗生簋（格伯簋）》《曶

鼎》等皆此时器。田制的开始变化，是西周后期社会动荡不安的总根源。

二 "厉王革典"与"共和行政"
——周室崩溃的开始

在后世史家笔下，厉王是继夏桀、商纣之后的又一著名暴君。厉王在位的时间较长，发生在他头上的事情也比较多。

厉王时期的战事颇多，有征伐，但更多的是防御、反击。如：

《后汉书·西羌传》："厉王无道，戎狄寇掠，乃入犬丘，杀秦仲之族，王命伐戎，不克。"

《后汉书·东夷传》："厉王无道，淮夷入寇，王命虢仲征之，不克。"

《钟》（《宗周钟》）：南国服子来侵，"王敦（敦）伐其至，戟伐氒（厥）都。艮（服）夔（子）迺遣间来逆卲（昭）王，南尸（夷）、东尸（夷）具见廿又六邦"。谓南方某少数民族君长服子兴兵来犯，周王反击，夺其都邑，服子遣使来迎见周王，南夷、东夷等二十六个小邦也都来进见。

《虢仲盨》："虢仲以（与）王南征伐南淮夷。"

《天昊簋》："王征南尸（夷）。"

《敔簋》：南淮夷来犯，"王命敔追御于上洛怒谷，至于伊、班。……孚（俘）人四百"。

《翏生盨》："王南征淮尸（夷）……翏生从，执讯折首，孚（俘）戎器，孚（俘）金。"

《禹鼎》："噩（鄂）侯御方率南淮尸（夷）、东尸（夷）广伐南或（国），至于历内。王迺命西六𠂤、殷八𠂤曰：'戮伐噩（鄂）侯御方，勿遗寿幼。'……肆武公遣禹率公戎车百乘、斯（厮）御二百、徒千，曰：'于匡（将）朕肃慕，惠西六𠂤、殷八𠂤，伐噩（鄂）侯御方，勿遗寿幼。'雩禹曰：'武公徒御至于噩（鄂）。敦伐噩（鄂），休隻（获）厥君御方。'"

《多友鼎》：狁犯京师，王"命武公遣乃元士，羞追于京𠂤（师）。武公命多友率公车，羞追于京𠂤（师）。癸未，戎伐筍，衣孚（俘）。多友西追，甲申之晨，搏于郑，多友右（有）折首执讯，凡以公车折首二百又［十］又五人，执讯廿又三人，孚（俘）戎车百乘一十又七乘……或搏于龚，折首卅又六人，执讯二人，孚（俘）车十乘。从至，追搏于世，多友或右（有）折首执讯。乃轊（逞）追，至于杨家，公车折首百又十又五人，执讯三人"。

从《敔簋》《多友鼎》等器知，淮夷的入侵已深入至伊水、洛水流域，逼迫成周，狁更直逼镐京周围，周室国势之衰于此可见一斑。

在内政方面，厉王的"革典"——"好专利"和"弭谤"更直接导致了他的败亡。

《国语·周语下》谓"厉始革典"。究竟革除了哪些旧典，史籍失载。从《国语·周语上》"厉王说荣夷公"那段记述看，厉王的一个新举措大约是任用"好专利"的荣夷公为卿士，专山泽之利，即把原由王室、贵族、平民分享的山林川泽之利收归王室所有。这既侵犯了贵族的利益，也侵犯了平民的利益，引起贵族、平民的一致反对。"厉王虐，国人谤王"。面对一片反对声，厉王又采用包括杀头在内的高压政策来对付，致"国人莫敢言，道路以目"，终于引起了国人暴动，厉王出奔于彘（今山西霍州东北）。

对厉王之被逐，范文澜、郭沫若等老一辈学者多以"百工和商人为反抗过度勒索而起义"，"是一次具有重大历史意义的革命事件"目之。①而二十世纪八九十年代以来，则又有学者对厉王及其上述举措提出了与传统观点大异其趣的看法，如谓"把山林川泽的采择开发收归王室所有，剥夺或取消宗法贵族占有山林川泽的部分特权，这种改革，是国家发展过程中的前进现象，是具有进步意义的历史事件，同时也说明周厉王是个有作为的君主。"②"周厉王好专利和弭国人之谤，是他成为暴君的两项主要'罪行'，这也是传统史学对他给予否定之处，反映了对宗法性的王道之背叛。可是，如果从功利角度看，他这些行为就不仅不是罪错，而且还推动了历史的进步，是具有改革意义的。"③这些看法，实际上是只让人们在好与坏、改革家与暴君之间作选择，为什么不能设想厉王既有暴君的一面（不让人讲话，甚至用杀头来钳人之口），又有革祖宗之典的一面（只是由于历史条件的限制和做法不当而失败）呢？改革派的张居正不也同时是敛财能手、农民革命领袖洪秀全不也同时是淫

---

①　范文澜主编：《中国通史简编》修订本第一编，北京：人民出版社，1964年，第148页；郭沫若主编：《中国史稿》第一册，北京：人民出版社，1976年，第287页。

②　李玉洁：《评厉王革典》，《河南大学学报》1986年第1期。

③　罗祖基：《重新评价周厉王》，《学术月刊》1994年1月号。

滥无度的昏君吗？

厉王被逐后，出现了有名的"共和行政"。此事之所以出名，一是因它是桩稀罕事，二是因"共和元年"是中国历史有确切纪年的开始。但何谓"共和"？历来有不同认识。

一曰"召公、周公二相行政"。《史记·周本纪》："厉王出奔于彘"，"召公、周公二相行政，号曰'共和'。共和十四年，厉王死于彘，太子静长于召公家，二相乃共立之为王，是为宣王。"

一曰"公卿相与而修政事"。《国语·周语上》韦昭注："彘之乱，公卿相与和而修政事，号曰共和，凡十四年，而宣王立。"

一曰"共伯和干王政"。《古本竹书纪年》："（幽）[厉]王既亡，有共伯和者摄行天子事"（《晋书·束晳传》引）；"共伯和干王位"（《史记索隐·周本纪》引）；"共国之伯名和，行天子政"（《通鉴外纪》引）。《史记索隐·周本纪》："共，国；伯，爵；和，其名；干，篡也。言共伯摄王政，故云'干王位'也。"《庄子·让王》："共伯得乎共首。"司马彪注："共伯名和，修其行，好贤人，诸侯皆以为贤。周厉王之难，天子旷绝，诸侯皆请以为天子，共伯不听（据《路史》当补'弗获免'三字），即干王位。……召公乃立宣王。共伯复归于宗，逍遥得意共山之首。"（《史记索隐·周本纪》引）《鲁连子》云："卫州共城县本周共伯之国也。共伯名和，好行仁义，诸侯贤之。周厉王无道，国人作难，王犇于彘，诸侯奉和以行天子事，号曰'共和'元年。十四年，厉王死于彘，共伯使诸侯奉王子靖为宣王，而共伯复归国于卫也。"

一曰"卫武公""入居王位"。前引《鲁连子》"共伯复归国于卫也"已隐含此说，而在前人基础上力证此说者为已故著名学者顾颉刚。顾氏认为，"共固卫邑，非国名也"，"共伯和"即"卫武公"和。①

上述诸说外，又有人提出新解，谓"厉王被国人流放以后，宗周是以召伯虎为首的'大臣行政'，成周是以共伯和为首的'共和行政'，这就是《史记·三代世表》所记载的'二伯行政'。'二伯'绝不是召公、周公，'二伯行政'也绝不是'二相行政'的互文。""厉王居彘，在晋地诸侯的支持下，形成了与宗周召伯、成周共伯'三足鼎立'的另一个政治集团。""宣王即位后，厉王的支持者转而拥护其子，彘邑集团和宗周集团的矛盾不复存在，双方遂联合起来共同对付成周集团。……共伯和见王室复振，只好率东土诸侯拥戴宣王，并放弃'共和'年号，'复归于卫'。……共伯归卫复称侯，死后谥武，史称卫武公。"②李氏同意顾氏共伯和即卫武公的说法，但认为卫武公并未"入居王位"，仅"居成周行方伯之政"。

近世学者大都从《纪年》说，且援彝铭为证。郭沫若认为，《师毁簋》中的"伯龢父"即《师嫠簋》《师兑簋》中之"师龢父"，《师晨鼎》《师俞簋》《谏簋》中之司马共，即"共伯和"也，"本铭（指《师毁簋》——引者）当是入为三公以前事。'王元年'乃厉王元年也。"③杨树达亦认为，《师毁簋》中之"伯龢父"即"共伯和"，且"王元年实共和元年，其称王者，谓摄王也。"④晁福林更进而认为，《师毁簋》中的"王元年"，"即共和元年，这里的'王'，即共

---

① 顾颉刚：《史林杂识》，北京：中华书局，1963 年，第 203—208 页。
② 李西兴：《"共和"新探》，《人文杂志》1984 年第 2 期。
③ 郭沫若：《两周金文辞大系图录考释》，上海：上海书店出版社，1999 年，第 114 页。
④ 杨树达：《积微居金文说（增订本）》，北京：中华书局，1997 年，第 119—120 页。

伯和"，"共伯和不仅摄政，而且称王。"①杨宽说："或释师𩛥簋的白（伯）龢（和）父为共伯和，非是。'伯和父'或作'师龢（和）父'，见师㝅簋和师兑簋，是师氏；共伯和是诸侯，不可能是一人。"②张平辙认为，《禹鼎》和《多友鼎》"都是共和行政时期标准青铜器"（多数学者将二器断为厉王时器），二器中那个遣禹伐噩侯御方、命多友追击狁狁的"武公"，就是"卫武公共伯和"。铭文中的"王"，仍是"周厉王"。因为，"周厉王被流于彘，仍然是周之天王；卫武公共伯和行天子事，仍然是诸侯，并不曾即周王位，且要将所行天子事通报居于彘的周厉王"。③事实真相如何，一时尚难判定。

三　宣　王　中　兴

所谓"宣王中兴"，主要表现在周室崩溃局面的暂时被遏止和国势的反弹——一系列胜利的对外战争上。

《后汉书·西羌传》："厉王无道，戎狄寇掠，乃入犬丘，杀秦仲之族，王命伐戎，不克。及宣王立四年，使秦仲伐戎，为戎所杀。王乃召秦仲子庄公，与兵七千人，伐戎破之，由是少却。"《东夷传》亦谓："厉王无道，淮夷入寇，王命虢仲征之，不克。宣王命召公伐而平之。"这都是用对比的手法，彰显厉王的无能、宣王

① 晁福林：《试论"共和行政"及其相关问题》，《中国史研究》1992年第1期。
② 杨宽：《西周史》，上海：上海人民出版社，1999年，第841页。
③ 张平辙：《西周共和行政真相揭秘——以共和行政时期的两具标准青铜器为中心》，《西北师大学报》1992年第4期。

的有为。

　　《诗经·大雅·江汉》叙宣王命召虎伐淮夷，取得胜利。召虎受到赏赐，且作《召公考（簋）》（郭沫若《周代彝铭进化观》谓"考乃簋之假借字"①）以铭记其事。传世有《召伯虎簋》，郭沫若谓：器铭中之"召伯虎，即《大雅·江汉》之召虎"，"此铭所记与《大雅·江汉》篇乃同时事，乃召虎平定淮夷归告成功而作"。②比较具体反映这次征伐淮夷战争的还有《师寰簋》（图3）。器铭记师寰率齐师、曩、莱、僰、尿、左右虎臣参加这次征伐，折首执讯，俘士女牛羊的情况。另据《兮甲盘》，宣王还曾于对淮夷战争胜利后任命兮甲（同铭又作"兮伯吉父"，即《诗经·小雅·六月》之

图 3　师寰簋及铭文（盖铭）
高 27 厘米，口径 22.5 厘米，底径 24.2 厘米，重 9.18 公斤，盖器同铭。

----

　　① 见郭沫若：《青铜时代》，北京：科学出版社，1957 年，第 266 页。
　　② 郭沫若：《两周金文辞大系图录考释》，上海：上海书店出版社，1999 年，第 142、145 页。

"吉甫"，尹吉甫）主管成周周围、包括南淮夷在内的财政收入，并授权兮甲如果南淮夷不按规定交纳贡赋、提供力役，可兴兵讨伐。

又据《诗经·大雅·常武》，宣王时还曾令执政大臣南仲等率六师伐徐方，激战于淮水边，迫使徐方归顺朝廷。

《诗经·小雅·采芑》写宣王令大臣方叔率师伐楚。是役，共出动兵车三千（作为诗，可能有夸张、夸大），使楚畏服。

对猃狁的战争尤为当时人所注目。因为，在诸族中以猃狁为害最烈。时人曾歌之曰："靡室靡家，猃狁之故。不遑启居，猃狁之故。"（《诗经·小雅·采薇》）《诗经·小雅·六月》和《出车》二诗，即写尹吉甫、南仲奉命率师征伐猃狁并获得胜利事。对猃狁的战争，在铜器铭文中亦多有反映，如《兮甲盘》载宣王亲征猃狁、兮甲随王征伐；《虢季子白盘》（图4）载虢季子白"搏伐猃狁，于洛之阳，折首五百，执讯五十"；《不嬰簋》（关于此器之时代，众说纷纭，或谓夷王，或谓厉王，或谓共和，或谓宣王，兹暂从后说）载不嬰随伯氏征伐猃狁，战于高陶，并多有斩获。郭沫若谓此

图4　虢季子白盘及铭文
传清道光年间陕西宝鸡虢川司出土。重215.3公斤，腹内底有铭文110字。

铭文之"伯氏",即"虢季子白",二器乃同时器。①李学勤谓"婴"即"其",《史记·十二诸侯年表》载秦庄公名其,故"不婴""很可能便是文献里的秦庄公"。"不"字,先秦时"用为无义助词"。《不婴簋》所记,即《史记·秦本纪》所记宣王时秦庄公破西戎的战役。"秦庄公名其,即不其簋的作器者。"②

宣王打了一系列胜仗,重振了西周国威,但也打了不少败仗,主要是在他在位的后期。如宣王三十一年,"王遣兵伐太原戎,不克";三十六年,"王伐条戎、奔戎,王师败绩"(《后汉书·西羌传》);三十九年,"战于千亩,王师败绩于姜氏之戎"(《国语·周语上》);稍后,又南征不胜,"丧南国之师"(《国语·周语上》);只有三十八年的"征申戎破之"(《后汉书·西羌传》),算是挽回了一点脸面。

宣王在处理与诸侯的关系上,也有举措不当的地方。如他以个人好恶,于鲁武公死前抛开长子括而立少子戏为鲁太子。当年,武公死,戏继立,是为懿公。懿公九年,括之子伯御(此据《史记·鲁周公世家》,《国语·周语上》韦昭注则谓"伯御,括也")与鲁人攻杀懿公,伯御继为鲁君。伯御即位 11 年,宣王起兵伐鲁,弑其君伯御,立懿公弟称,是为孝公。宣王此举造成极为不良的影响,致"诸侯从此而不睦","诸侯多畔王命"(《国语·周语上》、《史记·鲁周公世家》)。

在制度层面,宣王亦有两大举措,一是刚即位时的"不籍千

① 郭沫若:《两周金文辞大系图录考释》,上海:上海书店出版社,1999 年,第 106 页。
② 李学勤:《秦国文物的新认识》,《文物》1980 年第 9 期;《兮甲盘与驹父盨——论西周末年周朝与淮夷的关系》,《人文杂志》丛刊第 2 辑《西周史研究》,1984 年。

亩"，一是晚年"丧南国之师"后的"料民于太原"。

关于"不籍千亩"，韦昭注谓："自厉王之流，籍田礼废，宣王即位，不复古也。"可见，共和年间，籍田已废弛了，宣王只是顺水推舟默认既成事实罢了。所谓"籍田礼废"，实际上就是在王畿先行一步，废止行用已久的在划定的大块公田上榨取劳动者剩余劳动的"力役地租"的剥削方法，代之以按亩征收"实物地租"的"彻"法（详后田制专题）。这是对传统井田制，亦即周公之典的破坏，故遭到卿士虢文公的一通抨击（《国语·周语上》）。

所谓"料民于太原"，就是清理、登记人口，以为兵备。过去，在传统井田制下，人们聚族而居，又牢牢束缚在村社井田共同体上，世守其业，很少流动，故"不料民而知其多少"（《国语·周语上》仲山父语）；现在，由于井田制开始瓦解，加以战事频仍，人口流动、逃亡现象日增，宣王若不重新清理、登记人口，便无法征取军赋、补充兵员了。

《国语·周语上》所载宣王三事，即"不籍千亩""立戏伐鲁""料民于太原"，语多谴责，对这个"中兴"之主似并无太多好感。《史记·周本纪》则评价甚高，谓"宣王即位，二相辅之，修政，法文、武、成、康之遗风，诸侯复宗周。"宣王时，特别是其在位前期，国势确有强劲反弹，即所谓"是时四夷宾服，称为中兴"（《汉书·匈奴传》）。但后期已渐露败象，给其子幽王留下了一个不好收拾的摊子。

宣王之死也是个难解的谜。《墨子·明鬼下》引周之《春秋》曰：

　　周宣王杀其臣杜伯而不辜。杜伯曰："吾君杀我而不辜，若以死者为无知，则止矣。若死而有知，不出三年，必使吾君知之。"其三年，周宣王合诸侯而田于圃田，车数百乘，从数千，人满野。日中，杜伯乘白马素车，衣朱冠，执朱弓，挟朱矢，追周宣王，射之车上，中心折脊，殪车上，伏弢而死。

《国语·周语上》载内史过之言曰："周之兴也，鸑鷟鸣于岐山，其衰也，杜伯射王于鄗。"韦昭注云：

　　鄗，鄗京也。杜国，伯爵，陶唐氏之后也。《周春秋》曰：宣王杀杜伯而不辜。后三年，宣王令诸侯田于圃。日中，杜伯起于道左，衣朱衣，冠朱冠，操朱弓、朱矢，射宣王，中心折脊而死也。

此事，《史记·周本纪》不录，然张守节《正义》、《文选》注、《太平御览》诸书皆称引，虽杜伯死后化为厉鬼索命报仇之说荒诞不经，其事当有一定来由。李西兴根据《公羊传》昭公三十一年周天子"诛颜（邾娄颜公）而立叔术"，邾娄颜公的夫人是有名的美人，她放出话说，"有能为我杀杀颜者，吾为其妻"，"叔术为之杀杀颜者，而以为妻"的传文，认为："杀颜者，天子周宣王也。杀杀颜者，即杀天子也。据此传文可知，周宣王实死于邾娄叔术之手，与《墨子》《国语》所说的杜伯射死宣王的故事不同"，但"二说皆云宣王非善终也"。李氏还认为，二说相较，"《公羊》较《周春秋》更合乎情理"；"《周春秋》言杜伯之鬼朱衣冠，朱弓矢，仅一个

'朱'子，可知传说中之杜伯为郏人的化身矣"，"且上古杜郏二字声音皆近，齐（《公羊传》传为战国时齐人公羊高撰——引者）、周两地方言又殊，则'射王''杀天子'之说，传至后世，遂析一为二矣"。①

以上，我们之所以不惮辞费地就周宣王之死说了那么多，倒不是对此事本身有多少兴趣，而是想以此说明到了宣王晚年包括统治者内部矛盾在内的各种社会矛盾已积聚到相当程度，不能把亡国之责完全推到周幽王头上。

四　幽王之死与平王东迁——西周灭亡

幽王在位的 10 年，可以说几乎没几天太平的日子。《国语·周语上》："幽王二年，西周三川皆震……三川竭，岐山崩。"韦注："西周，谓镐京也。……三川，泾、渭、洛。"在西周的心脏地区发生这样一次强烈地震，其影响不容低估，正如有学者所指出的："古人对于天灾极为畏惧，总认为天灾是上帝对下民的惩罚。天灾在心理上所造成的打击，往往比实际的经济效果更为沉重。"②不仅一般社会人士有"下民之孽，匪降自天。噂沓背憎，职竞由人"（《诗经·小雅·十月之交》）的议论，把矛头指向当权者，就连周大夫伯阳父也发出了"周将亡矣"（《国语·周语上》）的哀叹，其

---

① 李西兴：《关于周宣王之死的考证》，陕西历史博物馆编：《西周史论文集》（下），西安：陕西人民教育出版社，1993 年。
② 许倬云：《西周史（增补本）》，北京：生活·读书·新知三联书店，2001 年，第 315 页。

动摇、涣散人心的作用相当明显。

幽王三年，"命伯士伐六济之戎，军败，伯士死焉"（《后汉书·西羌传》，注谓事见《竹书纪年》）。连领兵之将都战死了，可见是役周军败得很惨。

在用人上，幽王亦有失察处。史称，"幽王以虢石父为卿，用事，国人皆怨。石父为人佞巧，善谀好利，王用之"（《史记·周本纪》）。

正值天灾（"地震"和"旱灾"——见《诗经·大雅·云汉》）、边患（《后汉书·西羌传》言"幽王昏虐，四夷交侵"）、人祸（虢石父用事）闹得不可开交的当儿，不长进的幽王又节外生枝，自己给自己制造了另一桩麻烦事，这便是王后和太子的废立风波。

本来，幽王已立申侯女为后、申后子宜臼为太子。后又嬖爱伐有褒得来的褒姒，生子伯服。不久，"竟废申后及太子，以褒姒为后，伯服为太子"。太子宜臼出奔申。"申侯怒，与缯、西夷犬戎攻幽王。幽王举烽火征兵，兵莫至。遂杀幽王骊山下，虏褒姒，尽取周赂而去。于是诸侯乃即申侯而共立故幽王太子宜臼，是为平王，以奉周祀。平王立，东迁于雒邑，辟戎寇"（《史记·周本纪》）。这一年，为周幽王十一年，公元前771年。至此，存在了276年（据"夏商周断代工程"说）的西周王朝遂宣告灭亡。

平王之立和西、东周的交替，可能并不像太史公所描述的那样简易，其间，还有些插曲、波折。《左传》昭公二十六年《正义》引《汲冢书纪年》云：

> 平王奔西申，而立伯盘（服）为大（太）子，[伯盘]与
> 幽王俱死于戏。先是，申侯、鲁侯及许文公立平王于申，以本
> 大子，故称天王。幽王既死，而虢公翰又立王子余臣于携。周
> 二王并立。二十一年，携王为晋文公（侯）所杀，以本非嫡，
> 故称携王。

若这段记载属实，则幽王未死前，逃亡在申的太子宜臼已称王（天王），为父子"二王并立"；幽王死后，虢公翰（童书业认为"似即虢石甫"[①]）又立王子余臣于携，为兄弟"二王并立"。据《左传》昭公二十六年《正义》引束皙云，束皙虽反对"携王为伯服"的"旧说"，但他却认为伯服亦曾立为王，谓"伯服立为工，积年，诸侯始废之，而立平王"。此事，从口气上看，不应发生在平王为"天王"前，而是在更多的诸侯公认平王为全国合法共主前，即与宜臼称"天王"在时间上有一段重叠。若束说有据，则还有可能一度出现过"三王并立"的局面。时局之混乱，于此可见一斑。

盛极一时的西周王朝的灭亡，除上文已经提到的诸如由生产力的发展所引起的生产关系的变化、民族矛盾、贵族与平民矛盾、统治阶级内部矛盾的上升、自然灾害等原因外，我们认为，还有一个原因，那就是西周王朝在大力经营东方的同时，对作为老根据地和大后方的宗周地区有所忽视——立国伊始，武王、周公、成王就把主要精力放在东方（从当时形势出发，这自然是需要的）。后世诸王，也大都着眼于对东部的经营、开拓。结果，成周是树立起来

---

① 童书业：《春秋左传研究》，上海：上海人民出版社，1980年，第40页。

了，鲁、齐、晋、燕等国也在东方大地上站稳了脚跟，可相形之下，西部地区却显得有些虚，致犬戎等西部诸族迅速发展壮大起来，为西周劲敌。周初，鲁、齐等东方诸侯国完全是在周王室的武力支持下建国并发展起来的；现在，当周室遇到麻烦，他们或坐视不管，或基于自己利益插上一手，颇有点儿子大了，另立门户，不再管老子事了的味道。如此种种，西周又焉能不亡。

或曰幽王既死、平王且已得诸侯拥立，何以一定要放弃宗周而东迁呢？太史公的解释是"辟戎寇"。当代著名学者钱穆则深不以为然，谓"《史记》不知其间曲折，谓平王避犬戎东迁。犬戎助平王杀父，乃友非敌，不必避也"；"平王东迁，特以丰、镐残破，近就申戎以自保，非避戎寇而远引也"。①王玉哲谓："犬戎之与平王，是友而非敌"，且"当时势力最强者为申、吕"，"犬戎当时既非强者"，"平王何用远避"；事实上，"平王东迁，明为避秦"。"秦襄公很明显是站在周幽王一方，而与太子宜臼即后来的周平王处于敌对地位"，"当申与犬戎破西京'取周赂而去'之后，宗周畿内必然成了秦襄公的势力范围。在申立为平王的太子宜臼既与秦为敌，因惧秦兵，当然不敢回西京旧都，于是乃从申北迁洛邑"，《史记·秦本纪》"襄公以兵送周平王，平王封襄公为诸侯，赐之岐以西之地"云云，实"荒诞难凭"。②二十世纪八九十年代以来，还有学者提出："周平王东迁的洛邑，其西北有犬戎，其南及东南有申戎、缯戎，其中心地带有扬、拒、泉、皋、伊洛之戎。平王东迁非但没有避戎

---

① 钱穆：《国史大纲（修订本）》上册，北京：商务印书馆，1996 年，第 48 页；《西周戎祸考》上，《禹贡》第 2 卷第 5 期。

② 王玉哲：《周平王东迁乃避秦非避戎说》，《天津社会科学》1986 年第 3 期。

反而投到戎的怀抱中去了。这正是平王所期待并予以实现的，因为平王依靠母舅申侯，联合犬戎、缯戎杀乃父，夺回了王位，但凭自己的力量很难确保其位，他需要其同盟者的扶持，在这点上，洛阳所处地理位置比镐京优越得多。"且东迁又可"摆脱连续近百年的天灾所造成的困境"，还"有利于推卸引戎杀父之责"，①收一举数得之效。亦有学者认为："平王东迁完全是不得已的，是为势所迫"，而"迫使平王东迁的只能是趁周乱夺取周王最多的，且为了土地和爵位杀废携王于前的秦、晋、郑等诸侯"，"是历史上以护送平王东迁之功自伐的，享有'夹辅''肱股'（《晋语四》）美誉的晋文、秦襄、郑武等'贤''卓'之君。而且极有可能，他们还故伎重演，把平王东迁说成是为犬戎所逼，所以'周避犬戎难，东徙雒邑'布告天下，蒙骗世人；并载入史册，从而也骗过了一代巨匠司马迁"。②

应该说，这些研究，在一定程度上揭示了西、东周之交较为复杂的历史进程，可补太史公之失。

---

① 于逢春：《周平王东迁非避戎乃投戎辩——兼论平王东迁的原因》，《西北史地》1983 年第 4 期。

② 王雷生：《平王东迁原因新论——周平王东迁受逼于秦、晋、郑诸侯说》，《人文杂志》1998 年第 1 期。

专题六　生产与生活

在相当长一段时期，由于人们把注意力主要集中在与阶级斗争这条主线有直接关系的生产关系、阶级结构、政治制度、思想文化等方面，对西周生产、生活具体状况的研究有所忽视。二十世纪八九十年代以来，这种状况有了改变，不少学者开始关注西周时期人们生产、生活具体状况的研究，并取得一定成绩。

一　社　会　生　产

（一）农业及林、牧、渔、猎业

农业是西周的主要生产部门，特别是对开发较早、文明程度较高的黄河中下游及长江中下游地区来说，更是如此。

大家知道，农业是以生物体的自然再生产为基础的经济再生产过程，对自然环境的依赖性强，而我国黄河中下游和长江中下游地区的平畴沃土和比较适宜的气候（据有关专家研究，先秦时期，黄河流域的气候除西周早期经历了一个短暂的寒冷时期外，普遍比现在温暖，这可从当时竹类分布的北界比现在北移 1°—3°，象、犀牛、獐、竹鼠、貘、水牛等后世仅见于热带、亚热带的动物当时都曾出现于华北等，得到充分证明），给当时的农业提供了比较理想的外部环境。

西周的农业生产工具，主要是耒、耜，这是各种书上经常提到的。但耒、耜的形制如何？耒、耜是两种不同的耕具，还是一件耕具上的两个组成部分？两千多年来却一直争论不休，迄无定论。如汉代学者京房即认为：耜，"耒下钉也"；耒，"耜上句木也"。（《周易·系辞下》陆德明《经典释文》引）这是明确将耒、耜视为一件耕具上的上、下两个组成部分。后儒有不少人从其说。清代学者邹汉勋则在所著《读书偶识》十中认为："耒"，"曲柄枝刃耕器也"；"耜"，"单刃耕器也"。徐中舒在其名著《耒耜考》中，亦认为："耒与耜为两种不同的农具。耒下歧头，耜下一刃，耒为仿效树枝式的农具，耜为仿效木棒式的农具。"后来，"由耒变为锹臿，由耜变为耕犁，二者各有其演进的道路"。①现在，学者多从是说，但还不能说至此问题已全部解决了，读者欲知其详，可找有关资料作进一步之研究。②

在质料上，青铜农具虽有，但为数有限，当时的农业生产工具主要仍为木、石、骨、蚌之类。有些学者认为，西周已"大量使用

---

① 刊《国立中央研究院历史语言研究所集刊》第 2 本第 1 分，1982 年重刊于《农业考古》第 1、2 期，后收入《徐中舒历史论文选辑》，北京：中华书局，1998 年。

② 近今学者论著中，除徐中舒《耒耜考》外，可参阅：万国鼎：《耦耕考》，《农史研究集刊》第 1 册，北京：科学出版社，1959 年；孙常叙：《耒耜的起源和发展》，上海：上海人民出版社，1959 年；刘仙洲：《中国古代农业机械发明史》，北京：科学出版社，1963 年；陈振中：《殷周的耒耜》，《文物》1980 年第 12 期；刘壮己：《中国古代的石耜》，《农业考古》1991 年第 1 期。

青铜农具"，"青铜农具"已"在农业生产中得到广泛的使用"，①恐非事实。正如有的学者所论："铜、锡、铅本身稀少，殷周铜产量有限，以及奴隶主阶级不会优先使用青铜造作农具，是我们考虑问题的三个基本出发点。正是由于这三者的存在，所以，尽管目前已有几百件殷周青铜农具，但确认当时即已大量使用青铜农具的观点，仍是不能成立的。……殷周直接生产者所普遍采用的仍主要是木、骨、石、蚌器。"②

在耕作技术上，当时的人们已懂得修筑沟洫（主要用来排水）、休耕轮作（从《诗经》所言当时田有"菑""新""畲"三种名称及《周礼·地官·在司徒》"不易之地""一易之地""再易之地"可知）、选种、条播、除草、雍土、施肥、防治病虫害等技术。

关于西周农业的基本生产单位，学者间有不同看法。传统的看法是"一夫百亩"即个体小家庭为基本生产单位，除集体共耕公田为集体劳动外，余皆各自进行。亦有学者主张："西周的农业劳动是在父家长领导下，由长子、长子的兄弟、血缘关系稍远的叔伯兄弟、众多的子侄及家内奴隶一起，集体进行的"，是一种"家族共耕"，"一个共耕组至少也有百人以上"。③笔者认为，当时既不存在像战国时代那样已完全从井田制下解放出来作为独立生产单位、社会基本细胞的个体家庭，亦不至于仍完全停留在家庭公社的共耕阶段上；在村社井田制下，由于土地公有、定期重新分配、共耕公田等因素的

---

① 见陈振中：《殷周的铚艾——兼论殷周大量使用青铜农具》，《农业考古》1981年第1期；杨善群：《西周农业生产和耕作方法探论》，《史林》1992年第2期。
② 赵世超：《殷周大量使用青铜农具说质疑》，《农业考古》1983年第2期。
③ 赵世超：《殷周农业劳动组合演变略述》，《农业考古》1985年第2期。

存在，以"井"的名目出现的村社或曰家庭公社仍作为基本的生产单位而存在应该是成立的，但亦不应忽视，"井"中的个体家庭毕竟已是基本的生活单位，并在一定程度上也是生产单位的事实。

西周的农作物品种也比较丰富。粮食作物有粟、黍、大豆（菽）、麦、麻（纤维可纺织，其籽可食）、稻等，长江流域以稻作为主，黄河流域以粟作为主。此外，在农舍附近的园圃中，还有瓜果蔬菜等的种植。

有的学者还运用现代数学手段与预测的方法，推断西周时的亩产量约为83.1斤，较夏代的40斤、商代的61斤有所增加。[①]其可靠程度有多大，实难验证，书此聊供参考。

人们的生产、生活都离不开林木。西周时代，除天然森林外，人工植树造林也已经有了。《诗经·小雅·南山有台》："南山有桑，北山有杨。……南山有杞，北山有李。"《大雅·抑》："投我以桃，报之以李。"说明在村落或农舍的附近已有许多林木，其中必有人工栽培的（特别是果树）。另从西周已有一定发展程度的丝织业和髹漆业来看，桑树和漆树也已很可能成了当时人工栽培的树种了。《周礼》《礼记》等书中所谈到的"山虞""林衡"等山林管理官员的设置及不同季节对不同树木的禁伐令（如《礼记·月令》即有孟春之月"禁止伐木"、仲春之月"毋焚山林"、季春之月"无伐桑柘"、孟夏之月"毋伐大树"、季夏之月"毋有斩伐"的禁令），亦可能在西周时期就有了。

西周的农业虽已有相当发展，但畜牧和渔猎在当时社会经济中

---

① 杨贵：《对夏商周亩产量的推测》，《中国农史》1988年第2期。

的地位自亦不容忽视。

华夏族地区，虽以农耕为主，但为车战提供马匹和为人们日常生活提供衣、食、行用的畜牧业仍然占有相当重要的地位。至于广大边远少数族地区，特别是北方和西北戎狄族地区，更有不少地方是以畜牧业为主的。过去，人们常言我国自古以农（狭义的农耕）立国，那是以华夏族和后来的汉族的社会经济结构为依据立论的，这固然不致大错（因华夏族和汉族是我国多民族国家的主体），却不全面。

狩猎亦习见于文献记载。对国家和贵族们来说，狩猎主要是一项娱乐和军事演练活动。而对广大平民来说，渔猎则是他们获取生活资料，特别是肉食品的一项相当重要的谋生途径、手段。

（二）手工业和商业

西周手工业门类甚多，工艺水平亦相当高。

青铜铸造业是西周最重要的手工业部门。西周早期青铜器的出土，主要限于丰、镐和成周地区，诸侯国的青铜器很少发现，在制作技术和风格上也基本承袭商代。中期以后，西周青铜铸造业获得了进一步发展。首先，是铜器出土的数量远远超过了西周早期和商代后期，分布地区相当广泛，诸侯国的青铜器屡有发现。如在周原和丰镐地区，即有多处窖藏铜器的发现，每窖少则数十件，多则百余件，其中大部分是属于西周中后期的；河南三门峡虢国墓地，出土铜器器皿 181 件，工具、武器、车马器等五千余件。数量的增加，反映生产规模的扩大。在制作技术上，出现了一模翻制数范的方法和焊接技术（如虢国墓铜器的壶耳套环，就是在壶身铸成后焊接上去的）。1949 年后，在洛阳机制砖瓦厂北窑发现了一处以铸造青铜礼器为主的西周王室大型青铜铸造作坊遗址，为人们了解西周青铜铸造工艺提供了不少材料。①闻名于世的大盂鼎（图5）、大克鼎（图6）等大型器的制作，是西周青铜铸造工艺水平的反映。

图5　大盂鼎及铭文
传清道光年间出土于陕西眉县礼村。重153.5公斤，内壁有铭文291字。

图6　大克鼎及铭文（局部）
清光绪十六年（公元1890年）陕西扶风法门寺任家村出土。重201.5公斤，内壁有铭文290字。

————————

① 参见洛阳博物馆：《洛阳北窑村西周遗址1974年度发掘简报》，《文物》1981年第7期；洛阳市文物工作队：《1975—1979年洛阳北窑西周铸铜遗址的发掘》，《考古》1983年第5期。

此外，食器的增多和酒器的明显减少，以及造型、纹饰上的由厚重、典雅、神秘向简洁、朴素、写实的转化，亦可视为商、周（主要体现在西周中后期）两代观念、时尚不同在器物制作上的某种反映。

西周的漆器制作在前代的基础上又有了进一步的发展，不仅增加了杯、俎、壶、彝等新品种，还出现了镶嵌蚌片和蚌泡以及在漆木器的主要使用部分或容易损坏的部分包铜或镶嵌青铜附件的技法，彩绘和雕花技术也在商代的基础上有了新的发展。

西周的原始瓷器，质地坚硬，釉色光泽，叩之有声，品质介于瓷器与陶器之间。陕西长安沣西张家坡出土的少量瓷片，经测定，烧制温度已达 1 200 ℃左右，硬度可达莫氏硬标七，吸水性很弱，矿物组成已接近瓷器。①

西周的麻织物和丝织物的实物、残迹或印痕，已在陕西泾阳高家堡、岐山贺家村、宝鸡茹家庄等地的早周、西周墓葬中发现。织物多为平纹。但在宝鸡茹家庄弜伯及其妾倪的墓室中，亦有用提花机织出的斜纹提花菱纹图案织物（图 7）及刺绣品（印痕）的发现。②

骨器在当时人们的生产、生活中也是不可或缺的，如发笄、箭镞以及作为田器的骨铲等，皆可用动物的骨、角或蚌壳制成。前些年在陕西扶风云塘村发现了一处西周中期大型制骨作坊遗址，出土了骨笄、骨针、骨锥、骨刀、骨锯、骨凿、骨铲、蚌刀等制成品，

<hr>

① 参见中国科学院考古研究所：《沣西发掘报告》，北京：文物出版社，1963 年，附录二《张家坡西周居住遗址陶瓷碎片的研究》。
② 参见李也贞等：《有关西周丝织和刺绣的重要发现》，《文物》1976 年第 4 期。

 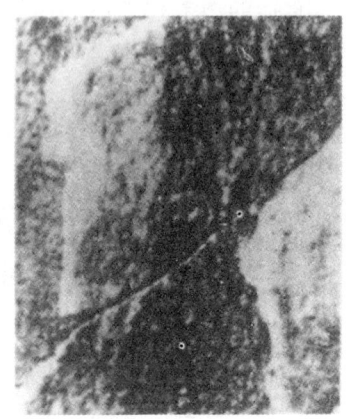

(1) 斜纹提花组织　　　　　　　(2) 提花组织放大

图7　陕西宝鸡市茹家庄西周墓提花菱纹丝织品图案印痕

及两万多斤废骨料和半制成品，有牛、马、羊、猪、鹿、骆驼骨等。①

此外，集木工、青铜工、革工、玉工等多种工艺于一身的车辆的制造，以及周王国及诸侯国众多城郭、宫室的营建，也都在许多方面代表和反映着西周手工业的技术水平，这里就不再一一介绍了。

农业、畜牧业、手工业的发展和社会分工的扩大，为西周商业的发展提供了基础。

周人虽重农，但并不贱商、抑商，相反，倒是在一定程度上予以鼓励、提倡和保护的。据史，周文王曾于灾荒之年发布告四方游旅（商旅）文书曰："游旅旁生忏通，津济道宿，所至如归。币租

---

① 参见陕西周原考古队：《扶风云塘西周骨器制造作坊遗址试掘简报》，《文物》1980年第4期。

轻，乃作母以行其子。易资，贵贱以均，游旅使无滞。无粥熟，无室市，权内外以立均，无蚤暮。"（《逸周书·大匡》）意思是说：要使商旅广泛出动，高兴地交通货物。渡口让他们过，路上让他们住，使他们有所至如归之感。如果觉得钱币轻，就作大钱以代替小钱流行。交易货物，价格要公平。要使商旅没有停滞。不要出售熟食，不要作黑市交易。平衡本地、外地物价，制定平均物价，并且在早晚一致。灭商后，周公也勉励殷遗民"肇牵车牛，远服贾，用孝养厥父母"（《尚书·酒诰》）。即让殷遗民于农事完毕后，牵着牛车到外地做买卖，以增加收入，孝养父母。

西周时在王都、诸侯国都以及交通要道均设有市。《考工记·匠人》："匠人营国……左祖右社，面朝后市。"即营建都城时，即把市规划进去。如在王城，日有"三市"："大市，日昃而市，百族为主；朝市，朝时而市，商贾为主；夕市，夕时而市，贩夫贩妇为主。"（《周礼·地官·司市》）即有午后、早晨、晚夕三市，分别以一般人、商贾、贩夫贩妇为主。既是一日三市，交易对象频繁变动，颇类后世乡下之集市，恐尚无多少稳定店铺可言。固定的交易市场外，还有彼此间零星的以物易物交易，如"氓之蚩蚩，抱布贸丝"（《诗经·卫风·氓》）之类。

当时，进入交换的商品有车、马、奴婢、木材、器用、布、帛、丝、麻、衣、履、冠、带、五谷、果蔬、禽兽鱼鳖、珍异等。

西周的货币有贝币，以"朋"为单位，一"朋"有五贝、二贝、十贝等不同说法。此外，珠玉、铜等物，也可能在一定场合具有货币职能。但总的看来，西周商品交易中使用货币的情况并不是很多，一般仍停留在以物易物的阶段。

据《周礼·地官·司市》，西周管理市场最高官员是司市，下辖质人、廛人、胥师、贾师、司虣、司稽、胥、肆长、泉府等一大堆属吏。他们的主要职责是：一、稽查违禁商品；二、管理交易秩序；三、管理物价；四、财货保护；五、征税。当时的市场管理颇细、颇严，据《礼记·王制》，当时曾规定："圭、璧、金、璋，不粥于市；命服命车，不粥于市；宗庙之器，不粥于市；牺牲不粥于市；戎器不粥于市；用器不中度，不粥于市；兵车不中度，不粥于市；布帛精粗不中数、幅广狭不中量，不粥于市……五谷不时，果实未熟，不粥于市；木不中伐，不粥于市；禽兽鱼鳖不中杀，不粥于市。"这些具体规定，有可能是东周时始逐渐完备，有些规定亦可能西周时就有了。

关于西周工商业者的身份问题，学者间亦有不同看法。《国语·晋语四》有"工商食官"的说法。郭沫若主编的《中国史稿》（1962年版）谓："西周的商贾和百工一样，由奴隶承担，并受贵族豢养，所以古书上说'工商食官'。他们主要是替贵族经营，为贵族的需要服务。"[1]在该书的1976年版上，提法略有改变，作："西周的商贾和当时的百工一样，是隶属于奴隶主贵族的，所以说'工商食官'。他们主要是替贵族经营，为贵族的需要服务。"[2]后来，有些教科书更进一步发挥说："西周时期的手工业生产，仍由官府和奴隶主贵族们垄断，主要满足贵族们的生活享受和战争需要，所谓'工商食官'，就是说手工业者和商贾都由官府管理，他们的身份和

---

① 郭沫若主编：《中国史稿》第一册，北京：人民出版社，1962年，第137页。

② 郭沫若主编：《中国史稿》第一册，北京：人民出版社，1976年，第256页。

庶人一样，都是生产奴隶。"①总之，照这派观点看来，当时工商业为官府垄断，官工官商外似再无私人工商业者；官府所豢养的百工和商贾，全是奴隶。现在，不少学者都表示不赞同上述看法，笔者也一样。事实上，当时各级官府（主要是周王室和各诸侯国）虽都掌握有一定数量的手工业者（主要是技术骨干，数量不会很多；大的营造如筑城、修建宫室等，仍需靠临时从庶人中征调）和为贵族生活服务的商业人员，但这绝不意味着工商业全由官府垄断，官工、官商外民间再无私人工商业者。上引《尚书·酒诰》周公勉励殷遗民"肇牵车牛远服贾"，传说归周前的姜太公曾在朝歌屠过牛、卖过肉，《国语·郑语》及《史记·周本纪》皆言宣王时褒姒的养父母曾靠贩卖"檿弧箕服"（桑木弓和箕木箭箙）为生，上引《周礼·地官·司市》言"夕时而市，贩夫贩妇为主"，《易经·旅卦》有"旅即次，怀其资，得童仆"（意谓"出门住在客舍时，怀揣着资财，又有童仆跟随着"），《诗经·大雅·瞻仰》有"如贾三倍，君子是识"，皆可证当时民间已有私人工商业者存在，虽然这类人在当时还很不成气候。官府控制下的工商业者，可能有一部分是奴隶，但并不都是奴隶，而且是大多数不是奴隶。从有关记载看，当时"百工"的地位并不低。《考工记》云："百工之事，皆圣人之作也。"《尚书·酒诰》还明令禁杀犯了酒禁的百工，表示了对百工特有的宽宥。所谓"工商食官"，不外是说当时的相当一部分能工巧匠、善于经商之人掌握在官府手里，是吃官饭的；之所以要这样做，又不外是考虑到"工不族居，不足以给官"，太分散了用起来

---

① 朱绍侯主编：《中国古代史》上册，福州：福建人民出版社，1979年，第111页。

不方便。总之，所谓"工商食官"，既不意味着官府垄断了全部工商业，官工、官商之外再无私人工商业者可言，更同什么"受贵族豢养"的"奴隶"搭不上边。

二　衣　食　住　行

这里，需预先申明一下，本节谈西周人的衣、食、住、行，多根据三礼一类的礼书，而这些书成书较晚，书中所言哪些属西周的，哪些是东周的，实不易分开。好在西周、东周之间虽在经济、政治制度及思想文化领域发生了翻天覆地的巨大变化，但在衣、食、住、行等物质生活方面仍当是同大于异，虽有变化也不全十一下子就变到哪里去。笔者在参用有关文献时除尽量小心并尽可能参证考古发掘材料外，也没有更好的办法。特事先作此说明，以提请读者注意。

（一）食

大家通常说衣、食、住、行，实则"民以食为天"（《汉书·郦食其传》），首要的还是食。

西周人的主食主要取自粟、稻、黍、菽（大豆）、麦、麻籽等。《诗经·大雅·生民》："蓺之荏菽，荏菽旆旆。禾役穟穟，麻麦幪幪，瓜瓞唪唪。"（意为："种植大豆，大豆长得茂盛。谷子长得好，穗头齐下垂；麻、麦繁茂；大瓜小瓜满地累累。"）《诗经·豳风·七月》："……十月纳禾稼，黍、稷、重、穋、禾、麻、菽、麦。"（意为："十月庄稼进了场，有黍、稷、晚谷、早谷、麻、大豆、麦子。"）

粮食的加工，大体分脱壳、研碎两道工序。一般是舂去谷粒的外壳后再食用，穷苦人也有带壳而食的。那时还没有后世的磨子，而是用碾盘（磨盘）和碾棒（磨棒）把谷物擀碾成糁，还不会细磨过罗制成面粉。熟食的制作分煮和蒸。煮饭用鼎和鬲，蒸饭用甑和甗。煮饭时，水多米少为粥，稍稠一些的粥又叫"饘"；隔水蒸制则成米饭。《左传》昭公七年载孔子的祖先自称"饘于是，鬻（粥）于是，以糊余口"，足见自古以来穷苦人为省粮，常常是以粥、饘为主，稀多干少的。

菜肴亦可分动物性食品和果蔬两大类。只有贵族们才有条件充分享受肉食和各种珍异之物。据《礼记·曲礼下》，当时用于祭祀的食物有牛、羊、豕、犬、鸡、雉、兔、鱼。《礼记·内则》曾举公食大夫的宴席规格："饭：黍、稷、稻、粱、白黍、黄粱、稰（熟透收割的粮食）、穛（未熟收割的青粮食）；膳：胹（牛肉羹）、臐（羊肉羹）、膮（猪肉羹）、牛炙（烤牛肉），醢（肉酱）、牛胾（切牛肉）、醢、牛脍，羊炙（烤羊肉）、羊胾（切羊肉）、醢、豕炙（烤猪肉）、醢、豕胾（切猪肉）、芥酱、鱼脍，雉、兔、鹑、鷃；饮：重醴（谓用稻、黍、粱酿造的三种甜酒——醴酒，又各以清（过滤过的）、糟（未加过滤的）相配重设）——稻醴清糟、黍醴清糟、粱醴清糟。或以酏为醴（用粥酿成的醴酒），黍酏（谓粥要用黍米粥）。浆（一种微带酸味的饮料）、水、醷（梅酱）、滥（用水浸泡干桃、干梅做成的饮料）……羞（美味食品）：糗（炒熟的米麦）、饵（糕）、粉、酏（粥）。"《内则》还讲到贵族们平时燕食中的一些食物，计有蜗、雉、兔、鱼卵、鳖、蚳（蚁卵）、雁、麋、蜩（蝉）、范（蜂），等等，真可谓五花八门，无奇不有。当时的烹饪方法，有煮、蒸、烤、煨、干腊及菹（腌制）酿等，后世的爆炒之法尚未出现。调味品，主要是盐和梅，属咸、酸二味；苦味，当时靠酒解决；辣味，有姜、葱、蒜（卵蒜，非后世传入之大蒜——胡蒜）、芥；甜味，有饴（麦芽糖）、蜜。西周时期的蔬菜，据《诗经》《周礼》等书所言，有韭、葵（冬葵）、芥、菖蒲、笋、韭、薤、芹、芦、瓠、菁（蔓菁）、菲（萝卜）等。

贵族们在正式场合吃饭，有严格的等级规矩，天子以下，有九鼎、七鼎、五鼎、三鼎、一鼎几个等级，即所谓"列鼎而食"；吃饭时，还有乐舞助兴，即后人所谓"钟鸣鼎食"。而一般庶人，则过着十分清苦的日子。春秋时，人们习惯于把在位有禄的贵族叫"肉食者"（《左传》庄公十年），战国时的孟子也把普通老百姓"七十者可以食肉""老者衣帛食肉"看作理想（《孟子·梁惠王上》），足见古时（西周自然在内）庶民们一般是吃不上肉的（节庆或有所猎获例外）；岂止吃不上肉，平常年景也多是以粥和菜羹果腹，遇有青黄不接、荒年饥岁，就只好靠"荼"（苦菜）一类的野菜打发日子了（《诗经·豳风·七月》）。

（二）衣

食为果腹；衣能蔽体遮羞，保温御寒，且有美化生活的作用。

西周用来制作冠、带、衣、履的材料有丝、麻、毛、皮等。当时的丝织品，如前所述，主要是平纹的帛，地、花皆为斜纹的绮，染色刺绣品也已经有了。①贵族穿丝织品，庶人一般只能穿麻织品（上引《孟子·梁惠王上》所说庶人"老者衣帛"到战国时也才是

---

① 李也贞等：《有关西周丝织和刺绣的重要发现》，《文物》1976 年第 4 期。

个理想）。麻织品古时叫"布"，故平民有"布衣"之称。用粗毛织的褐，更是等而下之。《诗经·豳风·七月》："无衣无褐，何以卒岁？"郑玄注："褐，毛布也。"褐为贫贱者所服，故古又称贫贱者为"褐夫"。毛皮可制裘。《周礼·天官》有《司裘》，《考工记》有《裘氏》，20 世纪 70 年代于陕西岐山董家村一铜器窖穴中发现的裘卫诸器所属的裘卫家庭，大概就是此类职掌制裘的世官家族。上等的裘自然是贵族享用的，庶人只能穿老羊皮。皮革可用来制"皮弁"（白鹿皮做的武冠）、腰带、皮履，主要供贵族使用。

古代有身份的人头上的首服曰冕、曰弁、曰冠。冕是王公诸侯的首服，弁是由天子到士的礼用首服，冠是贵族们通常戴的首服。贵族的男孩到成年时要举行冠礼。一般只有贵族才戴冠，庶人只着头巾；但也有例外，如《礼记·郊特牲》即言蜡祭时野夫（农夫）着"黄冠"。这可能是例外，也可能是东周"礼崩乐坏"后出现的新景象。

古人身上穿的，上曰衣，下曰裳。上衣，为右衽，死者则左衽。这当是华夏族的规矩。因孔子曾言"微（没有）管仲，吾其被（披）发左衽矣！"（《论语·宪问》）由此可知古时有些少数民族上衣是左衽的。下身所着之裳，大约是用七幅布围绕下体，前三后四，两侧重叠相联，略如后世的裙子。当时，人们下身可能只着裳，天冷时便在腿上套上胫衣——袴。袴是一种无裆的套裤，当时恐尚无满裆的裈裤。当时还有一种上衣，下裳相连缀成一体的服装，叫"深衣"。深衣为贵族通常着用之便服；对庶人而言，则是礼服。当时人腰间又系有带，男用革，女用丝。《诗经·小雅·采菽》："赤芾在股，邪幅在下。""芾"是皮蔽膝；"邪幅"略当近世军人之"绑腿"。

那时，人们脚上穿的鞋子，分别用麻、葛、皮制作，单层底的叫"屦"，双层底的叫"舄"。

（三）住

我国古代中原地区的居民，自新石器时代起，便居住在一种半地穴式的房屋内。《诗经·大雅·绵》记周之先祖公亶父时自上至下都还是"陶复陶穴，未有家室"，即都还住在窑洞或半地穴式的房子内。周人于周原立国，特别是灭商后，情况就大不相同了。一般平民，自然还都是住在祖先们几千年前就居住的半地穴式的房子内，周王室和各诸侯国则在丰镐、洛邑及曲阜、营丘等地大兴土木，营建起一座座远远超过前朝的宫室来。

考古发掘中西周平民居住的这种半地穴式的房子在陕西长安沣西张家坡、河北磁县下潘汪、北京刘李店、邯郸邢台寺、洛阳王湾等地皆有发现。这种房屋的建筑方法是：先在地面挖出长方形、椭圆形或圆形深浅不等（一米左右至二三米）、面积不一（几平方米至数十平方米）的土穴；然后再在地基上涂草泥，经火烧结变硬，既防潮，又平整；穴壁大多即室墙（有的还涂以细泥作为修饰），部分浅土穴在地面上可能还有一段土墙，以增高室内高度；室内及墙外四周分挖大小柱洞，以木为柱，上覆草顶，房顶可能作四阿式或圆锥式。室内有灶及储藏物品用的窖穴（有的窖穴在室外）。房屋基本上都是单间，个别大一些的房屋中间有道隔墙，分居室为两半。

西周的宫室建筑，到目前为止进行了比较系统的发掘清理并获得较大收获的首推陕西岐山凤雏村西周甲组建筑基址（图8、

图 9）。基址的年代，从出土的甲骨、碳-14 测年和其他伴出物推测，当始建于武王克商前，并一直延续使用至西周晚期。在甲组建筑基址的西边，还有乙组建筑基址，按传统"庙在寝东"的说法，甲组建筑群应为宗庙，乙组为寝宫。甲组建筑基址的房基占地 1 469 平方米，以门道前堂和过廊构成中轴线，东西两边配置门房（塾）厢

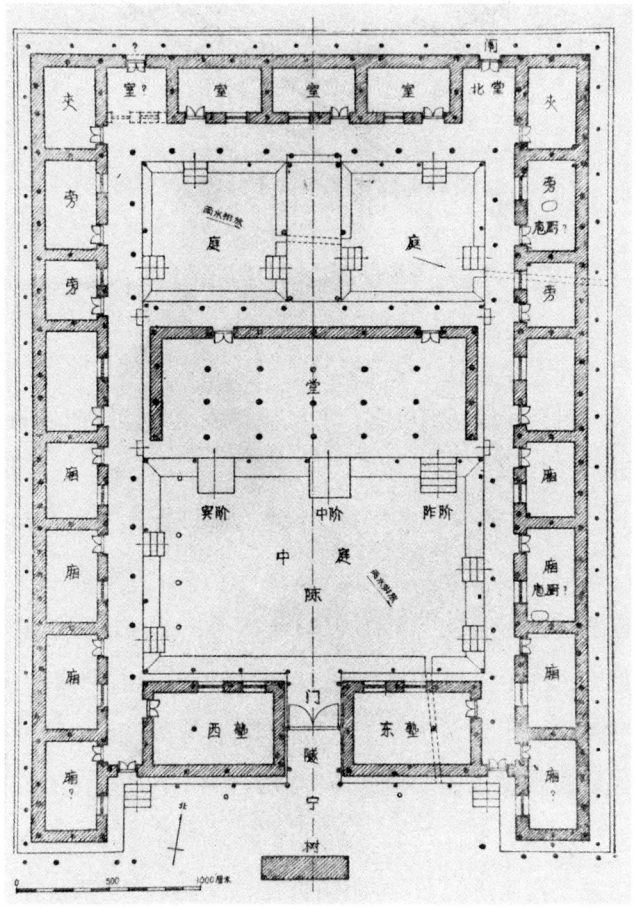

图 8　陕西岐山凤雏村西周甲组建筑基址平面图
采自杨鸿勋：《西周岐邑建筑遗址初步考察》，《文物》1981 年第 3 期。

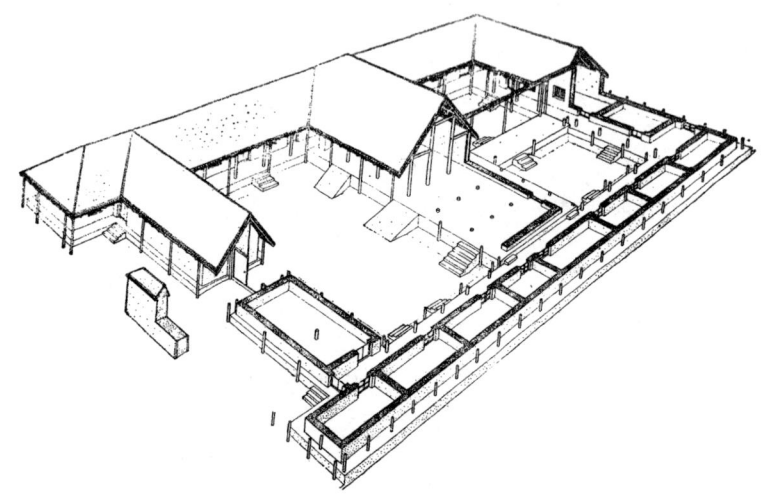

图 9　陕西岐山凤雏村西周甲组建筑复原图
采自杨鸿勋：《西周岐邑建筑遗址初步考察》，《文物》1981 年第 3 期。

房，左右对称，整齐有序。堂前有大院子，由三列台阶登堂，左右
各有台阶二组登东西回廊。堂后有过廊过后室，过廊两侧为东西两
小院（庭）。前堂为主体建筑，台基最高，面宽六间，通长 17.2 米，
进深三间，宽 6.1 米。台基为夯土筑实，但北壁用土坯砌成，上涂
三合土。后室五间，面宽 23 米，进深 3.1 米，有走廊，地面为三
合土灰浆面。东西厢各有八室，南北排列，东西对称，前檐有走
廊，地面亦为三合土灰浆面。台基下有陶管或卵石砌成的排水道，
台檐外面均有散水沟或散水面，排水设施良好。墙体为夯土版筑
或草拌泥垛筑。屋顶，前堂悬山顶或四阿顶，后室及两庑为单面
坡顶或两面坡顶，覆以芦苇束、草泥和少量的瓦（可能仅用于屋
脊、檐口及天沟附近）。瓦有阴阳板瓦和筒瓦，部分瓦上有环或瓦
钉，这是迄今所知我国最早的陶瓦。整个建筑具有四合院的基本

特点，开后世中国建筑正统布局之先河，堪称中国传统建筑的早期典范。①

半地穴式的房屋及夯土板筑、垛泥墙体，显然并不适用于南方潮湿多雨的自然环境。这里，房屋主要为木结构。在湖北荆门、圻春等地，都已发现西周时期的木构建筑遗址，并有成组的木构楼房发现。②

（四）行

行包括道路和交通工具、交通管理几个方面。

《诗经》数言"周道""周行"，毛《传》、郑《笺》于不同处或释为"通道"，或释为"政令"，或释为"列位"，朱熹《诗集传》始皆释为"大道""大路""周之路"。顾颉刚谓："周道者，周王畿之大道，殆自岐山至西都，又自西都至东都者。""其后始皇治驰道"，"盖周道之扩大"。《诗经》中又两处言及"鲁道"，"言鲁道者，所以别于周道，犹今称国营之公路曰国道，省营之公路曰省路也"。③杨升南则认为："'周道'并不仅仅是指周王室畿内的某一二条道路。……'周道'在周王畿之外的各诸侯国中都有。""道路而冠以'周'，无疑是与周王室有关。所以'周道'应是指由周王室修筑，通向王室各地（各诸侯国境内）的一种道路的专称。"文章

---

① 参见陕西周原考古队：《陕西岐山凤雏村西周建筑基址发掘简报》，《文物》1979年第10期；王恩田：《岐山凤雏村西周建筑群基址的有关问题》，《文物》1981年第1期；傅熹年：《陕西岐山凤雏西周建筑遗址初探——周原西周建筑遗址研究之一》，《文物》1981年第1期；杨鸿勋：《西周岐邑建筑遗址初步考察》，《文物》1981年第3期；尹盛平：《周原西周宫室制度初探》，《文物》1981年第9期。

② 中国科学院考古研究所湖北发掘队：《湖北圻春毛家嘴西周木构建筑》，《考古》1962年第1期。

③ 顾颉刚：《周道》，《浪口村随笔》，沈阳：辽宁教育出版社，1998年，第94—96页。

还根据文献及青铜器铭文所记周王室与各诸侯国往来的情况，推定了由王室中心地区通向各诸侯国几条道路的大概走向。① 从《诗经·小雅·大东》"周道如砥，其直如矢"（意谓周道其平为磨刀石，其直如箭杆），《诗经·大雅·緜》"柞棫拔矣，行道兑矣"（柞、棫，木名；拔，郑《笺》、孔《疏》释为树叶生长、枝叶茂盛。诗句意为："柞棫枝繁叶茂，行道通达"）。及《国语·周语中》"周制有之曰'列树以表道，立鄙食以守路'"等记述看，当时的周道似比较宽阔平直，道旁还种有树，有些地方路边还有供行者饮食的庐舍，似按一定的规格、标准修筑的。

上引《国语·周语中》言"立鄙食以守路"，似路边之庐舍除为过往者提供饮食外，还肩负有"守路"的职责。《周礼·秋官·野庐氏》职文曰："掌达国道路，至于四畿。比国郊及野之道路、宿息、井、树。若有宾客，则令守涂地之人聚欀之，有相翔者则诛之。凡道路之舟车击互者，叙而行之。凡有节者及有爵者至，则为之辟。禁野之横行径逾者。凡国之大事，比修除道路者。掌凡道禁。邦之大师，则令埽道路，且以几禁行作不时者、不物者。"意谓："掌管从王都通往四畿的道路，检查国都附近及远处的道路、过往者宿息庐舍、水井、树木。有宾客经过，则令附近居民组织起来打更守卫，发现有徘徊观望者则予以责罚。路上车辆发生拥挤堵塞时，要按秩序疏通。遇有外交使臣和有爵位的人经过，要让其他人回避。禁止横穿田野、越过沟堤乱闯。遇有国家大事，要督促检查养护道路的人。此外，还掌管道路上的有关禁令。国家有大的军

---

① 杨升南：《说"周道""周行"——西周时期的交通初探》，《人文杂志》丛刊第2辑《西周史研究》，1984年。

事行动时，则下令清扫道路，并查禁不按规定时间通行和穿着奇特及携持奇异物品的人。"从上述记载看，当时似已有一套交通管理机构和管理办法。

当时陆地上的交通工具主要是马车。西周的车，在长安、宝鸡、洛阳、浚县、上村岭等地皆有发现。从构造上看，与殷商车制大体属同一类型，与《考工记》所述亦基本符合，即双轮、独辕，长方形车厢。车子有两马驾的，叫"骈"；三马驾的叫"骖"；四马驾的叫"驷"。马车不仅是贵族乘坐的实用交通工具，也是贵族等级身份的象征。

《诗经·邶风·谷风》："就其深矣，方之舟之；就其浅矣，泳之游之。"（方，谓"筏"）《大雅·棫朴》："淠彼泾舟，烝徒楫之。周王于迈，六师及之。"（"淠"，舟行貌。"烝"，众也。意谓"舟行泾水之上，众船夫齐力划桨。周王发兵远征，六师跟随前往"）足见西周时期的人们也已有了舟楫之利。

北方及西北广大地区以畜牧业为主的少数族，平时以马代步，转移牧场搬迁时则以牛、牦牛运载帐房及家什，有些地区，至今仍是这样，故马和牛（青藏高原主要是牦牛）是这些地区居民们交通、运输的主要役畜。

三　教育、节庆和娱乐

西周时期，人们的精神文化生活也颇为丰富。

（一）教育

西周的学校分国学和乡学两种。国学又分小学、大学两个阶段。《大戴礼记·保傅》:"古者年八岁而出就外舍,学小艺焉,履小节焉;束发而就大学,学大艺焉,履大节焉。""出就外舍",就是入小学。"束发"谓"成童",一般指十五岁以上。《礼记·内则》:"六年,教之数与方名(郑注:'方名,东、西')……九年,教之数日(郑注:'朔望与六甲也');十年,出就外傅,居宿于外,学书记……十有三年,学《乐》、诵《诗》、舞《勺》(乐舞名);成童,舞《象》(乐舞名),学射、御;二十而冠,始学礼。"明确把贵族儿童和青少年教育分为家内、小学、大学三个阶段,唯小学阶段的入学年龄与《大戴礼记》所言八岁不同,作十岁。古书所说的西周有小学、大学制度,得到了金文的证明。《大盂鼎》记周康王对盂说:"女(汝)妹辰又有(有)大服,余佳(惟)即朕小学。"郭沫若谓:"妹与昧通,昧辰谓童蒙知识未开之时也。盂父殆早世,故盂幼年即承继显职,康王曾命其入贵胄小学,有所深造。"①西周的大学曰"辟雍",金文亦有反映。《麦尊》载:"王客(格)莽京彫祀,霄(粤)若翌(翌)日,才(在)璧(辟)雝(雍)。"《静簋》又有"学宫"之言。杨树达谓:"学宫者,所谓天子之大学曰辟雍者是也。"②

西周的大学,有突出的实践性,开放性。学习内容,以礼、乐、射为主,偏重行为和能力的训练、养成,目的是把学生培养成合格的统治者;当时的大学还不太像后世的专门教育机构,它"不

① 郭沫若:《两周金文辞大系图录考释》,上海:上海书店出版社,1999年,第34页。
② 杨树达:《静毁跋》,《积微居金文说(增订本)》,北京:中华书局,1997年,第168页。

仅是贵族子弟学习之处，同时又是贵族成员集体行礼、集会、聚友、练武、奏乐之处，兼有礼堂、会议室、俱乐部、运动场和学校的性质。实际上就是当时贵族公共活动的场所"。①

西周除天子设有辟雍外，一些诸侯国亦设大学，叫做"泮宫"（《礼记·王制》）。

设在王朝或诸侯国都城的学校都叫做国学，入学对象都是贵族子弟。

关于西周的乡学，文献记载不一，或谓"夏曰校，殷曰序，周曰庠"（《孟子·滕文公上》），或谓周之乡学分别为"家有塾，党有庠，术（遂）有序"（《礼记·学记》），以及其他种种说法，现已无法弄清究竟何说为是，何说为非。不过，西周除有国学外，在地方上还设有乡学这一点倒是可以肯定的，虽说当不会像某些文献上所说的那样已层层普及，形成了乡学的网络体系。《孟子·滕文公上》在讲到井田制时说："设为庠、序、学校以教之：庠者，养也；校者，教也；序者，射也。"杨宽谓："实际上，这里所谓庠、序、校是古代村社中的公共建筑，是村社成员公共集会和活动的场所，兼有会议室、学校、礼堂、俱乐部的性质。因为村社的父老经常在这里主持一切，受人尊敬和供养，所以有的称为庠。又因为这里是村社群众习射之所，也或称为序。"②有的学者还认为，乡学同样是"教养贵胄子弟的地方，庶民子弟是被排挤在校门之外的"。③亦有学者认为，"古代社会，有平民贵族之等级，其教育亦因之而

---

① 杨宽：《西周史》，上海：上海人民出版社，1999 年，第 670 页。
② 杨宽：《西周史》，上海：上海人民出版社，1999 年，第 201 页。
③ 毛礼锐等编：《中国古代教育史》，北京：人民教育出版社，1979 年，第 27 页。

异"，"塾者贵族之小学；校、庠、序皆平之学也"①。事情究竟如何？尚需作进一步之深入研究。

（二）节庆和娱乐

当时，民间的大型群众性活动主要有社祭和腊祭等。

《礼记·月令》："仲春之月……择元日，命民社。"社是土地之神，祭社的目的自然是求得丰收。《诗经·小雅·甫田》曾描述其热闹景象曰："以我齐明（'齐明'即'粢盛'，指祭器中所盛的谷物），与我牺羊，以社以方（社，土地神；方，四方之神）。我田既臧（臧，善也），农夫之庆。琴瑟击鼓（击，乐器名，类似摇鼓），以御田祖（御，祀也；田祖，农神），以祈甘雨，以介我稷黍（介，助也），以穀我士女（穀，养也）。""社"，或称"祖""田祖"，宋地又称为"桑林"。《墨子·明鬼下》说："燕之有祖，当齐之社稷，宋之有桑林，楚之有云梦也，此男女之所属而观也。""属"，合也，聚也。祭社时，杀牛宰羊，又歌又舞，还是男女聚会、交际的地方。

庄稼收获后又有腊祭，以酬谢诸神，庆祝丰收。腊祭时同样要杀牛宰羊，歌舞相庆，"一国之人皆若狂"（《礼记·杂记下》）。

天子躬耕藉田的"藉礼"，有所谓"王耕一垡，班三之，庶人终于千亩"（《国语·周语上》）的活动，并于当日上下共享酒食，于热烈气氛中冲淡、调和统治者与被统治者的紧张关系。

当时，礼防虽严，但有时亦不得不迁就民俗而网开一面。《周礼·地官·媒氏》："中春之月，令会男女，于是时也，奔者不禁。"

---

① 吕思勉：《先秦史》，上海：上海古籍出版社，1982年，第468、470页。

即承认男女在一年中的特定时期内有欢会、择偶的自由。

此外，当时的人们，主要是贵族阶层，在出生、成年、婚嫁、丧葬、祭祖等方面，也都有很多礼仪规定、讲究，并赋有丰富的精神文化内涵。限于篇幅，这里就不再一一介绍了。

西周时期，人们对"乐"很重视。贵族们自不用说，他们十分看重礼、乐的教化作用，《诗经》中的《雅》《颂》部分保留了不少西周贵族的诗歌；庶人也自然懂得用歌来表达自己的爱与恨、喜与悲，《诗经》中的《风》虽多为东迁后的民歌，但也有一些是西周的东西。

专题七　井田制与西周社会性质

在古代的农业社会里，作为最重要生产资料的土地在某一历史时期采取何种所有制形式，无疑将在很大程度上决定着各该历史时期的社会性质。西周的田制以何名目出现、内涵如何，以及与之紧密相联的西周社会性质又是什么，长期以来一直是史学界关注的热点问题之一。

一　井田有无之争

西周是否存在过井田制？我们不妨先看看有关的文献记载。首先是众所周知的《孟子·滕文公上》中的几段话：

> 夏后氏五十而贡，殷人七十而助，周人百亩而彻，其实皆什一也。……《诗》云："雨我公田，遂及我私。"惟助为有公田，由此观之，虽周亦助也。
>
> 夫仁政，必自经界始。经界不正，井地不钧，谷禄不平，

是故暴君污吏必慢其经界。经界既正，分田制禄可坐而定也。

　　请野九一而助，国中什一使自赋。……死徙无出公，公田同井，出入相友，守望相助，疾病相扶持，则百姓亲睦。方里而井，井九百亩，其中为公田。八家皆私百亩，同养公田；公事毕，然后敢治私事。所以别野人也。

最重要的自然是其中的第三段。《孟子》外，《周礼》中亦有一些相关记载：

　　凡造都鄙，制其地域而封沟之，以其室数制之。不易之地家百亩，一易之地家二百亩，再易之地家三百亩。（《地官·大司徒》）

　　乃均土地，以稽其人民而周知其数。上地家七人，可任也者家三人；中地家六人，可任也者二家五人；下地家五人，可任也者家二人。凡起徒役，毋过家一人，以其余为羡。……乃经土地而井牧其田野：九夫为井，四井为邑，四邑为丘，四丘为甸，四甸为县，四县为都，以任地事而令贡赋。（《地官·小司徒》）

　　凡治野，夫间有遂，遂上有径；十夫有沟，沟上有畛；百夫有洫，洫上有涂；千夫有浍，浍上有道；万夫有川，川上有路，以达于畿。（《地官·遂人》）

　　九夫为井，井间广四尺，深四尺，谓之沟。方十里为成，成间广八尺，深八尺，谓之洫。方百里为同，同间广二寻，深二仞，谓之浍。各载其名。（《考工记·匠人》）

见诸其他文献的尚有：

　　古者三百步为里，名曰井田。井田者，九百亩，公田居一。……古者公田为居，井灶葱韭尽取焉。（《榖梁传》宣公十五年）

　　古者八家而井。田方一里为井，广三百步、长三百步为一里，其田九百亩。广一步、长百步为一亩，广百步、长百步为百亩。八家为邻，家得百亩，余夫各得二十五亩。家为公田十亩，余二十亩为庐舍，各得二亩半。（《韩诗外传》卷四）

　　六尺为步，步百为亩，亩百为夫，夫三为屋，屋三为井，井方一里，是为九夫。八家共之，各受私田百亩，公田十亩，是为八百八十亩，余二十亩以为庐舍。出入相友，守望相助，疾病相救，民是以和睦，而教化齐同，力役生产可得而平也。民受田，上田夫百亩，中田夫二百亩，下田夫三百亩。岁耕种者为不易上田，休一岁者为一易中田，休二岁者为再易下田。三岁更耕之，自爰其处。农民户（王念孙谓"户"下当脱一"一"字）人已受田，其家众男为余夫，亦以口受田如比。士工商家受田，五口乃当农夫一人。此谓平土可以为法者也。若山林薮泽原陵淳卤之地，各以肥硗多少为差。（《汉书·食货志上》）

　　殷、周……因井田而制军赋。地方一里为井，井十为通，通十为成，成方十里；成十为终，终十为同，同方百里；同十为封，封十为畿，畿方千里。……故四井为邑，四邑为丘。丘，十六井也，有戎马一匹，牛三头。四丘为甸。甸，六十四

井也，有戎马四匹，兵车一乘，牛十二头，甲士三人，卒七十二人，干戈备具，是谓乘马之法。(《汉书·刑法志》)

上述记载，有两个显著特点：一是材料晚出，基本为战国、秦汉间人所言；二是材料越靠后越具体、繁细，显系后人为弥缝前人记载之矛盾、缺失而刻意创制、添加者。

旧儒对井田的解释虽言人人殊，但对西周施行过井田制却是肯定的。

近今学者中，则有不少人对井田的存在持怀疑、否定态度。如胡适就认为：

不但"豆腐干块"的封建制度是不可能的，豆腐干块的井田制度也是不可能的。井田的均产制乃是战国时代的乌托邦。战国以前从来没有人提及古代的井田制。……我们既没有证据证明井田制的存在，不如从事理上推想当日的政治形势，推想在那种半部落半国家的时代是否能实行这种"豆腐干块"的井田制度。

孟子自己主张的井田制，是想象出来的，没有历史的根据。①

当时(1919—1920年)，与胡适持不同意见是胡汉民、廖仲恺。胡、廖二氏认为："井田制虽不尽照孟子所说那么整齐，却也断不至由

① 胡适：《井田辨》，《胡适文存》一集卷二，合肥：黄山书社，1996年，第302、312页。

孟子凭空杜撰"；"井田制度……是上古民族由游牧移到田园，由公有移到私有，当中一个过渡制度。以社会进化的程度看来，在先生（指胡适——引者）所谓'半部落半国家的时代'，这种井田制度不只是可能的，而且是自然会发生的。"①

后来，郭沫若亦介入了这场论争。不过，他的观点前后有较大改变，在《中国古代社会研究》一书中，他写道：

> 周代自始至终并无所谓井田制的施行。②

十五年后，他则在《古代研究的自我批判》一书中申言：

> 殷、商两代曾经实行过井田制。
>
> 井田制是断然存在过的……③

至此，郭氏虽承认了井田制的存在，但在解释上，却与《孟子》所言有本质的不同(详后)。

1949 年后，史学界围绕着井田的有无继续展开争论。否定井田制存在的声音虽少，却始终未绝。如：

李亚农即认为："使中国两千年来的学者不胜其向往的'井田制'，原来是孟子理想中的乌托邦，在历史上是从来没有存

---

① 胡适：《井田辨》，《胡适文存》一集卷二，合肥：黄山书社，1996 年，第 306、310 页。

② 郭沫若：《中国古代社会研究》，北京：人民出版社，1964 年，第 234 页。

③ 郭沫若：《十批判书》，《郭沫若全集》历史编第 2 卷，北京：人民出版社，1982 年，第 25 页。

在过的。"①

胡寄窗亦力主：

孟轲以前没有井田制的记载，甲骨文及金文中也找不出井田制的痕迹。……所谓井田制历史上是不曾存在过的。我们认为，井田制只是孟轲的一种乌托邦思想，决不是他力求要见诸实行的理想，还可能是他的尚未完全成熟的未来理想。②

在二十年后的一篇文章中，胡氏仍坚持认为：孟子的"井田模式本身存在着几个毒瘤，使其绝无实现之可能"。"孟轲的井田原始模式本身不仅是不可能实现的空想，而且是我国古代的一种最混乱的空想。"③

沙文汉亦认为："无论从周代农村的基层结构来看也好，无论从比较可靠的古代文献和第一手的金文资料来看也好，井田制这个东西，实际上是不存在的。"④

谷春帆认为："从历史发展看，在殷末周初实行'彻'，有共耕公田制度，但不能有经界整齐的方块井田。税亩以后，一部分国家为了整顿经界，开始在平原上治理沟洫，划分井田，但不能有助耕公田之事。孟子把两件事捏在一起是他的主观想法。"又谓："孟子明说这是他的建议，请滕君与毕战斟酌。后世儒者死抠了这一段

---

① 李亚农：《中国的奴隶制与封建制》，《李亚农史论集》，上海：上海人民出版社，1978年，第94页。

② 胡寄窗：《中国经济思想史》上，上海：上海人民出版社，1962年，第250—251页。

③ 胡寄窗：《关于井田制的若干问题的探讨》，《学术研究》1981年第4期。

④ 沙文汉：《中国奴隶制度的探讨》，上海：上海社会科学院出版社，1984年，第78页。案：该书写成于1963年。

话，越说越细，也越说越不通。"①

赵世超、李曦则根据徐中舒师有关"高地农业与低地农业"的界说推论道："所谓井田的产生应与低地开发密切相关。平坦广大的沉积区内，日渐出现一道道排水沟洫，将土地界划开来，远远望去，大体形成了方正的井字形，于是，在习惯上便有了井田的名称。然而，从井田的产生过程来考察，所能得出的结论仅是井田代表着一种自然的田丘形式，与包涵土地占有关系及产品分配办法等内容的土地制度尚无关涉。"二氏又进而分析道："孟子井田说赖以建立的前提是个体劳动普遍化，只有个体劳动已经成为可能，才会出现'八家各私百亩'的事实"，"既然西周尚不具备个体劳动的条件，即使分给每个耕者百亩十地，他也无法从事耕种，那么，'八家各私百亩'的井田制岂不成为空中楼阁？"二氏的结论是："西周仅存在井田这种自然的田丘形式，而不存在什么井田制度。"②

而更多的学者则肯定古代中国存在过井田制。如：

徐中舒师即认为："井田制是在一定的地理条件下适应于当时的生产力的一种生产关系的具体表现，它是不以人们意志为转移的客观现实"，"不是孟子所能想象得出来的。"③

金景芳十分坚信孟子的井田说，认为《孟子·滕文公上》"关于井田制的一段言论"，"对于我们讨论井田制这个问题来说，可谓一字千金，十分珍贵，应当予以特殊注意。"④

---

① 谷春帆：《井田释疑》，《经济科学》1980 年第 3 期。
② 赵世超、李曦：《西周不存在井田制》，《人文杂志》1989 年第 5 期。
③ 徐中舒：《试论周代田制及其社会性质》，《四川大学学报》1955 年第 2 期。
④ 金景芳：《井田制的发生和发展》，《历史研究》1965 年第 4 期。

赵光贤亦认为："很多人不相信《孟子》，说那是孟子的乌托邦。如问为什么是孟子的乌托邦，也提不出根据，不过想当然而已。宁信自己的主观想象，不信孟子的话，未免疑古太过。孟子生当战国中叶，当时齐鲁各国井田制已经消亡，但它离井田制的存在毕竟很近，即令他未亲眼见到，总应有所闻。……何况古书中谈到井田的不止《孟子》一书，难道都是伪造的？"①

其他如徐喜辰、吴慧等也都在各自的专著中肯定了井田制的存在。②

总之，从大趋势上看，包括西周在内的古代中国曾经实行过井田制，已被越来越多的学者所认同、接受。

二　井田的内涵、实质

在承认西周实行过井田制的学者中，对井田内涵、实质的认识又有种种不同。现仅择其要者，简介于后。

如前所述，郭沫若在先是否定井田制的存在的，后虽转而采取肯定的立场，但在解释上却已全然不同于《孟子》。他说：

井田制的用意是怎样呢？这并不是如象孟子所说的八家共井，以中央的百亩作为公家的田，周围的八个百亩作为给予八家老百姓的田。那完全是孟子的乌托邦式的理想化。那些方田

---

① 赵光贤：《周代社会辨析》，北京：人民出版社，1980年，第46—47页。
② 徐喜辰：《井田制度研究》，长春：吉林人民出版社，1984年；吴慧：《井田制考索》，北京：农业出版社，1985年。

不是给予老百姓，而是给予诸侯和百官的。诸侯和百官得到田地，再分配给农夫耕种以榨取他们的血汗而已。故井田制是有两层用意的：对诸侯和百官来说是作为俸禄的等级单位，对直接耕种者来说是作为课验勤惰的计算单位。有了一定的亩积两方面便都有了一定的标准。

公家所授的方田一律都是公田，在方田外所垦辟出的土地便是所谓私田。①

郭氏所言，除保留了《孟子》书中"井田"这一名称外，内容则完全是郭氏自己创制的。

范文澜对井田制的态度多少有点暧昧。他一方面说西周时"绝无一井九百亩的计数法"，"人住邑中必须饮水，因此邑必有井……所以一邑也得称一井，但不是孟子所说的井"；另一方面却又主要以《孟子》《诗经》为据，认为西周存在着"公田""私田"之分，"所谓耕公田，就是领受私田的农夫，在领主的田上进行着无报酬的劳作，向领主缴纳力役地租"，因此，"这是封建社会的生产关系。"②

翦伯赞的看法略同。他也认为："井田制的主要内容是把土地划分为方块，井田之中，有公田，也有私田。分得私田的农奴或野人要无偿地耕种公田，养活土地所有者。……所谓公田，是指属于领主的土地；所谓私田，是指领主分给农奴的份地。……因此，所

① 郭沫若：《奴隶制时代》，北京：人民出版社，1973年，第29、32页。
② 范文澜主编：《中国通史简编》修订本第一编，北京：人民出版社，1964年，第143、145页。

谓井田制，实质上就是劳役地租制。"①

赵俪生认为："'私田'无论在原始社会末期或阶级社会初期，它都是'口食田'或者'份地'，是农业劳动者必要劳动产品的提供场所。'公田'呢？在原始社会末期，它是公积粮的生产场所；阶级剥削出现以后，它是剩余劳动产品的提供场所。"关于井田的时限和性质定位，赵氏的观点是："井田制既说不上是什么土地国有制，也不仅限于奴隶制时代。""在我看来，它是公社的土地所有制，不过在阶级出现以后，这公社已不再是它的原生形态而是它的次生形态罢了"，"井田制是横亘在原始社会末期和奴隶社会尚未充分发展的阶段上的一种土地制度"，一种"农村公社土地所有制。"②后来，赵氏在另一篇文章中又将上述看法稍做修正，作："井田制到头来只可能是不完整的公社所有制和不完整的'王'有和贵族所有制的混合体，一句话，它是一种比较标准的'亚细亚'式的古代土地所有制。"③

金景芳的看法是："中国古书上所记述的井田制，就是马克思、恩格斯所说的'马尔克'或'农村公社''农业公社'在中国的具体表现形式。""井田制的存在，恰恰是中国奴隶社会之为'古代东方型'的一个铁证。"④

徐喜辰认为："存在于我国古代社会里的井田制度当是原始社会解体后残存于商周奴隶社会中的一种公社所有制。……这种公

① 翦伯赞主编：《中国史纲要》第一册，北京：人民出版社，1979 年，第 39 页。
② 赵俪生：《有关井田制的一些辨析》，《历史研究》1980 年第 4 期。
③ 赵俪生：《从亚细亚生产方式看中国古史上的井田制度》，《社会科学战线》1982 年第 3 期。
④ 金景芳：《中国古代史分期商榷》（上），《历史研究》1979 年第 2 期。

社所有制即井田制是一种从公有制到私有制的'中间阶段'的公社所有制。"①

　　吴慧则认为："最早的井田制是家族公社的土地公有制。以后井田制在很长时间内还是保留着家族公社的遗迹，到成为与农村公社（村社）有联系的土地制度，那已是较晚时候的事情了，而不是井田制的原始形态了。"吴氏还强调，"进入奴隶社会以后这种公社公有的土地制度马上就变了质"，"这时的井田已由公社公有制下的土地变为奴隶制国有制的土地"，而"公社成员"也已成为"奴隶制国家的国有奴隶、集体奴隶"了。②

　　赵光贤认为：井田制的特点是将"公田"与"私田"分开。生产者在"公田"上和"私田"上的劳动，在时间上和地点上都是完全分开的。农民把在"公田"上的收获交给公家（不管是王室、诸侯或卿大夫），"这是一种代役租的形式，也叫做劳动地租"。因此，"井田制是土地占有者与生产者相结合的一种特殊形式，也就是土地占有者剥削生产者的一种特殊形式"。赵氏不同意将井田制视为农村公社田制的看法。在他看来，井田制虽是"从农村公社分田制发展起来的，二者有很多相似之处"，但其间毕竟有"本质的差异"：一、井田必须包括公田和私田，村社田则有的有公田，有的无公田；二、在井田制下，公田的收获物交给领主，是一种劳动地租，而在氏族社会的村社田里，则没有这种负担，村社社员有时也要对村社头人进些贡献，但其性质则不同于经济剥削形式的地租；三、在井田制下私田的授予实质上是为了给领主提供劳动力，而在村社田里份地是为了满足社员生活的需要。"总之，井田制虽起源于农村公社的分田制，但自进入阶级社会以后，它即逐渐演变为阶级剥削的工具。这是它的本质，因此决不能和氏族公社里的分田制混为一谈。"①

看来，在井田的内涵、实质这个问题上，诸家或谓为奴隶主贵族的土地国有制，或谓为家庭公社的田制，或谓为农村公社的田制，或谓为封建领主的土地所有制，观点相去颇远。之所以如此，不仅同各家对材料的诠释不同有关，更同各家对古史分期、对西周社会性质的认识不同有关。

三 井田制所反映的西周社会性质

我们在本专题的一开头便强调，在古代的农业社会里，作为最重要生产资料的土地采取何种所有制形式，将在很大程度上决定着各该社会的社会性质。学者们自然都懂得这一点，大家在论定西周社会性质时，无不是从井田制这个根本点契入的。

郭沫若深知，如果按孟子的模式解释井田，承认公田、私田的划分，承认农民有自己的"私田"（份地），很容易导致商周有农村公社、商周不存在奴隶社会的结论。郭氏写道：

> 我认为，中国奴隶社会不象所谓"古代东方型"的奴隶社会那样；只有家内奴隶，而生产者则是"公社成员"。严格按照马克思的意见来说，只有家内奴隶的社会，是不成其为奴隶

---

① 赵光贤：《周代社会辨析》，北京：人民出版社，1980 年，第 47—48、56—58 页。

社会的。家内奴隶在解放前的汉族和某些少数民族中都还存在。如果太强调了"公社"，认为中国奴隶社会的生产者都是"公社成员"，那中国就会没有奴隶社会。

而为了捍卫中国的奴隶社会，郭氏只好抛开孟子的模式，取消农民的"私田"（份地），对井田制别作新解，认为殷周时的"民"们，"是聚居在有人监管着的共同宿处的，春耕时，白天被集体地赶到田里去，早出晚归。一出一入都有里胥和邻长，就跟哼哈二将一样，在共同宿处的门口坐着监视。所谓'妇人'，连冬天做工，每天都是十八小时"。总之，民人居住的邑，实不过是"奴隶主控制下的劳动集中营"。①这种为成全所谓的理论而不惜歪曲、篡改史料的做法，自然不足为训。

金景芳、徐喜辰等大体按照孟子的模式解释井田，并谓井田制是公社的土地所有制，这自然是对的，但二氏又都以西周为奴隶社会，把村社制同奴隶社会联结在一起，又不免使人感到费解。金景芳说：

中国奴隶社会存在井田制，正是中国奴隶社会属于"古代东方型"的一个铁证。井田制的特点是"把土地分配给单个家庭并定期实行重新分配"，亦即"小土地劳动"。这样，就决定它不容纳大量奴隶，因而中国的奴隶社会就不可能是古代的劳动奴隶制。另方面，在井田制的条件下，进行农业生产劳动的人，中国古书上一般称为"庶人"。这个庶人，又与中国封建

---

① 郭沫若：《奴隶制时代》，北京：人民出版社，1973年，第106、231、232、234页。

社会的农民有本质的区别。……马克思曾把这类人叫做"普遍奴隶"……中国奴隶社会是东方的家庭奴隶制……①

徐喜辰说：

> 商周社会里……公社农民是当时社会的主要生产者，奴隶在生产中并不占主导地位……
>
> （在周代），当时的主要生产者是公社农民，他们虽不是奴隶，却要受到"野九一而助，国中什一使自赋"的剥削，这就构成了早期奴隶制的特色。②

明明知道商周社会中的奴隶的数量并不多，公社成员才是当时社会生产的主要承担者，却硬是要把这样的社会叫做奴隶社会——纵使已挖空心思地把它加上了"普遍奴隶制"社会或"家庭奴隶制"社会的名目，此亦适足以说明我们的某些史学工作者为了在中国制造奴隶社会，在理论上已混乱、贫乏到了什么程度。须知，"只有家内奴隶的社会，是不成其为奴隶社会的"（前引郭沫若语）；至于所谓"普遍奴隶"云云，实不过马克思的一个比况用语，一如人们有时也称资本主义制度的工人是"奴隶"一样，又怎好以此为据去构筑什么有中国特色的奴隶社会呢？③

---

① 金景芳：《中国古代史分期商榷》（下），《历史研究》1979 年第 3 期。
② 徐喜辰：《井田制度研究》，长春：吉林人民出版社，1984 年，《前言》第 3 页、正文第 95 页。
③ 关于"普遍奴隶制社会"说之不能成立，详可参见张广志：《"中国奴隶社会"研究中的几种常见提法驳议》一文中的第三小节《关于普遍奴隶制社会》，收入《奴隶社会并非人类历史发展必经阶段研究》，西宁：青海人民出版社，1988 年。

　　赵光贤对井田内涵的分析及对井田制剥削属封建性剥削的认定，都无疑是正确的。赵氏之所以不同意将井田制视为农村公社的田制，是因为在他看来农村公社乃原始社会末期的东西，不可能同已进入阶级社会的井田制搭上边。我们觉得，这是赵氏按西欧模式理解农村公社的结果；事实上，在中国，农村公社并不是仅仅存在于原始社会末期或由原始社会到阶级社会的过渡之中，而是长期存在于中国的早期阶级社会（三代）之中，并成为中国早期阶级社会赖以建立的坚实基础。

　　下面，试对此说略作申述。

　　大家知道，孟子及其他古书上的井田说虽有理想化、规划化的诸多不实之处，但它们在如下两个基本点上却是真实的，站得住脚的：一、井田有"公田""私田"之分，劳动者在"公田"上为"公"的劳动和在"私田"上为"自己"的劳动在时间上、空间上都是明显分开的；二、土地公有，分配给各家使用，且需定期重新分配，即所谓"三岁更耕之"（《汉书·食货志》）、"三年一换主（"主"，本或作"土"）易居"。（《公羊传》宣公十五年何休《解诂》）

　　再看马克思有关农村公社的论述：

　　　　在农业公社中，房屋及其附属物——园地，是农民私有的。……当然，也有一些农业公社，它们的房屋虽然已经不再是集体的住所，但仍然定期改换占有者。这样，个人使用权就和公有制结合起来。

　　　　耕地是不准转卖的公共财产，定期在农业公社社员之间进行重分，因此，每一社员用自己的力量来耕种分给他的地，并把产品留为己有。①

这种惊人的相似，自然不是什么巧合，而是社会发展规律之使然：世界其他地区古代史上有农村公社，中国古代自然也有，其具体表现形式便是三代的井田制。

关于何以会从村社制度中自然而然地衍生出封建制，马克思早有精辟论述：

在多瑙河各公国，徭役劳动是同实物地租和其他农奴制义务结合在一起的，但徭役劳动是交纳给统治阶级的最主要的贡赋。凡是存在这种情形的地方，徭役劳动很少是由农奴制产生的，相反，农奴制倒多半是由徭役劳动产生的。罗马尼亚各州的情形就是这样。那里原来的生产方式是建立在公社所有制的基础上的，但这种公社所有制不同于斯拉夫的形式，也完全不同于印度的形式。一部分土地是自由的私田，由公社成员各自耕种；另一部分土地是公田，由公社成员共同耕种。这种共同劳动的产品，一部分作为储备金用于防灾备荒和应付其他意外情况；一部分作为国家储备用于战争和宗教方面的开支以及其他的公用开支。久而久之，军队和宗教的头面人物侵占了公社的地产，从而也就侵占了花在公田上的劳动。自由农民在公田上的劳动变成了为公田掠夺者而进行的徭役劳动。于是农奴制

① ［德］马克思：《给维·伊·查苏利奇的复信草稿——三稿》，《马克思恩格斯全集》第19卷，北京：人民出版社，1963年，第449页。

关系随着发展起来……①

如果不是抱着奴隶社会是继原始社会之后出现的第一个阶级社会的先入之见，我们就必须承认：原始社会解体后，借助于农村公社的现成的、便当的形式，必然会产生封建制剥削方式。二十多年前，笔者曾在《略论奴隶制的历史地位》一文中，比较系统地论证了农村公社一方面强有力地阻滞着通往奴隶社会的道路，另一方面却极为便当地将早期阶级社会导向封建主义的坦途；认为这种建立在村社基础上的封建制可名之为"村社封建制"，以区别于封建制的另外两种类型——欧洲的"农奴制"和战国、秦汉以来的"地主制"。读者如有兴趣，不妨找来一阅。②

总之，在笔者看来，建立在村社井田制基础之上的西周社会，只能是封建制性质的。

四 西周中后期井田制渐露衰败端倪

井田制在经历了夏、商两代的产生和发展后，在西周前期达到了它的鼎盛时期。此后，便渐露衰败迹象，其表现是：土地交换、转让的发生，周宣王"不籍千亩"和"料民于太原"事件的出现。兹分述于后。

---

① ［德］马克思：《资本论》第 1 卷，北京：人民出版社，1975 年，第 265 页。
② 刊《青海师范学院学报》1980 年第 1、2 期，《四川大学学报》1980 年第 2、3 期稍作修改后以《论奴隶制的历史地位》为题转载，后收入《奴隶社会并非人类历史发展必经阶段研究》，西宁：青海人民出版社，1988 年。

（一）土地交换、转让的发生

大家知道，在井田制下，土地公有，是不能随便买卖、转让的，即所谓"田里不粥（鬻）"（《礼记·王制》）。可是这种状况从西周中后期开始有了变化。这种变化，主要反映在当时的一些铜器铭文上。如：

《卫盉》（图 10）：共王时器。记裘卫以瑾璋（玉器）、赤琥（红色玉虎形器）、麤（公麋）皮披肩、蔽膝等物从矩伯那里换得十三田，并得到官方确认。

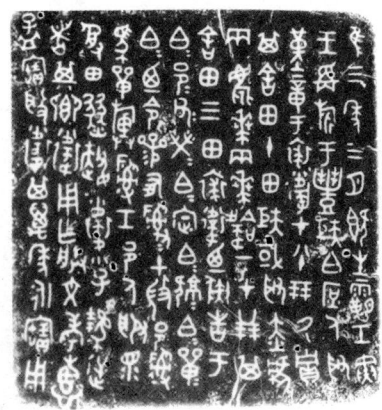

图 10　卫盉及铭文

1975 年陕西岐山董家村出土。通高 29 厘米，口径 20.2 厘米，流鋬相距 39 厘米，重 7.1 公斤。盖内有铭文 132 字。

《五礼卫鼎》：共王时器。记因水利或祭祀河神中的某种原因，邦君厉答应给裘卫五田，并得到了官方的认可，办成。

《九年卫鼎》（图 11）：共王时器。记矩伯为参加周王举行的庆典，从裘卫那里取得省车等物。裘卫还向矩伯之妻赠送了帛。矩伯遂将"林眚里"给了裘卫。裘卫又给了同"林眚里"转让有牵连的颜陈及"林胥里"的一些人一些财物。

图 11　九年卫鼎及铭文

1975 年陕西岐山董家村出土。通高 37.2 厘米、口径 34.5 厘米、腹深 20 厘米、重 12.25 公斤。腹内壁有铭文 195 字。

《曶鼎》（图 12）：懿王时器。记匡季的手下人抢了曶的十秭禾，经东宫裁定和双方协商，匡季向曶赔了七田和五个人。

《格伯簋》（图 13）：共王或西周晚期器。记格伯与倗生间以良马四匹交换三十田事。

《散盘》：厉王时器。记矢王侵夺散邑，后不得不用田作出赔偿。

《鬲从盨》：厉王时器。记一个名叫"章"的人用十三个邑与鬲从换田，周王还派史官典录其事。

图 12　曶鼎铭

原器已佚。毕沅得之于西安，后毁于兵火。据记载，鼎高 2 尺，围 4 尺，深 9 寸，款足作牛首形，有铭文 400 余字。

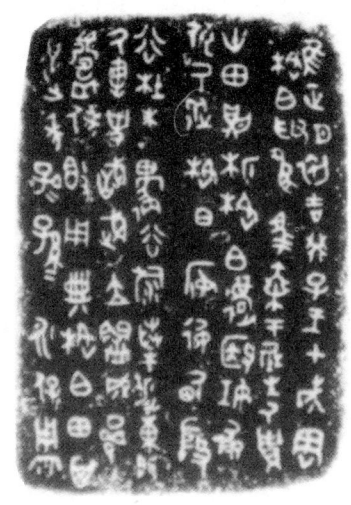

图 13 格伯簋及铭文

一名倗生簋。通高 31 厘米，腹壁直，圈足下有方座，两象鼻为耳，有铭文 80 余字。

《舀攸从鼎》：厉王时器。记舀攸卫牧取得舀从的田邑却不付报偿，舀从讼于王，并获胜诉。

有的学者认为，上述金文材料证明，西周中晚期"土地是能够交换买卖的。"①有的学者则认为，卫盉、鼎中的"贮田""属于田地交换，只是占有权的转移，并未改变占有权，所以要报告执政，而执政们也来处理，派官勘界付田，说明土地国有性质并未改变，土地换得者也仅有占有权。"土地交换"是由土地占有制转变到私有制的一个环节"。②亦有学者认为，"在整个井田制兴盛时期，土地是不能买卖的。也就是说，土地只能分配使用，不能据为己有。

---

① 李学勤：《西周金文中的土地转让》，《光明日报》1983 年 11 月 30 日。
② 黄盛璋：《卫盉、鼎中"贮"与"贮田"及其牵涉的西周田制问题》，《文物》1981 年第 9 期。

《礼记·王制》篇中所说，'古者，田里不鬻'，是一桩铁证。但有人从西周封建的古史分期观点出发，企图使用青铜器铭文中零星的字句，来证明西周时候已经有了土地买卖了。这样，中国历史的发展，就无端提早了五六百年"。①有的学者认为，西周金文中的土地转让，应"看成或称作是周王对土地的改封。周王将土地分别封赐给大小奴隶主贵族，称作是分封。土地从某些贵族手中转移到另一些贵族手中，而又得到周王批准，履行法定手续，向来称为改封"。②还有学者认为，"西周时期，土地在一定条件下的转移和交换，正是领主制封建等级土地所有制本身的重要内容，是叠合着的等级土地关系得以正常运转，减少矛盾的润滑剂。土地交换不仅不是西周初年建立起来的等级土地所有制瓦解的前兆，相反，它是等级土地所有制自我调节，自我完善的重要机制"。③

看来，诸家在对西周中后期出现的土地交换、转让现象的认识上，尚存在相去甚远的不同看法。笔者认为，这种现象的出现，虽还不等于以土地买卖为标志的土地私有制已经出现，但它毕竟意味着传统"田里不粥（鬻）"局面的开始动摇和地权由王到各级贵族的下移，恐非通常的"改封"和本已有之的"滑润剂"所能解释得了的。

（二）关于"不籍千亩"

《国语·周语上》："宣王即位，不籍千亩。"韦注："籍，借也。借民力以为之。天子田籍千亩，诸侯百亩。自厉王之流，籍田礼

---

① 赵俪生：《有关井田制的一些辨析》，《历史研究》1980 年第 4 期。
② 周望森：《西周的"贮田"与土地关系》，《中国经济史研究》1991 年第 1 期。
③ 李朝远：《西周土地关系论》，上海：上海人民出版社，1997 年，第 274 页。

废，宣王即位，不复古也。"

《孟子·滕文公上》谓"殷人七十而助"，"《诗》云'雨我公田，遂及我私'，惟助为有公田，由此观之，虽周亦助也。"又谓："助者，藉也。"商、周的这种井田"助法"，即所谓"籍田以力"（《国语·鲁语下》）、"制公田不税夫"（《考工记·匠人》郑注），实即力役地租。这种井田"助法"，不但行之于"野"，也行之于"国中"。不过，"野"与"国中"的井田"助法"又稍有不同：在"野"，实行八家共井的所谓"九一而助"，"公田""私田"皆小块夹杂错落在一起；"国中"的"公田"曰"藉田"，以千亩为单位相对集中，"往往是集中十个千亩在一起，故《诗》又有'十千'之称"。①所谓"宣王即位，不籍千亩"，据徐中舒师研究："藉田废止必然尚在宣王以前。《国语·周语上》说荣夷公好专利，厉王用他为卿士，向他学专利，终于引起人民的诽谤和诸侯的不享（不向他朝贡），三年之后，人民就起来把厉王驱逐到晋国的彘邑去了。厉王专利不外向人民和诸侯加紧剥削，对人民则废藉田而征收私田什一或更多的税，对诸侯则要求更多的贡献；尤其是废藉田而征收份田的生产税，可能是荣夷公先在他自己采地上实行有效的办法，因而引起周厉王的贪欲。"②厉、宣之世"籍田礼废"后所实行的向生产者征收生产税的举措，实质是"废除了公田的徭役劳动而征收实物地租（彻法）"。③这个实物地租的"彻法"，即春秋鲁宣公十五年的"初税亩"；西周末年，实物地租虽已出现，但毕竟还是星星之

①② 徐中舒：《试论周代田制及其社会性质》，《四川大学学报》1955 年第 2 期。
③ 徐中舒：《西周史论述》（上），《四川大学学报》1979 年第 3 期。

火，到春秋战国时期始推广开来，终成燎原之势。

（三）关于"料民于太原"

《国语·周语上》又载："宣王既丧南国之师，乃料民于太原。仲山父谏曰：'民不可料也。夫古者不料民而知其少多，司民协孤终，司商协民姓，司徒协派，司寇协奸……是则少多死生出入往来者，皆可知也。……不谓其少而大料之，是示少而恶事也。'"韦注："料，数也。"说的是宣王对外打了大败仗，丧师甚众，为补充兵员，乃在太原这个地方清理户口。仲山父讲"古者不料民而知其少多"是讲对了，但他却不懂得古者之所以能够不料民而能知其少多，关键并不在平时有司民、司商、司徒、司寇等的勤于职守，而是在于人民在村社井田制下"死徒无出乡"（《孟子·滕文公上》）的稳定社会结构。西周末年，由于生产力的发展及战乱等原因，村社井田制渐呈衰败迹象，人民流徙逃散的情况渐多，旧的户籍既已名实不符，周宣王也就只好不顾"示少"的脸面而"料民"了。

凡此种种，皆表明由来已久的村社井田制在经历了西周前期的鼎盛后，到了西周中晚期已渐呈颓势。但从总体上看，这时的村社井田制仍有相当的生命力，距全面崩溃瓦解尚有一段时日。

专题八　周初大分封

分封制、宗法制与井田制，是西周的三大基本制度。它们虽上有所承，下有所续，但其成熟、完备，则在西周。

一　分封制是否为西周所"特有"

宋代学者罗泌认为："封建之事，自三皇建之于前，五帝承之于后，而其制始备。"（《路史》卷三十一《封建后论》）王应麟亦谓："《乾》《坤》之次，《屯》曰：'建侯'。封建与天地并立。"（《困学纪闻》卷一）这是说自天地开辟，有人类即有封建。

吕思勉认为："世运渐进，人智日开，嗜欲日多，交通益便。往来既数，争夺遂萌。乃有以一部落而兼并他部落，慑服他部落者。乃渐入于封建之世。""封建之道，盖有三端：慑服他部，责令服从，一也。替其酋长，改树我之同姓、外戚、功臣、故旧，二也。开辟荒地，使同姓、外戚、功臣、故旧移殖焉，三也。由前二说，盖出于部落之互相吞并。由后之说，则出于一部落之向外拓殖者也。一部落之拓殖于外者，于其故主，固有君臣之分；异部落之见慑服者，对其上国，亦有主从之别；此天子诸侯尊卑之所由殊，而元后群后之所以异也。自彼此无关系之部落，进而为有关系之天子诸侯，则自分立进于统一之第一步也。"①周谷城亦认为："较强大的部族征服较弱小的部族之后，如何处置呢？除杀戮及俘掳以外，最文明的办法，便是封土建国。""所谓封建，自有部族战争以来，便已有了雏形。"②这是说分封制起源于部落时代后期。

郭沫若等认为："分封诸侯在夏代就有了，相传夏王少康将其幼子曲列分封于缯，其后裔延续到商、周两朝，一直列为诸侯。"③斯维至认为："封建就是建立城邦国家，因此真正的封建至少要从夏代开始。"④田昌五亦谓："周代承继夏、商的发达的分封制，古称'封建'，史证确凿，人所公认。"⑤这是说分封制源于夏代。

董作宾根据《孟子》《史记·殷本纪》有关"武丁朝诸侯有天下"、汤时"诸侯毕服"、"伊尹摄行政当国以朝诸侯"、盘庚时"殷道复兴，诸侯来朝"、纣时"百姓怨望而诸侯有畔者"的记载及甲骨文有关蒙侯虎、攸侯喜、杞侯等记载，认为"商代封建制度已同于周"。⑥胡厚宣亦根据甲骨文材料，认为"殷代自武丁以降确已有

① 吕思勉：《中国制度史》，上海：上海教育出版社，1985 年，第 411—412 页。
② 周谷城：《中国通史》上册，上海：上海人民出版社，1957 年，第 62—63 页。
③ 郭沫若主编：《中国史稿》第一册，北京：人民出版社，1976 年，第 209 页。
④ 斯维至：《封建考源》，《人文杂志》增刊《先秦史论文集》，1982 年。
⑤ 田昌五：《中国奴隶制的特点和发展阶段问题》，《人文杂志》增刊《先秦史论文集》，1982 年。
⑥ 《甲骨文断代研究例》，原刊《国立中央研究院历史语言研究所集刊》外编第一种《庆祝蔡元培先生六十五岁论文集》上册，1933 年。见《中国现代学术经典·董作宾卷》，石家庄：河北教育出版社，1996 年，第 72—73 页。

封建之制"。①这是说分封制源于商代。

王国维《殷周制度论》称"殷以前，天子诸侯君臣之分未定"，至周代分封，"天子诸侯君臣之分始定于此"。商"自开国之初已无封建之事，矧在后世"。以分封制为周人所创。葛志毅更明确提出："分封制乃是周代特有的政治制度"，"分封制在周代以前并不存在。""商代的外服诸侯中，不论其邦族或方国，本有自己的土地、人民，非经授土授民的程序分封而成。他们成为商王朝的外服诸侯，主要是商王武力征服的结果。这无论如何同周代经授土授民程序分封的诸侯国是不一样的。"②

分封制既是阶级社会政权结构的一种形态，故罗泌的"自三皇"始说，显然不能成立，这里用不着去讨论它；部落时代后期说及夏、商说，触及到了分封制的起源及演变过程，是有一定根据的；王国维、葛志毅等的"周人新创说"，过分强调周代与周以前政权结构不同的一面，而忽略了三代在国家政权结构形式上的共同的、前后相承的一面，显然是不合适的。事实上，所谓"分封制"，并不是什么神秘的东西，而是中国早期阶级社会中政权结构的一种表现形式，一种由部落联盟转变而来的"联邦"或"邦联"式的松散的国家结构形式。这种国家政权结构形式，从原始社会末期开始孕育，夏、商二代产生、形成，至西周渐趋完备、典型，春秋战国时代走向衰落并逐渐为统一的中央集权的郡县制所取代。

---

① 胡厚宣：《殷代封建制度考》，《甲骨学商史论丛》初集第 1 册，成都：齐鲁大学国学研究所，1944 年。

② 《周代分封制度研究》，哈尔滨：黑龙江人民出版社，1992 年，第 23、27 页。

二　周初大分封的一般情况

比较集中地讲周初大分封的文献材料，主要是如下几条：

昔武王克商，光有天下。其兄弟之国者十有五人，姬姓之国者四十人，皆举亲也。（《左传》昭公二十八年）

昔周公吊二叔之不咸，故封建亲戚以蕃屏周。管、蔡、郕、霍、鲁、卫、毛、聃、郜、雍、曹、滕、毕、原、酆、郇，文之昭也；邘、晋、应、韩，武之穆也；凡、蒋、邢、茅、胙、祭，周公之胤也。（《左传》僖公二十四年）

（周公）兼制天下，立七十一国，姬姓独居五十三人焉。（《荀子·儒效》）

文、武、成、康之建母弟，以蕃屏周。（《左传》昭公九年）

昔武王克殷，成王靖四方，康王息民，并建母弟，以蕃屏周。（《左传》昭公二十六年）

周之所封四百余，服国八百余，今无存者矣。（《吕氏春秋·观世》）

武王、成、康所封数百，而同姓五十五。（《史记·汉兴以来诸侯王年表》）

昔挚、畴之国也由大任，杞、缯由大姒，齐、许、申、吕由大姜，陈由大姬，是皆能内利亲亲者也。（《国语·周语中》）

武王追思先圣王，乃褒封神农之后于焦，黄帝之后于祝，帝尧之后于蓟，①帝舜之后于陈，大禹之后于杞。于是封功臣谋士，而师尚父为首封。封师尚父于营丘，曰齐。封弟周公旦于曲阜，曰鲁。封召公奭于燕。封弟叔鲜于管，弟叔度于蔡。余各以次受封。（《史记·周本纪》）

周人之分封子弟，据《穆天子传》卷二"大王亶父之始作西土，封其元子吴太伯于东吴"；《诗经·大雅·文王》"亹亹文王，令闻不已。陈锡载周，侯文王孙子"（郑《笺》解"侯"为"君"）；《左传》僖公五年"虢仲、虢叔，王季之穆也，为文王卿士，勋在王室，藏于盟府"；《尚书·君奭》"亦惟有若虢叔"（孔《传》："虢，国。"）；郑玄《周南召南谱》"文王受命，作邑于丰，乃分岐邦周召之地，为周公旦、召公奭采邑"等记载，似早在克商前的文王、甚至太王之世即已有之。有学者谓"在武王克商前，周人已有分赐采邑封国之事"，②是成立的。

武王克商后虽享国不久，但经他之手分封了一批诸侯，应当是没有疑问的。除前引《史记·周本纪》所载武王对神农、黄帝、尧、舜、禹等先圣王之后和齐、鲁、燕、管、蔡等的分封外，言及武王分封的材料尚有：

周武王克殷，求太伯、仲雍之后，得周章。周章已君吴，

---

① 按此处言封"黄帝之后于祝，帝尧之后于蓟"，《礼记·乐记》《韩诗外传》三则作封"黄帝之后于蓟"帝尧之后于祝"。《吕氏春秋·慎大》作："封黄帝之后于铸，封帝尧之后于黎。"铸即祝，黎乃蓟之讹。《史记》承《吕氏春秋》之误，当以《乐记》为是。说见梁玉绳《史记志疑》卷三。
② 葛志毅：《周代分封制度研究》，哈尔滨：黑龙江人民出版社，1992年，第35页。

因而封之。乃封周章弟虞仲于周之北故夏虚，是为虞仲，列为诸侯。（《史记·吴太伯世家》）

武王已克殷纣，平天下，封功臣昆弟。于是封叔鲜于管，封叔度于蔡……封叔旦于鲁而相周，为周公。封叔振铎于曹，封叔武于成，封叔处于霍。（《史记·管蔡世家》）

魏之先，毕公高之后也。毕公高与周同姓。武王之伐纣，而高封于毕，于是为毕姓。（《史纪·魏世家》）

武王胜殷，入殷，未下舆，命封黄帝之后于铸，封帝尧之后于黎，封帝舜之后于陈；下舆，命封夏后氏之后于杞，立成汤之后于宋，以奉桑林。（《吕氏春秋·慎大》）

武王克殷反商，未及下车而封黄帝之后于蓟，封帝尧之后于祝，封帝舜之后于陈；下车而封夏后氏之后于杞，投殷之后于宋。（《礼记·乐记》，《韩诗外传》卷三略同）

武王克殷，乃立王子禄父，俾守商祀。建管叔于东，建蔡叔、霍叔于殷，俾监殷臣。……周公立，相天子，三叔及殷东徐奄及熊盈以略。周公、召公内弭父兄，外抚诸侯。元年夏六月，葬武王于毕。二年，又作师旅，临卫政（《绎史》作"攻"）殷，殷大震溃。降辟三叔，王子禄父北奔，管叔经而卒，乃囚蔡叔于郭凌。凡所征熊盈族十有七国……俾康叔宇于殷，俾中旄父宇于东。（《逸周书·作雒》）

诸书所记，略有出入。如封神农之后于焦，唯《史记·周本纪》言之，《吕氏春秋》《礼记》《韩诗外传》皆未提及，现已难以判定孰是孰非。而《吕氏春秋》《礼记》《韩诗外传》等关于武王封殷之后于宋的记载，则恐非事实，而应以《逸周书·作雒》及《史记·宋微子世家》"武王克殷，乃立王子禄父，俾守商祀"，"周公奉成王命，伐诛武庚、管叔，放蔡叔，以微子开代殷后，国于宋"的记载为准。关于鲁、齐、燕三国之封，《史记·周本纪》谓为武王之世事。《礼记·明堂位》："成王以周公为有勋劳于天下，是以封周公于曲阜。"《汉书·地理志下》："周成王时，薄姑氏与四国共作乱，成王灭之，以封师尚父，是为太公。"与《史记》所言不同。近世学者，多以武王时周人势力尚未及于东方为由，认为鲁、齐、燕封于武王时不太可能，三国之封当在周公东征后。傅斯年认为：鲁、燕、齐"三国者，皆初封于成周东南，鲁王至曲阜，燕之至蓟丘，齐之至营丘，皆后来事也"。[1]看来，限于史料，武王究竟封了多少诸侯，具体封了哪些诸侯，实已难以详考。要之，当如有的学者所论："武王于克商之后就已开始为建立起周人统治下的政治秩序而分封诸侯是可以肯定的"；[2]然限于周初形势和武王于克商后不久即死去的事实，当时"即有封建之国，为数亦必不多"。[3]

西周之分封，真正形成规模化、制度化，乃是周公摄政后，特别是东征后事。这主要表现为：（1）数量多而集中，表现了一定程度的规模化。东征胜利后，周人比较牢固地控制了包括东方在内的广大地区，于是乃集中精力实施对控制区的分割管理——分封。据上引《左传》僖公二十四年载，仅经周公之手所封姬姓之国就有26

① 傅斯年：《大东小东说》，《国立中央研究院历史语言研究所集刊》第2本第1分，1930年。
② 葛志毅：《周代分封制度研究》，哈尔滨：黑龙江人民出版社，1992年，第34页。
③ 童书业：《春秋左传研究》，上海：上海人民出版社，1980年，第34页。

个（恐尚不止此，上引《荀子·儒效》即言周公"立七十一国，姬姓独居五十三人"）；此外，尚有齐、宋等一批异姓国。数量既多，且多集中在东征胜利后和还政于成王前的短时期内进行（《尚书大传》谓"周公摄政，一年救乱，二年克殷，三年践奄，四年建侯卫，五年营成周，六年制礼作乐，七年致政成王"。所列诸事前后次序虽大致不差，但谓一年完成一件大事则未免太绝对化了），其规模、力度、影响之大都是以前的武王和后来的诸王们所无法比拟的。（2）制度化、规范化。《左传》定公四年载：

> 昔武王克商，成王定之，选建明德，以蕃屏周。故周公相王室以尹天下，于周为睦。分鲁公以大路、大旂，夏后氏之璜，封父之繁弱，殷民六族，条氏、徐氏、萧氏、索氏、长勺氏、尾勺氏，使帅其宗氏，辑其分族，将其类丑，以法则周公，用即命于周。是使之职事于鲁，以昭周公之明德。分之土田陪敦，祝、宗、卜、史，备物、典策，官司、彝器。因商奄之民，命以《伯禽》而封于少皞之虚。分康叔以大路、少帛、綪茷、旃旌、大吕，殷民七族，陶氏、施氏、繁氏、锜氏、樊氏、饥氏、终葵氏，封畛土略，自武父以南及圃田之北竟，取于有阎氏之土以共王职；取于相土之东都以会王之东蒐。聃季授土，陶叔授民，命以《康诰》而封于殷虚。皆启以商政，疆以周索。分唐叔以大路、密须之鼓、阙巩、沽洗，怀姓九宗，职官五正，命以《唐诰》而封于夏虚。启以夏政，疆以戎索。三者皆叔也，而有令德，故昭之以分物。不然，文、武、成、康之伯犹多，而不获是分也，唯不尚年也。

这是比较可靠的古文献中讲周初周公分封诸侯最为详备的一段记载。从中可以看出：（1）重要封国首封之君的选择还是比较慎重的，有条件的。这条件便是所谓"选建明德""有令德"，而不是一味"尚年"。自然，在周人"亲亲"原则下，首要条件仍然是血缘关系，"选建明德"多半是一种意向、号召、宣传，或至多是在"亲亲"的原则之下和范围之内有所权衡取舍罢了。所以，实行起来，仍不免如《荀子·儒效》所论："周之子孙，苟不狂惑者，莫不为天下之显诸侯。"即人人都会分得一杯羹；羹之大小，或许与德、才有些关系，特别是在开国之初统治者尚比较清醒、理智的时候。（2）内容、形式的制度化、规范化。从上述记载知，当时的分封须举行隆重的策命仪式，有一定的程序；内容上，除授民、授土、授爵职外，尚有相关的官司、礼器、舆服器用等的赐予。据此，再参以周公制礼的传说，参以《周礼·大宗伯》"以九仪之命正邦国之位，壹命受职，再命受服，三命受位，四命受器，五命赐则，六命赐官，七命赐国，八命作牧，九命作伯"及西周册命金文的有关记载，①谓分封制至周公时始进一步制度化、规范化大约不会有错。有的学者甚至认为："周公是分封制的制定者"，"分封制的制定非周公莫属"。②

　　周公、成王时对诸侯的大规模分封，在康王时仍有所延续，这从上引《左传》昭公九年、二十六年及《史记·汉兴以来诸侯王年表》言周初分封事往往武、成、康并提可以看得出来；尔后，由于

<hr>

① 可参阅陈汉平：《西周册命制度研究》，上海：学林出版社，1986年。
② 葛志毅：《周代分封制度研究》，哈尔滨：黑龙江人民出版社，1992年，第78、79页。

西周王朝的控制区及对这个控制区的分割都已基本定型，对诸侯的大规模分封亦遂告结束。

西周共分封了多少诸侯国，史无确证。上引《吕氏春秋·观世》谓"周之所封四百余"，《史记·汉兴以来诸侯王年表》谓"武王、成、康所封数百，而同姓五十五"，皆约略言之；近有学者估计："统观《左传》中富辰（僖公二十四年）、侯缚（僖公二十八年）、子鱼（定公四年）所说及《世本·氏姓》、《文献通考》的《封建考》等书所述，则同姓与异姓诸侯约有一百三十多国。另外散见于西周金文和其他典籍者还有不下百数十个。"[①]同样是个大体估计。总之，西周到底封了多少诸侯国，现已无法彻底搞清了。

西周的封国，约有姬国王室子弟、姻亲、功臣、古帝王后、殷后、重要方国（如楚）等六种类型。其中，以第一种类型，即周室子弟之封最为重要，是西周王朝赖以生存的基石和主要支撑力量；第二、三两种，即姻亲和功臣之封，如齐等，也是西周王朝团结、依赖的重要力量；其他三种，除宋、楚较大外，余皆无足轻重，周人新封或重封他们，主要是出于"羁縻""统战"的考虑。

三　与分封有关的几个问题

（一）关于"天子建国"与"诸侯立家"

所谓分封，实包含"天子建国"与"诸侯立家"（《左传》桓公二年）两个层次的分封内容。两者相较，前者显得更为重要、基

---

① 王玉哲：《中华远古史》，上海：上海人民出版社，2000年，第580页。

本；而且，在西周时期，分封也主要表现为周天子对诸侯的封建
上，诸侯在其国内对卿大夫的分封，要到春秋时才逐渐发育起来，
西周时期基本上还不存在诸侯在其国内进一步分封卿大夫的事实。
这恐怕与当时诸国新建、地盘有限、人口稀少、国事粗简有关。此
诚如有的学者所指出的："西周时代的采邑主要都集中在王畿之内。
畿外诸侯国一般很少在自己的封域内再为本国的卿大夫分封
采邑。"①

（二）监国制度

武王灭商后，在立纣子武庚于殷故地的同时，又三分其地，分
别由管叔、蔡叔、霍叔（此从《逸周书·作雒》、郑玄《毛诗谱》、
《史记正义·周本纪》引《帝王世纪》说；《汉书·地理志》则谓为
管叔、蔡叔、武庚）治理，以监殷民，谓之三监。对三监人物及其
疆地，历来有不同看法，但不管三监具体为谁、疆地何名及方位如
何，周室于立武庚的同时又派周室重量级人物于殷地就近监视之却
是没有疑问的。

《周礼·天官·大宰》："乃施典于邦国而建其牧，立其监。"
《礼记·王制》："天子使其大夫为三监，监于方国。"1958 年，《应
监甗》于江西余干县黄金埠出土，铭文凡六字，作"应监乍宝障
彝"。②此后，陕西扶风沟原、山东龙口市芦头镇韩栾村又相继出土
了铭文中有"艾监""庸监"的西周青铜器。③西周青铜器《仲几父

---

① 吕文郁：《周代采邑制度研究》，北京：文津出版社，1992 年，第 26—27 页。
② 朱心持：《江西余干县黄金埠出土铜甗》，《考古》1960 年第 2 期。
③ 罗西章：《扶风沟原发现叔趞父盉再》，《考古与文物》1982 年第 4 期；李步青、李
仙庭：《山东龙口市出土西周铜鼎》，《文物》1991 年第 5 期。

簋》有"仲几父使于诸侯、诸监"语。郭沫若认为,"应监"即是
"中央派往应国的监国者。"①徐中舒师更据《仲几父簋》推论说:
"这是西周时代诸侯诸监并存的记载。过去我们只知道周初为监视
朝歌殷王武庚才设置三监,而不知诸监的设置,乃西周普遍存在的
定制。"②持监国制乃西周定制、诸监之设是为了监视地方诸侯看法
的学者尚有伍仕谦、耿铁华、王玉哲等。③亦有学者认为"西周诸
监、诸侯并无实质性差别","事实上,西周诸监的创设似乎是西周
分封制度的一种有效补充和完善。就三监及应监的情况而论,其主
要实行于西周早期,并主要设于一些重要的军事战略要地。故孙作
云先生称西周初年所设三监实即军监(《说鄘在西周时代为北方军
事重镇——兼论军监》,《河南师大学报》1983 年第 1 期),确有一
定的道理。与西汉监察制度所不同的,西周创设诸监之目的并非在
于监督诸侯……西周创设诸监实则监视殷民及异族反周势力"。④

(三)畿服制

据传周代还实行过"五服"或"九服"制度。先看有关记载:

> 夫先王之制,邦内甸服,邦外侯服,侯、卫宾服,夷、蛮
> 要服,戎、狄荒服。甸服者祭,侯服者祀,宾服者享,要服者

① 郭沫若:《释应监甗》,《考古学报》1960 年第 1 期。

② 徐中舒:《西周史论述》(上),《四川大学学报》1979 年第 3 期。

③ 伍仕谦:《论西周初年的监国制度》,《人文杂志》丛刊第 2 辑《西周史研究》,1984
年;耿铁华:《西周监国制度考》,《研究生论文选集·中国历史分册》(一),南京:江苏古
籍出版社,1984 年;王玉哲:《中华远古史》,上海:上海人民出版社,2000 年,第 592—
594 页。

④ 周书灿:《西周王朝经营四土研究》,郑州:中州古籍出版社,2000 年,第
118 页。

贡，荒服者王。日祭、月祀、时享、岁贡、终王，先王之训也。（《国语·周语上》）

昔我先王之有天下也，规方千里以为甸服，以供上帝山川百种之祀，以备百姓兆民之用，以待不庭不虞之患。其余以均分公、侯、伯、子、男，使各有宁宇。（《国语·周语中》）

乃辩九服之国：方千里曰王圻，其外方五百里为侯服，又其外方五百里为甸服，又其外方五百里为男服，又其外方五百里为采服（原脱此句，依《周官》补），又其外方五百里为卫服，又其外方五百里为蛮服，又其外方五百里为夷服（原脱此句，依《周官》补），又其外方五百里为镇服，又其外方五百里为藩服。（《逸周书·职方》）

乃以九畿之籍，施邦国之政职。方千里曰国畿；其外方五百里曰侯畿；又其外方五百里曰甸畿；又其外方五百里曰男畿；又其外方五百里曰采畿；又其外方五百里曰卫畿；又其外方五百里曰蛮畿；又其外方五百里曰夷畿；又其外方五百里曰镇畿；又其外方五百里曰蕃畿。（《周礼·夏官·大司马》。按："九畿"即"九服"，如《周礼·夏官·职方氏》及上引《逸周书·职方》与此内容全同，惟"九畿"作"九服"）

所谓"畿服"，系指从王畿向外由近及远划分为五个或九个不同的区域，不同区域对王室负有不同的责任和纳贡义务。面对如此整齐的里数划分，虽有不少经师徒劳地强作说解，巧为弥缝，但亦有部分识者提出了怀疑，如宋儒蔡沈于《书集传》中即对据传古已有之的"五服"制提出怀疑：

尧都冀州，冀州之北境，并云中、涿、易，亦恐无二千五百里。藉使有之，亦皆沙漠不毛之地。而东南财赋所出，则反弃于要荒。

袁枚《随园随笔》卷六《五服》亦谓：

考唐虞之时，雍州之地犹为导河导弱所经，冀州之北，并无治水之迹，此二方者有何侯卫之可设、贡赋之可稽乎？且依其说，则王者之都必长在天下之中，如嵩、洛、汝、颖地方，然后均齐方正，而五服、九服可以环而向之；若虞、夏之都偏于北，周人之都偏于西，其北则沙漠苦寒，西则戎狄流沙，又安得有五千里之侯卫耶？至于东、南二面，又岂止于五千里耶？

近今学者，多谓旧籍五服、九服之说，乃东周时人之理想、规划，并非唐、虞、三代之历史真迹；然据《诗经·大雅·文王》"商之孙子……侯服于周"，《尚书·酒诰》"越在外服，侯甸男卫邦伯"，《左传》昭公十三年"天子班贡，轻重以列，列尊贡重，周之制也。卑而贡重者，甸服也。郑，伯男也，而使从公侯之贡，惧弗给也"以及《令彝》"眔诸侯：侯、田（甸）、男，舍四方令"等记载，畿服制又并非后人凭空捏造，而是确曾在周代存在过。关于周代畿服制的内容、作用，学者们的看法有比较一致的地方（作用方面），也有较大分歧。顾颉刚认为："古代王者有本土，名之曰'畿'；又有附属之地，因其远近而殊其控制之术，名之曰'服'，服者事也，谓政事之设施也。"又谓：《国语·周语上》所说的甸、侯、宾、要、荒五服，"斯盖就当时事实作更精密之分析，更整齐之规画，而新定其称谓，原非事实上确有此极严整斩截之界线也。今试释之：甸者，田也，王朝所赖以食者。侯，诸侯也，王所封建以自卫者。宾者，客也，前代王族之有国者，有客礼待之，蕲其能安于新政权，亦为我屏卫也。夷蛮者……久居中原，其文化程序已高……服我约束，故谓之要服，要者约也。戎狄者，未受中原文化之陶冶之异族，性情强悍，时时入寇，虽欲齐之华夏而不可得，故谓之荒服，荒犹远也"。然以《国语》《左传》有关记载较之，"知甸服也，侯服也，要服也，皆古代所实有；宾服也，荒服也，则文家所析出。……自侯服中析出宾服，要服中析出荒服，谓之条理趋于精密则可，若谓事实上如此分析则为古人所欺诳矣"。[①]葛志毅认为："五服、九服的整齐规划模式，往往被古代学者信以为真。但若从今日看来，显然带有理想化成分而不可尽信，但绝非全无根据。""周代服制决非《周官》所言九服制，而是应如《国语》所述五服制。""周代畿服制是分封制下对诸侯朝王纳贡义务的规定"，"就服制的本质讲，它是通过政治地理区划方式来规定诸侯对天子的不同服事义务"。[②]钱玄认为："在西周初期只有内服、外服之分。内服指王室内部的百官；外服指畿外的诸侯。其后才有'甸、侯、宾、要、荒'五服。"[③]王玉哲认为："西周的服制并不是什么五服或九服，很可能只分内外二服。""内服：王畿内之诸侯距王都近者为

①　顾颉刚：《畿服》，《浪口村随笔》，沈阳：辽宁教育出版社，1998 年，第 35—37 页。

②　葛志毅：《周代分封制度研究》，哈尔滨：黑龙江人民出版社，1992 年，第 134—135 页。

③　钱玄：《三礼通论》，南京：南京师范大学出版社，1996 年，第 332 页。

'甸服'，治田以供王室祭祀、食用粮食。……如晋国为甸服，其境内有王之籍田千亩，再如郑、虢国当皆为甸服。甸服内各自有小诸侯采、卫等。""外服：王畿以外之领土分封侯、伯等诸侯，为'侯服'，如齐、鲁等国。侯服内也各自有其采、卫，为侯国服役。"①

事实真相端的如何，至今仍是一团迷雾，有待进一步廓清。

（四）关于"五等爵"问题

关于西周时期诸侯的爵位等次问题，学界至今有不同看法。先看旧文献有关这个问题的记载：

> 天子一位，公一位，侯一位，伯一位，子、男同一位，凡五等也。……天子之制，地方千里，公、侯皆方百里，伯七十里，子、男五十里，凡四等。不能五十里者，不达于天子，附之诸侯，曰附庸。（《孟子·万章下》）
>
> 王执镇圭，公执桓圭，侯执信圭，伯执躬圭，子执谷圭，男执蒲圭。（《周礼·春官·大宗伯》）
>
> 凡邦国千里，封公以方五百里则四公，方四百里则六侯，方三百里则七伯，方二百里则二十五子，方百里则百男。（《周礼·夏官·职方氏》）
>
> 凡建邦国，以土圭土其地而制其域。诸公之地，封疆方五百里……诸侯之地，封疆方四百里……诸伯之地，封疆方三百里……诸子之地，封疆方二百里……诸男之地，封疆方百里。（《周礼·地官·大司徒》）

① 王玉哲：《中华远古史》，上海：上海人民出版社，2000年，第588页。

王者之制禄爵，公、侯、伯、子、男凡五等。……天子之田方千里，公、侯田方百里，伯七十里，子、男五十里。（《礼记·王制》）

昔我先王之有天下也，规方千里以为甸服……其余以均分公、侯、伯、子、男。（《国语·周语中》）

王及公、侯、伯、子、男，甸、采、卫、大夫，各居其列，所谓周行也。（《左传》襄公十五年）

天子作师，公帅之，以征不德，元侯作师，卿帅之，以承天子。诸侯有卿无军，帅教卫以赞元侯。自伯、子、男，有大夫无卿，帅赋以从诸侯。（《国语·鲁语下》）

诸侯者何？天子三公称公，王者之后称公，其余大国称侯，小国称伯、子、男。（《公羊传》隐公五年）

传曰：天子三公称公，王者之后称公，其余大国称侯，小国称伯、子、男，凡五等。（《春秋繁露·爵国》）

周封五等，公、侯、伯、子、男。（《史记·汉兴以来诸侯王年表》）

周爵五等，而土三等。（《汉书·地理志》）

不同时代、不同文献所言不尽一致，如《孟子·万章下》连天子共五等，而子、男为同一位；《周礼·夏官·职方氏》《周礼·地官·大司徒》《礼记·王制》《国语·周语中》《史记·汉兴以来诸侯王年表》等皆以公、侯、伯、子、男为五等；《汉书·地理志》则据《孟子·万章下》和《礼记·王制》公、侯地方百里，伯七十里，子、男五十里的记载，又有"周爵五等，而土三等"的说法；而

《国语·鲁语下》《公羊传》隐公五年、《春秋繁露·爵国》等又根据兵权、诸侯身世及封国之大小将诸侯区分为"元侯"（诸侯之长）、"诸侯"（指"中等"或曰"一般"诸侯国）、"伯子男"，或"公""侯""伯子男"三个层次、类别。但不管具体如何区分，在旧儒心目中，周代曾有过公、侯、伯、子、男一类的五等爵制则是没有疑问的。

进入 20 世纪二三十年代，研究金文之风日盛，一些学者在用金文证史的同时，对传世文献的可靠性渐生疑窦，对五等爵亦多持怀疑、否定态度。先是王国维在《古诸侯称王说》（《观堂别集》卷一）一文中据彝铭中"矢伯"又称"矢王"、"录伯戕"称其父为"釐王"等例证，谓："古诸侯于境内称工与称君、称公无异。……盖古时天泽之分未严，诸侯在其国自有称王之俗。即徐、楚、吴、越之称王者亦沿周初旧习，不得尽以僭窃目之。"王氏此文虽未正面涉及五等爵问题，但王与诸侯的界限都不那么严格，又何况诸侯间的爵位高低，故此文的问世实在是对斯后出现的怀疑、否定五等爵制倾向的一种启发、鼓舞。1930 年，傅斯年在《论所谓五等爵》一文中认为："公者，一切有土者之泛称"；"侯则武士之义"，"必建藩于王畿之外，而为王者有守土御敌之义，然后称侯"；"伯即一宗诸子之首，在彼时制度之下，一家之长，即为一国之长，故一国之长曰伯"，因此"伯"也是国君的"泛名"；子者，"有土者一宗中之庶昆弟"，而用"子"来称蛮夷之君，实亦"贱之"；"男者，附庸之号"。故"'五等爵'者，本非一事，既未可以言等，更未可以言班爵也。"①

---

① 傅斯年：《论所谓五等爵》，《国立中央研究院历史语言研究所集刊》第 2 本第 1 分，1930 年。

郭沫若《中国古代社会研究·周代彝铭中的社会史观》《金文丛考·金文所无考》据彝铭中鲁、晋、秦、楚、郜诸国君主之称名与《春秋》之文多岐异，谓：古"公侯伯子无定称"，"王公侯伯子男实古国君之通称"，"五等爵禄，实周末儒者论古改制之所为，盖因旧有之名称而赋之以等级也"。杨树达更从"侯公兼称""侯伯兼称""侯子兼称""侯公伯兼称""公伯兼称""公子兼称""伯子兼称"等七个方面，列举大量例证，力证"铭文国君之名称不但与《春秋》岐异而已，即在彝铭本身，虽同一国君，彼此互殊者仍至夥"。谓"前人说经者谓诸侯在其国内得称公，《春秋》书法有前后异称者，又设为进爵降爵之说。由今观之，彼皆弥缝牵附之词，非当时之实录也"。①陈槃在利用金文与文献材料进行对照研究后，实际也认为诸侯爵无定称。②赵伯雄亦盛赞"傅、郭、杨诸前辈学者主张的古爵无定称的说法是多么正确"，认为："从《春秋》来看，诸侯各国的'爵称'虽说大体固定，但这或者是笔削的结果，或者是鲁人的习惯称谓，这些'爵称'并不能构成所谓五等爵制。""从《左传》来看，当时诸侯国间确乎是有等级差别的。不过当时的分级，大体上是按国的大小与实力，分为大国、次国、小国、附庸等几等，而不是什么公侯伯子男。"③

　　另外一部分学者则认为五等爵制是可信的。瞿同祖曾将《春

　　①　杨树达：《古爵名无定称说》，《积微居小学述林》，北京：中华书局，1983年，第249—257页。
　　②　陈槃：《春秋大事表列国爵姓及存灭表撰异》，《国立中央研究院历史语言研究所专刊》之五十二，1969年。
　　③　赵伯雄：《周代国家形态研究》，长沙：湖南教育出版社，1990年，第127、129页。

秋》所载诸侯爵位的称谓，详加摘录，按等级分类作表，发现"诸侯确有公、侯、伯、子、男五等爵位，除非升黜是不可以改称的"。①束世澂也认为《春秋》"所记各国爵位是可靠的"。②俞伟超、高明认为：通过"对弜伯、录子伯彧、北子等墓用鼎制度的考察"，"终于使我们看到几个能够反映西周前期确实存在五等爵制的例子"。③王世民在"主要依据金文这种第一手资料"进行比较全面的研究后认为："将金文资料单独同《春秋》的记载对比，发现除吴、楚、秦等国存在差异外，多数国家的爵称是两相一致的。总的说来，金文资料与《公羊传》的记述大体相符。这种情况不可能是偶然的巧合，正是本来就有固定爵称的反映。"④葛志毅亦认为："周初分封之后，形成一套诸侯等级体系，是即所谓公侯伯子男五等爵制。这不仅在《左传》《国语》中可以得到证明，《孟子》《管子》及一些礼书中也有记载。""所谓五等爵无定称说，其根本的失误之处，就在于对此复杂情况缺乏深入研究，只对爵称作些表面上的统计对比就贸然下结论，其结论当然不可信。"⑤

钱玄虽承认五等爵制，但在一些地方有所保留，如谓："据《尚书》内西周诸诰，言及诸侯有侯、甸、男、卫等称谓，与公、侯、伯、子、男五级不同，则当时五级尚未确立。""春秋时，虽定

---

① 见所著《中国封建社会》，北京：商务印书馆，1937 年，第二章第三节《诸侯的等级》。

② 束世澂：《爵名释例——西周封建制探索之一》，《学术月刊》1961 年第 4 期。

③ 俞伟超、高明：《周代用鼎制度研究》（中），《北京大学学报》1978 年第 2 期。

④ 王世民：《西周春秋金文中的诸侯爵称》，《历史研究》1983 年第 3 期。

⑤ 葛志毅：《周代分封制度研究》，哈尔滨：黑龙江人民出版社，1992 年，第157 页。

诸侯五级制，事实上等于虚设。至战国时，则全无影踪。"①王玉哲亦肯定西周有爵位制，但在爵名上则有不同解释。王氏谓："可以断定商代已有侯、甸、男等封爵，周初大概就继承下来。……西周的爵位内容可能已随时代的变化而稍加变化，但西周确有侯、甸、男、采、卫等爵是可以肯定的。""孟子所说的公、侯，伯、子、男五等爵的次序在西周是否如此，由于史料缺乏，其可信程度难以完全证实，只能说是事出有因。……这些爵位在西周时是否都已出现？现在还说不清楚。"②

笔者认为，西周时诸侯有爵位、等列是可以肯定的，至于爵分几等？爵名又是什么？还不能说已经解决了。因为，关于它的具体情况，连去西周未远的孟子尚且有"其详不可得闻也"（《孟子·万章下》）的慨叹，二三千年后的我们要想彻底弄清它又谈何容易。我们只能期待更多新材料的发现，以求得这个问题的进一步解决。

四 分封制的实质及其所反映的国家结构形态

过去，郭沫若曾有过封建乃是周代的一种比较原始的部落殖民制度的论断。③侯外庐、李玄伯亦持有类似看法，并将之同古希腊、罗马的殖民制度相比拟。④但亦有学者不赞成这种"简单化地使用

---

① 钱玄：《三礼通考》，南京：南京师范大学出版社，1996年，第329、331页。
② 王玉哲：《中华远古史》，上海：上海人民出版社，2000年，第586—587页。
③ 郭沫若：《中国古代社会研究》，北京：人民出版社，1964年，第237页；《中国史稿》，北京：人民出版社，1976年，第223页。
④ 侯外庐：《中国古代社会史》，上海：新知书店，1948年，第119页；李玄伯：《中国古代社会研究》，上海：开明书店，1949年，第71—76页。

比较方法的倾向"，指出："古代的希腊、罗马曾因公民人口数量比例等原因的影响，大量向海外移民，马克思称之为'强迫移民'，并因此形成所谓殖民运动。但这样新建的殖民城邦与希腊本土的母邦之间，在地位上是平等的，除共同的宗教联系外，在地位上不存在任何政治上的隶属关系。因此，这种自发的海外殖民活动，同周代有目的的政治分封是无法相比的。"①

在分封制所反映的国家结构形态这个问题上，学者们的意见亦不尽一致，有的偏重于强调其统一性，有的则强调它的松散性。

葛志毅认为："周天子以授土授民的方式分封诸侯，乃是以国家君主的身分赐予臣下列土治民之权，使受封的诸侯成为代表中央统治地方的政权机构首脑"；分封制下"政治体制的权力结构是由一元化的君臣统属关系维系起来的"；"分封诸侯的过程，乃是自上而下的行政建置活动，周天子有意识地借此建立起隶属于自己的地方政权"；"周代国家乃是一个由王国及大小不等的诸侯邦国通过上下隶属关系结合成的政治共同体，其中不存在任何一个自治的政治单位。……周代的诸侯国根本不是独立自治的城邦国家，它们是周代国家统一体内的地方政权单位"。②

王晖亦认为："商代的社会政治组织是方国诸侯联盟体，而周代通过周初大分封建立了一定程度的中央集权化国家组织。""成王周公之后的分封制使周王室形成了有向心力的辐辏型的中央集权化

---

① 葛志毅：《周代分封制度研究》，哈尔滨：黑龙江人民出版社，1992 年，前言第 6 页。

② 葛志毅：《周代分封制度研究》，哈尔滨：黑龙江人民出版社，1992 年，第 1、5 页，前言第 7 页。

政权。"①

而田昌五、臧知非则认为：西周"取代商朝以后，建立的仍然是一个周邦与庶邦并存的格局，周王从商王手中接过来的是方国联盟盟主或共主的位子。……西周自始至终都没有改变周邦和万邦并存的局面"。"授民授疆土仅是一个象征，仅施之于少数诸侯……不能作为周王朝拥有天下主权的证据"。"周王权力有限……将周天子所拥有的各项权力和商王比较一下，除了监国制度不见于商朝之外，其余都是商朝的延续。故此，西周不是什么统一王朝，而是一个族邦组合体"。②

王玉哲亦认为："诸侯在其封国内，卿大夫在其采邑内，都有其相对的独立性。他们都各自设有官职，私建武装，征收税赋，以及强迫当地人民提供各种徭役。这样，就形成了国中有国的现象。"自然，诸侯对周天子仍负有种种的责任和义务，从而"构成了天子、诸侯之间松散的君臣隶属关系"。③

双方所论都有一定根据和道理，因为，同夏、商比，西周显然要"统一"和"集权"得多；而同秦汉以降的中央集权的专制主义大一统的封建帝国比，西周又显得很"分散""松散"。我们认为，西周虽处于夏、商和秦汉之间，但从国家结构的类型上讲，夏、商、西周应为一体、一型，即早期国家的联邦或邦联型松散结构阶段，春秋、战国为过渡阶段，秦汉始进入比较严格意义上的中央集

① 王晖：《商周文化比较研究》，北京：人民出版社，2000年，第329、349页。
② 田昌五、臧知非：《周秦社会结构研究》，西安：西北大学出版社，1996年，第10、14、17页。
③ 王玉哲：《中华远古史》，上海：上海人民出版社，2000年，第589、592页。

权的统一国家阶段。总起来看，西周虽表面上有个作为天下共主的周天子，但在实际上，他对天下的控制力实在有限，各诸侯国实际上都是有相当大独立性的政治实体；西周作为一代王朝，同夏、商一样，虽显示出一定的统一性、集权性（并呈向上发展趋势），但国家结构上的分散性、松散性（呈削弱趋势）仍然是其最本质、最具特色的特征。采取这样的国家结构形式，不取决于统治者的意志（按统治者的意志，自然是越统一越集权越好，也越方便），而是历史条件之使然。

专题九　西周政体之争

　　政体，指国家政权的组织形式。早在古代世界，不同国家、地区即曾出现过君主专制、贵族共和、民主共和等不同政体。包括西周在内的中国古代采取何种政体，古代学者基本没有涉及过。近世，始有学者触及这个问题，但没有引起更多人的注意。20 世纪 80 年代以来，随着林志纯中国古代（先秦）的政治制度为“城邦民主政治”观点的提出，这个问题始引起学者们的关注，并展开了热烈讨论。

　　早在 20 世纪 20 年代，梁启超即曾提出：春秋时，吾先民似已倾心于“多数取决之制度”；《盘庚》篇之“王命众悉至于庭”及《大诰》《多士》《多方》等篇周公之演说辞，“或如希腊各市府之‘全民会议’”；《周官》小司寇条下之“掌外朝之政，以致万民而询焉：一曰询国危，二曰询国迁，三曰询立君”，亦足以说明“古代人民，最少对于此三项大政确有参与之权利”。[①]梁氏的说法，基

_____

　　① 梁启超：《先秦政治思想史》，北京：东方出版社，1996 年，第 38—39 页。

本是简单的比附，缺乏深入论证。

1948年，侯外庐在《中国古代社会史》中，又提出中国古代"城市国家"的概念来，认为中国古代的"城市国家"产生于"殷末周初"，"周文王之'作邦'与'肇国'，成立了城市国家，第一次分裂了城市与农村的关系"。并认为周厉王时"国人"的谤言，"好像希腊、罗马自由民的议政，相对地表现出了古代社会的民主主义"。①侯氏的论述，由于史料的不够坚实和诠释的不够谨严（如将《诗经·大雅·板》中的"宗子维城"与"城市国家"相联系等），在当时并未引起学界的足够重视。

1980年，林志纯在《孔孟书中所反映的古代中国城市国家制度》②一文中提出："中国最初的国家不是专制主义国家。""在古代中国，统一的专制帝国只能从秦代算起。秦以前……既没有统一的帝国，也没有专制制度的国家。""尧舜时代是古代中国城邦制产生的前夕；三王时代是城邦制各自发生的创始时日；五霸时代是城邦制全盛时代，城邦联盟的中心转移了；战国时代则是城邦制衰亡时期。"总之，"古代中国城市国家形成和发达的历史过程，反映在孔孟书中的不是专制主义帝国，而是贵族政治、民主政治的城市国家。"1981年，林氏（署名日知）又发表《从〈春秋〉"称人"之例再论亚洲古代民主政治》一文，③认为：西周到春秋，本质上是"城市国家或城邦"，并具备"城邦政治制度所具有的特点"，即"国人和诸大夫都有自己的组织和自己的会议，这两种机构，加上国君系

---

① 侯外庐：《中国古代社会史》，上海：新知书店，1948年，第119、172、221页。
② 刊《历史研究》1980年第3期。
③ 刊《历史研究》1981年第3期。

统，就是春秋时代城邦或城市国家的三种政治机关。只要这些机构存在，就足以依其发展程度而表示古代国家有贵族政治或民主政治，表示这个或那个国家是贵族共和国抑或是民主共和国"。"从西周到整个春秋时代，贵族政治占统治地位，但国人在政治、军事、外交各方面也都有相当重要的地位和作用"，"国人会议有如此权力，如此地位，不能不看作民主政治的因素。"林氏还甚至认为："国人有权立君，亦即有权废君，周之国人流王于彘，是其例也。"林氏的结论是："尽管各邦具体情况不一，如鲁的贵族政治居于绝对优势地位，如卫则民主政治比较突出。至于君主专制（流行的所谓"东方专制主义"），则至少在春秋列国时代，甚而言之在秦政当权之前，未之闻也。"

徐鸿修虽不赞成林氏的周代城邦国家说，却肯定周代政治中的诸多民主因素。徐氏认为：西周春秋时期，氏族制残余并未完全泯灭，"臣权""民权"仍可对君权起到某些"制约作用"。此时所存在的原始民主遗存主要表现为：1.臣僚对国君"辅贰制"（以卿辅佐君主，并赋予最高执政官以陪贰大臣之身份监护君权的权力）；2.君主与众卿集会共同商议大事的"朝议制"（内外朝三朝制的设立）；3."国人参政制"（运用舆论褒贬当局；参与朝会、集会议政事；举行起义暴动）。徐氏不同意笼统地称周代政治为"专制主义"，但也不同意林氏关于中国古代为城邦民主政治从而根本否定专制主义的看法，认为："原始民主的存在，只是限制而并不能取消专制主义"，"抓住孔孟书中表达民主思想的片言只语，由此推定中国古代的政治制度是城邦民主政治，甚至说什么'孔孟不知道专制主义为何物'（林志纯：《孔孟书中所反映的古代中国城市国家制度》，载《历史研究》1980 年第 3 期），这种推断，也很难令人信服。"徐氏的结论是："周代的政体，既不是君主个人独裁的专制政体，又不是民主共和政体，而是带有贵族共和色彩的贵族专制政体。"①

张凤喈《商周政体初探》②一文认为：商、周两代的政权结构"表现出由全体贵族共同执掌国政的性质"，可"称为贵族民主制"。这种制度，不能容忍暴君，也不容忍其他个人专制。在商、周，"执政是政府首脑"，实际上是"第二国王"，因此，商、周实行的是"国王、执政二长制"。商、周的贵族民主制度继续了十二个世纪以上，直到战国时期政权结构始"呈现一种由贵族民主制向以国君为首的中央集权制转变的过渡形态"。数年后，张氏（署名张秉楠）在其专著《商周政体研究》一书中，再次强调文明期之初，原始氏族民主仍保持强大影响，无论西方、东方，早期国家都有不同程度、不同形式的民主政体。中国商、周两代，实行的是"贵族共政体制"，即"贵族民主制"，而非君主专制。③

龚杰认为："周代不存在君主专制制度"，"周代各国是王或君及卿大夫各级宗法贵族集团统治的城邦"，"周代国家的政体，可称做以周王或国君为首的宗法贵族政制"。④

何兹全认为："从有历史以来，除去游牧民族，各民族的历史从有记载开始甚或包括传说时期，大体上都是从城邦开始的。……

---

① 徐鸿修：《周代贵族专制政体中的原始民主遗存》，《中国社会科学》1981 年第 2 期。

② 刊《社会科学战线》1982 年第 3 期。

③ 张秉楠：《商周政体研究》，沈阳：辽宁人民出版社，1987 年，第 15 页。

④ 龚杰：《周代不存在君主专制制度》，《湖南师大社会科学学报》1988 年第 1 期。

细绎各民族的古代社会，都可以看到最初都是城邦国家……因为原始民族为了防御野兽和其他族人的袭击，总要建立城邑聚族而居的。这就决定了后来他们演化为城邦国家。""周初的丰、镐，是城邦国家。众建诸侯时所建立的国，仍是城邦国家。""城邦的居民，有权力管理城邦的事务。""西周春秋时期，氏族成员的权力保存下来的还有三条：国危、迁国、立君。遇到这三件大事，还要找国人商量。"①"西周春秋时期的贵族和国人还有很浓厚的氏族贵族和氏族成员气质。他们权力很大，保存了氏族贵族和成员的民主权力。这时的中国还在集权与民主分庭抗礼阶段。"②

斯维至亦认为：西周春秋时期，"王或者君主的权力是有限制的，决不是君主专制，而是以君为首的贵族民主"。战国时期，始由"贵族民主"向"君主专制"转变。③

上引诸家与林志纯的"城邦民主制"说虽不尽相同，但都强调西周春秋政体中的民主因素，否认君主专制政体的存在，在基本倾向上都是对林说的支持。

更多的学者，则对林说持否定态度。

詹子庆认为："城市国家应建立在城邦经济基础上，既然商周时期只有公社所有制，没有城市所有制，这就失去了产生城市国家的基础。中国古代城市的兴起，是军事、政治的需要，城市是军事据点……没有形成独立的城市经济，工商依附于贵族经济，没有形成独立的政治力量。这一点，与古希腊、罗马截然不同。""既然商

---

① 何兹全：《中国古代社会》，郑州：河南人民出版社，1991年，第101、104、105页。
② 何兹全：《西周春秋时期的贵族和国人》，《烟台大学学报》1990年第4期。
③ 斯维至：《说古代王权、革命与民主》，《史学集刊》1991年第1期。

周不是城市国家，其国家政体也就不是贵族共和，只能是君主专制。"詹氏还针对商周时国君遇有大事每"谋及庶人""询于众庶"的记载写道："'询''谋'的方式类似人民议事会。这些制度的存在只能证明是原始民主制的残余，不足以证明商周国家政体就是贵族共和制。因为从当时整个国家机构情况看，从国君的权力和君臣、君民关系来看，占主导地位的是君主专制政体，不是贵族共和。"①

宋敏针对日知（林志纯）"中国古代民主政治"说的几条论据一一作了驳议，认为孟子的"民贵君轻"思想并不是"一定的原始民主制的反映"；中国古代的所谓"贵族会议"实际没有多大作用，更没有制度化的"国人会议"；《春秋》"称人"之例亦不足以说明"中国古代民主政治"的存在。②

吕绍刚亦认为："中国古代不存在城邦制度，三代的历史是中国君主专制从无到有，从弱到强，直至形成君主专制主义帝国的历史。"吕氏还针对林志纯所谓春秋时代各国有诸大夫会议和国人会议，这两个会议加上国君系统共同构成城邦国家通常应该有的三种政治机关的说法，指出："把古书上提到的几次国君'朝诸大夫''朝国人'说成是诸大夫会议、国人会议，根据实在不算充足"，"征诸史料，所谓春秋时代的诸大夫会议、国人会议，实属子虚乌有"。"中国先秦国家自始至终是君主制政体，不是公民的集团，它从来不以什么公民的利益为基础。"③

① 詹子庆：《古代中国城市国家制度问题浅议》，《人文杂志》增刊《先秦史论文集》，1982 年。
② 宋敏：《中国古代民主政治若干问题》，《社会科学辑刊》1982 年第 4 期。
③ 吕绍刚：《中国古代不存在城邦制度——兼与日知同志商榷》，《中国史研究》1983 年第 4 期。

唐嘉弘认为："如果将中国古代政体当作贵族共和政体，并根据有类似朝议制、辅贰制和国人参政制的现象从而断言中国古代是民主政体，认为在秦统一前没有专制国家，这显然并非全面地观察问题，实质上只是看见了部落联盟军事民主主义留下的日益没落的民主制残迹，忽略了同时新兴的由家长奴役制伴生的家长专制主义的巨大力量和深远影响。"唐氏的结论是："三代国家的主流是中央集权的专制主义体制。"①

郑敬高谓："夏、商（或者加上西周）被看作中国的贵族政体，几乎已成历史常识。在政治学上，贵族政体是少数人共掌最高统治权而非君主一人独尊，贵族政体亦即贵族共和政体。据此，只可说三代乃至后来的王朝有享世袭特权的贵族，无实施共和（以议会机关与选举执政为最大特色）的贵族，古代中国的任何时候都是君主凌驾于贵族之上，或者可以说只有贵族（奴隶主或封建主）制的国体（贵族专政），没有贵族制的政体（贵族共和）。"②

葛志毅的看法与上述诸家又有所不同。他认为：宗法制的存在，"使父家长的专制权力在西周春秋的国家制度中沿袭下来，形成专制主义的性质"，但由于原始民主遗存在政治上仍发挥一定影响，再加上经济条件的落后，还未形成相应完备的国家设施与政治组织，"因而使君主专制的政治体制还无法获得充分的发展"。③

郝铁川的看法亦有其独到之处。他认为："西周春秋的政体既非民主或贵族共和制，也非君主专制，而是宗法贵族君主制。""在

① 唐嘉弘：《略论夏商周帝王的称号及国家政体》，《历史研究》1985 年第 4 期。
② 郑敬高：《中国古代政体新说》，《江汉论坛》1992 年第 5 期。
③ 葛志毅：《西周春秋政制抉微》，《中国史研究》1988 年第 1 期。

周王朝，天子为一权力主体，卿士寮为另一权力主体。卿士寮是由贵族长老组成的，各诸侯国大体仿此，即国君为一权力主体，卿大夫集团为另一权力主体。""君主与贵族集团之间关系是相互依存的相互制约的关系。"郝铁川不同意西周春秋是什么民主制的说法。他写道："民主是法律认可的一种制度，古代的民主制，其标志应是人们享有选举权和罢免权，对统治者实行限任制等……而在周代，始终未出现过选举权、罢免权和限任制之类的民主范畴，而世袭王权和世袭贵族的制度从根本上决定了西周春秋不可能有什么民主制。"①

赵伯雄曾就各家的分歧从方法论上表示了自己的看法。他写道："各家所论似乎都有一定的文献材料作根据，谁也不是在发空论，似乎都可以称得上是持之有故，但结论却每每相左。这说明在周代政治中确实存在着君主专制的因素，同时也存在着贵族民主的因素。问题是对这各种因素所占的比重及其各自的发展程度应作怎样的估价。我觉得这首先是一个方法论的问题。"赵氏认为："周代的政体是君主制"，而"君主政体就其本质来说是专制的。特别是在中国古代，家族组织与政治组织重合，邦家合一，国君也就是大家长。这种专制的特质更为明显"。赵氏虽不否认"周代政治中也还有不少原始民主制度的遗存"，但他认为并不能依此得出周代是民主政治的结论，这是因为，"古代西方的民主政治，具体点说，古代希腊和罗马的民主政治，是以一整套制度作保证的，其中最主要的，当数贵族及平民的会议制度"，雅典的"公民大会"和罗马

---

① 郝铁川：《论西周春秋的国家政体》，《史学月刊》1986 年第 6 期。

的"人民大会"都是"国家的最高权力机关";而反观周代,"众卿或大夫集会议事,这种事情肯定是有的。国君把国家大事交给臣子们去讨论,这并不是民主,秦始皇不是也经常提出议题让大臣们去讨论吗?问题在于这种集会是否有最高决定权?"事实上,"所谓'众卿会议'(或曰诸大夫会议)不过是君主召集卿大夫议论政事,而不是一级有决策能力的政权机关。至于所谓'国人会议',那就更不足道了。……就连主张商、周是民主政治的学者如张秉楠先生也说所谓国人会议是'咨询性的',可见对于确定周代政体的性质来说,所谓'国人会议'是起不了多大作用的"。总之,"西周、春秋时代的政体属于君主政体看来是没有什么可以怀疑的了。既然是君主政体,政体的专制主义性质也就是不言而喻的,因此也就谈不到是什么民主政治"。①

包括西周在内的三代是什么政体,过去,大家根据文献记载和马克思主义经典作家有关"东方专制主义"的论述,大都持君主专制主义说,基本没有意见分歧。20 世纪 80 年代以来,大家围绕这个问题展开热烈争论,是研究深入的表现,也是打破"四人帮"学术禁锢、重振学术自由的表现,因而是十分需要、十分正常的。

笔者是赞同西周君主专制说的。笔者认为,"西周城市国家说",或出于推论,或仅借"城市"之名而抛开"城市国家"的基本经济(私有制和工商业的发展)、政治(公民阶层的发育和公民社会的形成)内涵于不顾(如前引何兹全文即认为"原始民族为了防御野兽和其他族人的袭击,总要建立城邑聚族而居的。这就决定

① 赵伯雄:《周代国家形态研究》,长沙:湖南教育出版社,1990 年,第 281、287、291、321、322、324、328、329 页。

了后来他们演化为城邦国家"），其结论实难令人信服。至于"民主政治说"，更主要是人们摭取文献中有关原始民主遗风的记述、根本不顾这些东西是否已形成基本的政治制度而草率作出的结论。从讨论中人们还不难发现，一些学者之所以作了"中国古代也行民主政治"的结论，主要不是从史实出发，而是基于要给老祖宗摘去"专制主义"的不光彩帽子，换上"民主政治"的桂冠以便同希腊、罗马扯平这样一种考虑。此种感情，固然是可以理解的，用来做学问则要不得。一个护短的民族，一个只知在老祖宗的光辉里陶醉的民族，是不会有希望的。

专题十　宗法制

　　宗法制，源自父系家长制，商代已具雏形，至周代逐渐完备，是古代社会以家庭为中心，按血统、嫡庶来组织、维系社会，分配财产、权力，以维护贵族世袭统治的一项制度。

　　宗法制曾普遍存在于许多国家的早期阶级社会中，而中国则表现得尤为突出、长久、典型；在中国古代史上，西周又是宗法制的典型形态期。西周宗法制涉及的方面、问题很多，这里只拟就几个比较重要、争论较多的问题作一梳理。

一　宗法制的起源和延续时间

　　王国维《殷周制度论》谓"周人制度之大异于商者，一曰立子立嫡之制，由是而生宗法及丧服之制，并由是而有封建子弟之制"，"商人无嫡庶之制，故不能有宗法"。[1]金景芳认为："宗法制度以天

---

① 　王国维：《观堂集林》卷十，石家庄：河北教育出版社，2001年，第288、291页。

然的血缘关系为基础，显然，它是氏族社会的残余，所以谈它的起源，至少应追溯到氏族开始分裂为家庭的时代"；但"具有严整体系的宗法制度是自周初开始的，到秦完全破坏"。"因为这个宗法制度的存在是与分封制直接联系着的，而分封制是自周初开始的。""没有分封制，这个宗法制度不会产生；分封制破坏，这个宗法制度也必然破坏。"①晁福林亦认为："作为一种社会制度，宗法制从周公制礼作乐才开始出现"，"它是随周代分封制的确立而确立并发展起来的"。因此，"商代无宗法"，"周公之前周族也无宗法"。②

另一些学者则认为宗法制起源甚早，存续时间亦久。如吴浩坤则认为："宗法制从产生到消亡，大约延续了三千多年。"③钱杭强调：即使在"当代中国"，"合作化、公社化的社会基础是族居村落，集体所有制在一定条件下可以表现为族居村落所有制，集体利益可以表现为一姓一氏的利益，从而使宗族和宗法关系有了立足的可能性。农村政治经济体制改革后，取消了人民公社，这就使农民在情感上，在日常纠纷的解决上，重新感觉到了血缘关系的温暖，于是他们就把原先一贯给予行政领导的信任转移给了与之有血缘关系的人们。宗族势力的抬头与这种普遍存在的心理状态是有密切联系的"。④钱宗范认为：宗法制曾在中国的阶级社会中"长期存在"，"为奴隶制度和封建制度服务"。自然，这一制度在其发展中又"经历了不同的阶段，具有不同的特点"。"中国的原始宗法制度可能形

---

① 金景芳：《论宗法制度》，原刊《东北人民大学人文科学学报》1956 年第 2 期，后收入《古史论集》，济南：齐鲁书社，1981 年。

② 晁福林：《试论宗法制的几个问题》，《学习与探索》1999 年第 4 期。

③ 吴浩坤：《西周和春秋时代宗法制度的几个问题》，《复旦学报》1984 年第 1 期。

④ 钱杭：《关于宗法制度形成的条件问题》，《上海社会科学院学术季刊》1990 年第 1 期。

成于从原始社会向阶级社会过渡的时期。西周春秋时代的宗法制度是从原始宗法制度发展起来的。嫡长子继承制的产生巩固了宗法制家庭中族长的世袭统治和继承的地位，同时又为原始宗法制家庭中共财制度的破坏和正式的私有财产的出现开启了先河，所以嫡长子继承制的确立是宗法制家族发达和巩固的标志，而不能把嫡长子继承制作为判断有无宗法制度的根据。"在秦汉以来长达两千余年的封建社会中，宗法制继续存在，而且是"封建统治阶级奴役剥削人民的有力工具"。①

笔者赞同吴浩坤、钱杭、钱宗范等的观点。王国维认为商代无宗法，是因为在他看来宗法的本质就在于嫡庶之制，"商人无嫡庶之制，故不能有宗法"。这是不成立的。此诚如上引钱宗范氏所论："嫡长子继承制的确立是宗法制家族发达和巩固的标志，而不能把嫡长子继承制作为判断有无宗法制度的根据。"何况，中国古代有无严格的嫡长子继承制也还是个有待研究的问题，如胡如雷就认为："无论在奴隶社会或封建社会，我国都没有确立过长子继承制的原则。西周的宗法分封制虽有大宗、小宗之别，但小宗也一定继承和占有相当数量的土地。……进入封建社会以后，我国盛行的仍然不是长子继承制，而是分户析产的家族财产关系。""中国封建社会没有实行长子继承制，家长死后，必然分户析产，甚至地主政权有时也明文规定：'分析家财田产，不问妻妾婢生，止依子数均分。'"（《明会典》十九《户部》六《户口》)② 金景芳则过分地把宗法制与分封

① 钱宗范：《周代宗法制度研究》，桂林：广西师范大学出版社，1989 年，第 1、10 页。
② 胡如雷：《中国封建社会形态研究》，北京：生活·读书·新知三联书店，1979 年，第 45、85 页。

制联系在一起，以致认为没有分封制，宗法制便不会产生，分封制破坏，宗法制必然破坏。这就无异于把两种制度混同为一种制度了。这恐怕是说不过去的。此亦诚如钱宗范氏所论："所谓宗法封建制度，是指宗法关系和封建关系结合而形成的一种专门的社会制度"，它本身"并不等于就是宗法制度"，而是一个特定的"范畴"。①因此，以分封制的有无作为判定宗法制是否存在的根据、从而把中国的宗法制仅仅局限在周初到秦前的一段时期内，是不成立的。

二　宗法制的行用范围

有关周代宗法制的零散材料（文献中和金文中）倒是不少，而比较系统、完整些的记述，至今无从寻觅。相对说来，《礼记》中的几段记述，尚稍觉详备些。其文云：

> 别子为祖，继别为宗，继祢者为小宗。有五世而迁之宗，其继高祖者也。是故祖迁于上，宗易于下。尊祖，故敬宗；敬宗，所以尊祖祢也。庶子不祭者，明其宗也。（《丧服小记》）
>
> 别子为祖，继别为宗，继祢者为小宗。有百世不迁之宗，有五世则迁之宗。百世不迁者，别子之后也，宗其继别子之所自出者，百世不迁者也。宗其继高祖者，五世则迁者也。尊祖，故敬宗；敬宗，尊祖之义也。有小宗而无大宗者，有大宗而无小宗者，有无宗亦莫之宗者，公子是也。公子有宗道，公

---

① 钱宗范：《周代宗法制度研究》，桂林：广西师范大学出版社，1989年，第21页。

> 子之公，为其士、大夫之庶者，宗其士、大夫之嫡者，公子之宗道也。（《大传》）
>
> 诸侯不敢祖天子，大夫不敢祖诸侯。（《郊特牲》）

所谓"别子"，即诸侯之庶子。郑玄注"别子为祖"云："诸侯之庶子别为后世为始祖也。谓之别子者，公子不得祢先君。"（《丧服小记》注）"别子，谓公子若始来在此国者，后世以为祖也。"（《大传》注）"祢"，父庙也，父死神主入庙后亦称祢。"继别为宗"者，郑注："别子之世嫡也，族人尊之，谓之大宗"，"所谓百世不迁之宗"。"继祢者为小宗"者，郑注："别子庶子之长子为其昆弟为宗也。谓之小宗者，以其将迁也。"为便一般读者，兹将上引《礼记·大传》中的一段话意译如下：

> 诸侯的庶子为别子，别子自然不能继立为诸侯，只能受封为卿大夫。此后，他的嫡子嫡孙们便一代一代传下去，他为祖，继承他的嫡子嫡孙是大宗。别子的地位，是百世不变的。而他的庶子，既没有宗子的地位，只能算是小宗，而小宗是五世则迁的，即小宗到了五世同高祖以上的亲属则要退出小宗，同族人不再有宗族关系，有丧事也不服丧服。为了尊崇祖先，所以要敬守宗法；敬守宗法，蕴含着尊祖的道理。有小宗而无大宗，有大宗而无小宗，没有宗也没有人以他为宗，先君之子、今君兄弟的公子们就有这种情况。遇到这种情况，自有为公子立宗的办法，公子的国君为他做士或大夫的庶弟立自己的同母弟为宗，这便是公子的宗道。

从《礼记》的上述记载知，天子、诸侯有君统而无宗统，宗法只在大夫、士的范围实行；郑玄注所谓"公子不得祢先君""公子不得宗君"（《丧服小记》《大传》注）阐发的也是这层意思。清儒持此说者亦不乏其人，如：

阎若璩《四书释地续·鲁为宗国》谓："盖大小宗法，大夫、士有之，诸侯则绝。"

万斯大《学礼质疑·宗法一》谓："宗法何昉乎？古之时诸侯之适长为世子，嗣为诸侯，其支庶之后族类繁多，惧其散而无统也，因制为大宗、小宗之法。"

程瑶田《宗法小记·宗法述》谓："或者谓宗法通于天子、诸侯，《书》言'中宗''高宗'则天子称宗之事，《诗》言'君之宗之'则诸侯称宗之事。余曰：天子诸侯之称宗，非宗法之谓也。宗法载《大传》及《丧服小记》，列其节目，明其指归，有大宗、小宗之名，有迁与不迁之别，又为之通宗道之穷，究立宗之始，此所谓宗法也。宗法者，大夫、士别于天子、诸侯者也。"

当代学者中坚守上述传统看法者有金景芳等。金氏认为："宗法之制，以分封制为前提条件，上不及天子诸侯之至尊，下不及庶人之至卑，仅行于大夫士阶层。"[1]

更多当代学者表示不同意宗法制仅行用于大夫、士阶层的传统看法，认为《礼记·大传》等所言，出自战国秦汉儒家的增饰，与西周春秋的实际情况并不符合，因而不足为据。他们主张应根据《诗》《书》《左传》《国语》等先秦文献和金文重新认识宗法制度，

---

[1]　金景芳：《论宗法制度》，原刊《东北人民大学人文科学学报》1956 年第 2 期，后收入《古史论集》，济南：齐鲁书社，1981 年。

重新确定它的行用范围。

范文澜说："西周封建制度与宗法有密切的关系。周天子自称是上天的元子（长子），上天付给他土地和臣民，因此得行施所有权。天子算是天下的大宗，同姓众诸侯都尊奉他做大宗子。天子分土地臣民给诸侯或卿大夫。……同姓与非同姓的两种庶民，分得小块土地，成为户主，做一家人的尊长。户主由长子继承，诸子称为余夫……上起天子，下至庶民，在宗法与婚姻的基础上，整个社会组织贯彻着封建精神。"①

郭沫若亦有保留地（认为古书所载有后人增饰的成分）认为："周王自称为'天子'，即上天的儿子，既是政治上的共主，又是天下的大宗。其王位由嫡长子继承，世代保持大宗的地位；嫡长子的兄弟们则受封为诸侯或卿大夫，对周王而言处于小宗的地位。诸侯在其封国内又为大宗，其君位也由嫡长子继承；嫡长子的兄弟们再分封为卿大夫，又为各封国的小宗，而卿大夫在其本宗族的各个分支中则又处于大宗的地位。"②

翦伯赞说："天子和诸侯除了君臣关系外，还保持以血缘纽带联系起来的宗法关系，这种宗法关系，对于继承封建领主的阶级统治是一种重要的力量。"③

吕振羽说："所以宗法上说继王者，继国君者，继大夫者，'百世不迁'，继士者，'五士则迁'。"④吕氏对"百世不迁"涵括范围的

① 范文澜主编：《中国通史简编》修订本第一编，北京：人民出版社，1964年，第135—136页。
② 郭沫若主编：《中国史稿》第一册，北京：人民出版社，1976年，第262页。
③ 翦伯赞主编：《中国史纲要》第一册，北京：人民出版社，1979年，第43页。
④ 吕振羽：《简明中国通史》，北京：人民出版社，1955年，第98页。

界定虽非《礼记·大传》的原意，但他把宗法制的行用范围扩大到天子、诸侯两级的用意却是十分明确的。

李亚农说："宗法制度之适用于诸侯以上的统治者阶层的最主要的一条，就是继统法。这是确定嫡长子为天子或诸侯的继承人的法规。"①

周谷城说："天子、诸侯、大夫、士的封建关系，完全建在父子兄弟的血统关系上。"②他所列的宗法表也明确包含有天子、诸侯两级。

童书业师亦据《诗·大雅·板》毛《传》"王者，天下之大宗"及《国语》《左传》等文献，认为"周天子确为当时诸侯的大宗"，"国君也为一国的大宗"；《左传》桓公二年"天子建国，诸侯立家，卿置侧室，大夫有贰宗，士有隶子弟，庶人、工、商各有分亲，皆有等衰"的记述，反映的也是"古代贵族、庶人等之'宗法制'及贵族之'封建'制。"③

杨宽说：按照宗法制度，周王"为天下的大宗"，诸侯"对天子为小宗，在本国为大宗。"④

赵光贤说："根据汉儒的解释，宗法制是卿大夫士的继统法，与天子诸侯无关。所以他们把君统与宗统分开，以为天子诸侯的继统为君属于君统，卿大夫士的继统才是宗统，而宗法制度是单指后

① 李亚农：《中国的奴隶制与封建制》，《李亚农史论集》，上海：上海人民出版社，1978 年，第 12 页注⑦。
② 周谷城：《中国通史》上册，上海：上海人民出版社，1957 年，第 74 页。
③ 童书业：《春秋史》，济南：山东大学出版社，1987 年，第 48 页；《春秋左传研究》，上海：上海人民出版社，1980 年，第 119 页。
④ 杨宽：《西周史》，上海：上海人民出版社，1999 年，第 426 页。

者说的。"赵氏认为："《礼记》所述宗法制度不足以代表自西周以来的宗法观念，恐怕只是晚周至秦汉间一部分儒者理论。"他根据《诗经》《逸周书》《左传》及《善鼎》等金文资料，认定"自西周以来，天子是共主，同时也是同姓诸侯的大宗；诸侯是一国之君，同时也是同族卿大夫的大宗。……后世礼家强分君统与宗统为二，并把宗法看成只是卿大夫士的继统法是不符合历史事实的。"①

以上，主要介绍了老一辈学者的看法。二十世纪八九十年代以来，不少学者，特别是中青年学者，继续围绕这个问题作深入探索，并取得可喜成绩。

如程有为通过自己的研究力证金景芳所依据的那些文献资料并不能证明天子、诸侯不行宗法，而只是说明不能以宗法关系触动君权，且这些材料皆晚出；而在较古的文献中，天子诸侯行宗法的材料则是大量的。程氏认为：西周宗法制同政治系统紧密结合，"行于包括天子诸侯在内的整个奴隶主贵族中间"，它与"政治上的等级制互为表里，构成了奴隶主贵族阶级的等级阶梯"。②

吴浩坤强调《大传》等记载出于战国秦汉儒家增饰，不符合西周、春秋的实际情况，因而是不足为据的；而《诗》《书》《左传》《国语》及金文资料则可证"天子实行宗法"，而"诸侯彼此相宗，以及大夫宗诸侯"的例子也很多，凡此皆可证"《礼记》以为天子、诸侯不讲宗法，实为无稽之谈，不足凭信"。③

刘家和亦列举《何尊》《驹形盉尊》《善鼎》《王子午鼎》铭文

---

① 赵光贤：《周代社会辨析》，北京：人民出版社，1980年，第101、102、105页。
② 程有为：《西周宗法制度的几个问题》，《河南师大学报》1981年第1期。
③ 吴浩坤：《西周和春秋时代宗法制度的几个问题》，《复旦学报》1984年第1期。

及《左传》《国语》《战国策》等文献资料，证明"国君并不在宗法之外"，《礼记·郊特牲》"诸侯不敢祖天子，大夫不敢祖诸侯"之说并非事实。刘氏还在文中强调，当某种经学见解和历史实际发生矛盾时，应首先考信于历史事实，而不能像清儒万斯大那样"削史学之足以适经学之履"。①

如上所述，传统看法认为宗法只行之于大夫、士阶层，近今学者又多认为天子、诸侯亦行宗法，这样，宗法的行用范围实已涵盖整个贵族集团。说到这里，人们不禁要问：庶人呢？庶人有没有宗法？

上引金景芳即有宗法"上不及天子诸侯之至尊，下不及庶人之至卑"的说法。赵光贤亦谓："宗法制度本质上是土地私有财产的继承制度。……试想没有私有土地，要宗法何用？战国以前庶人不立宗法，不正是因为他们没有土地吗？"②

上引范文澜谓："上起天子，下至庶民，在宗法与婚姻的基础上，整个社会组织贯彻着封建精神。"看来，范氏倒是主张庶民也行宗法的，惜未展开。

钱宗范认为："毫无疑问，西周宗法制度已经把整个姬姓周族都包容囊括了进去，只是在宗法的等级层次上有上下高低、贵贱尊卑之分罢了。"《诗经·周颂·良耜》有"以开百室""百室盈止"句，郑笺云："百室，一族也。……一族同时纳谷，亲亲也。百室者，出必共洫间而耕，入必共族中而居。"钱氏据此谓"庶人的宗法组织是由百个左右的家长制个体家庭组成的，也就是说，保留有族居形式的庶人家庭组织，是他们宗法组织的核心。""族居的习惯

① 刘家和：《宗法辨疑》，《北京师范大学学报》1987年第1期。
② 赵光贤：《周代社会辨析》，北京：人民出版社，1980年，第107—108页。

和组织，在先秦时期庶人的村社的生产和活动中，起着重要的作用。"自然，庶人的宗法组织远没有"贵族宗法组织那样严密、完整、系统"，也无"大小宗之别"，"家长称夫"。①

李向平认为："庶人宗法制度的有无问题，不能首先从土地的有无角度入手，而应从宗法制度的基本精神和历史特征的角度出发，来探索庶人阶层是否存在有祭拜祖宗的活动仪式，是否能从这种活动仪式中产生自己阶层组织化、强制性的行为规范、伦常原则乃至政治观念。至于庶人阶层有无自己的土地，乃是决定庶人阶层宗法组织的历史特征的根本基础。因为庶人阶层的宗法组织是在从属、依赖于贵族宗法制度的前提下存在发展的。仅只缠住一个土地问题不放会无济于问题的解决。"②

笔者认为，传统的把天子、诸侯排斥在宗法之外的看法，不能成立；把庶人拒之于宗法门外的观点，同样不能成立。事实上，西周时期（商和春秋亦基本一样），不管是剥削、统治者集团，还是被剥削、被统治的庶民大众，基本上都还保持着强固的族的组织形式，当时的周室、诸侯国、采邑等各级政权机构，基本上就是按族的血缘关系组建起来的所谓"家国一体""家国同构"体，宗法之在当时的社会各阶层（奴婢除外）普遍存在当无疑问。

三　关于"宗统"和"君统"

这个问题实同上一小节宗法是否行用于天子、诸侯的问题密切

① 钱宗范：《周代宗法制度研究》，桂林：广西师范大学出版社，1989 年，第 323、326、328、333 页。

② 李向平：《西周春秋时期庶人宗法组织研究》，《历史研究》1989 年第 2 期。

相关，也可以说是一个问题的两个方面，即凡主张宗法不适用于天子、诸侯者，实即"宗统""君统"分离说；认为宗法适用于天子、诸侯者，实即"宗统""君统"合一（一致）说。由于侧重点不同，特再立一小节略作介绍。

这个问题可谓由来已久，可一直追溯到毛亨和《仪礼》《礼记》的某些篇章以及郑玄头上。

毛亨为《诗经·大雅·公刘》"君之宗之"句作传曰："为之君，为之大宗也"；为《板》"大宗维翰"句作传时亦云："王者，天下之大宗。"是明确地认为天子、诸侯均在宗法系统之内，君为大宗，宗、君一体，"宗统"与"君统"是一致的。后胡承珙《毛诗后笺》、陈奂《诗毛氏传疏》均宗毛说并有发展。诗家外，其他清儒亦有宗毛说者，如陈立在《白虎通疏证》四《论为人后》中即谓："天子建国，则诸侯于国为大宗，对天子言则小宗；未闻天子之统可绝，而国统不可绝也。诸侯立家，则卿于家为大宗，对诸侯则小宗；未闻诸侯之统可绝，而卿之家统不可绝也。卿置侧室，大夫二宗，士之隶子弟等，皆可推而著见也。"总之，这派认为：君统与宗统是一致的，并不存在天子、诸侯的君统与宗统不相结合的情况。

《仪礼·丧服》："诸侯之子称公子，公子不得祢先君；公子之子称公孙，公孙不得祖诸侯，以自卑别于尊者也。"《礼记·大传》及《丧服小记》均言："别子为祖，继别为宗，继祢者为小宗。"《大传》云："有小宗而无大宗者，有大宗而无小宗者，有无宗亦莫之宗者，公子是也。公子有宗道，公子之公，为其士、大夫之庶者，宗其士、大夫之嫡者，公子之宗道也。"是将宗统限于大夫以下，倡言君统、宗统相分说。此说后经东汉著名经学家郑玄为之作注、推衍，遂成为大多数经学家遵之奉之的藩篱、圭臬，上引阎若璩、万斯大、程瑶田等都是尊奉是说的。

著名学者王国维在其名著《殷周制度论》中对此问题明显持犹移、保留态度。他一方面说"天子、诸侯虽本世嫡，于事实当统无数之大宗，然以尊故，无宗名。……天子、诸侯虽无大宗之名，而有大宗之实"，另一方面又说"周人嫡庶之制，本为天子、诸侯继统法而设，复以此制通之大夫以下，则不为君统而为宗统，于是宗法生焉。……此制为大夫以下设，而上不及天子、诸侯。"现两派皆可从王说中找到对自己有利的东西，引王为同调；实际上，王力图折中毛、郑，于郑说虽有所怀疑、保留，终未能脱郑之藩篱。

当今，持宗统、君统相分说的学者主要有金景芳、杨英杰、陈恩林等。

金景芳力主："宗统"与"君统"是"两个不同的范畴"。"在宗统范围内，所行使是的族权，不是政权，族权是决定于血缘身分而不决定于政治身分；与宗统相反，在君统范围内，所行使的是政权，不是族权，政权是取决于政治身分而不取决于血缘身分。"金氏还征引《礼记·大传》"君有合族之道，族人不得以其戚戚君位也"道：就是要对"族人的族权行使范围"有一个"限制"，"使它不能跟国君的权力对抗"。①杨英杰认为：宗法制度是周初"三叔之乱"后，为防止同父兄弟侵害王室所制定的，"把宗统与君统严格

---

① 金景芳：《论宗法制度》，原刊《东北人民大学人文科学学报》1956 年第 2 期，后收入《古史论集》，济南：齐鲁书社，1981 年。

区别开来，使君统处于独尊的地位，是宗法制度的首要之点"。①陈恩林认为："郑玄的说法是对的，周代的宗法制度中，君统与宗统是二事而不是一事。""所谓君统，指的是王位和君位的继承系统"，"所谓宗统，指的是卿大夫家族首脑的继承系统，由于卿大夫家族不是一级政权组织，所以宗统实质是家族血缘共同体的世袭系统"。"在阶级社会，作为政权系统的君统，已经摆脱了血缘团体的制约，成为了一种凌驾于社会之上的独立力量。"②

如前所述，近今学者多持"宗统""君统"合一（一致）说。二十世纪八九十年代以来，继续坚持"合一"说的学者有钱宗范、梁颖等。钱宗范认为："西周春秋时期是推行宗法分封制的，当时社会上最突出的形态是建立在宗法制基础上的分封制，也就是说当时的统治关系是由宗法关系来决定的，贵族宗法统治的宗统和贵族政治统治的君统是合一的。"③梁颖亦认为："文献和金文中有大量的有关天子、诸侯、大夫之间行宗法、君统与宗统相结合的记载，这是无法否认的事实"，"宗统与君统合一毫无疑问"。④

钱杭的看法则颇有不同。他认为："宗"与"君"的表现在具体人身上的"身分性的合一，政权与族权在一定程度上的相合，宗法血缘与政治地位的相关，毕竟是可以观察到的事实。对这些事实……以'宗君合一'为理论概括也确实不够完美，但是，我们至少可以看出'宗君合一'论不是一派胡言"，"我们确实不能轻率地

---

① 杨英杰：《周代宗法制度辨说》，《辽宁师院学报》1982 年第 6 期。
② 陈恩林：《关于周代宗法制度中君统与宗统的关系问题》，《社会科学战线》1989 年第 2 期。
③ 钱宗范：《西周宗法制度研究》，桂林：广西师范大学出版社，1989 年，第 25 页。
④ 梁颖：《关于西周春秋时代宗统与君统关系的探讨》，《史学集刊》1989 年第 1 期。

否认'宗君合一'论，应当承认，它的产生具有很值得注意的合理性"；但是，又必须同时看到，这种"合一""并不是宗法与政治在原则上的混同，宗法仍然是宗族内部的宗子法，政治仍然是阶级统治与阶级斗争的形式。身为'宗主'之'君'，在他们行使权力的大多数场合，都不是在行使族权，而是在行使政权。只有在有限的场合与范围内，他们才有机会、才有必要行使族权。宗法并没有因为宗主兼有政治性身分就脱离了宗族，而成为国家的法则，政治也没有因为社会公共职务的承担者同时为本宗族的宗主，就从对全体国民的统治，下降为仅仅是对宗族的治理。两者的前提、内容，具有本质的不同"。总之，钱氏强调："无论在理论和史实上，都不存在一种抽象和无条件的'宗君合一'"，"合一"只能是"具体的，建立在充分肯定差别基础上的辩证的'合一'"。①

我们认为，抛开宗毛、宗郑不谈，从史实出发，"宗统""君统"分离说恐难成立；"宗统""君统"应该是"一致"的，或曰"合一"的，自然，这种"合一"，绝不是"混一""等同"，而是"差别"基础上的"合一"，一如钱杭所说的那样。

---

① 钱杭：《论"宗君合一"》，《华东师范大学学报》1988 年第 1 期。

专题十一　关于昭穆制度

昭穆制度是周代的一项颇为重要的制度，在后世也产生过深远影响。然而，早在春秋时期人们就已经搞不太清楚它的许多情况了；至今，有些问题仍是众说纷纭，莫衷一是。兹将有关情况略作介绍于后。

一　古籍中的昭穆制度

周代，在宗庙次序排列、墓地墓位排列以及祭祀、宴飨等活动中，皆序昭穆。昭穆，既适用于死者，亦适用于生者。其见于文献者主要有：

《诗经·周颂·载见》："率见昭考，以孝以享，以介眉寿。"《毛传》："昭考，武王也。"《诗序》："载见，诸侯始见乎武王庙也。"（这是以武王为"昭"。）

《尚书·酒诰》："王若曰：明大命于妹邦，乃穆考文王肇国在西土。"（这是以文王为"穆"。）

《左传》僖公五年载宫之奇曰："太伯、虞仲，太王之昭也。……虢仲、虢叔，王季之穆也。"（这是说太伯、虞仲是太王的儿子，属"昭"；而作为王季儿子、与文王同辈的虢仲、虢叔，则为"穆"。）

《左传》僖公二十四年载富辰曰："管、蔡、郕、霍、鲁、卫、毛、聃、郜、雍、曹、滕、毕、原、酆、郇，文之昭也；邢、晋、应、韩，武之穆也。"（其他如僖公二十八年、定公四年在言及曹叔振铎、唐叔时，亦曾有"文之昭"、"武之穆"之言。）

《国语·晋语四》载宁庄子曰："康叔，文之昭也；唐叔，武之穆也。"

《国语·鲁语上》载宗有司曰："夫宗庙之有昭穆也，以次世之长幼，而等胄之亲疏也。"

《周礼·春官·小宗伯》："小宗伯之职……掌五礼之禁令与其用等。辨庙祧之昭穆。"

《周礼·春官·冢人》："掌公墓之地，辨其兆域而为之图，先王之葬居中，以昭穆为左右。"

《周礼·夏官·司士》："及赐爵，呼昭穆而进之。"

《礼记·王制》："天子七庙：三昭三穆，与大祖之庙而七；诸侯五庙：二昭二穆，与大祖之庙而五；大夫三庙：一昭一穆，与大祖之庙而三；士一庙；庶人祭于寝。"

《礼记·中庸》："宗庙之礼，所以序昭穆也。"

《礼记·祭统》："夫祭有昭穆。昭穆者，所以别父子、远近、长幼、亲疏之序而无乱也。"

《礼记·祭统》："凡赐爵，昭为一，穆为一。昭与昭齿，穆与穆齿……此之谓长幼有序。"

《礼记·大传》："合族以食，序以昭穆。别之以礼义，人道竭矣。"

在更为晚后的文献中，还有一些相关记载，因晚出，且无新意，这里就不再一一列举了。

二 昭穆释义

从上述记载中不难看出，不管是死者的宗庙、墓葬建置，还是生者的祭祀、赐爵、宴飨等等活动，无不遵行昭穆制度。那么，"昭""穆"的含义、作用及其产生年代，又是怎样的呢？

郑玄注《周礼·春官·小宗伯》云："自始祖之后，父曰昭，子曰穆。"注《冢人》云："先王造茔者，昭居左，穆居右，夹处东西。"贾公彦疏云："云'自始祖之后，父曰昭，子曰穆'者，周以后稷庙为始祖，特立庙不毁，即从不窋已后为数，不窋父为昭，鞠子为穆。从此以后，皆父为昭，子为穆，至文王十四世，文王第称穆也。""云'先王造茔者'，但王者之都，有迁徙之法，若文王居丰，武王居镐，平王居于洛邑，所都而葬，即是造茔者也。若文王在丰，葬于毕，子孙皆就而葬之，即以文王居中，文王弟当穆，则武王为昭居左，成王为穆居右，康王为昭居左，昭王为穆居右，已下皆然。至平王东迁，死葬即又是造茔者，子孙据昭穆夹处东西。"

关于宗庙中祖先神位何以要以昭、穆来区分班次，历来有不同说法，其中影响较大者有二，一为梁人皇侃的"尊卑说"，一为清儒孙诒让的"班次说"。皇侃说见他为《论语·八佾》所作的《义疏》中。他说：

> 列诸主在太祖庙堂，太祖之主在西壁，东向。太祖之子为昭，在太祖之东而南向。太祖之孙为穆，对太祖之子而北向。以次东陈。在北者曰昭，在南者曰穆，所谓父昭子穆也。昭者，明也，尊父故曰明也。穆，敬也，子宜敬于父也。

孙诒让说见所著《周礼正义》。他于《小宗伯》"辨庙祧之昭穆"条下疏云：

> 昭穆者，所以辨庙祧之序次，不以此为尊卑。凡庙及神位，并昭在左，穆在右，故《冢人》掌公墓云："先王之葬居中，以昭穆为左右。"注云："昭居左，穆居右，庙位与墓位同也。"……《宋史·礼志》何洵直议云："古者葬祔以其班，祫以其班，为尸及赐爵以其班，故昭常为昭，穆常为穆，庙次虽迁，昭穆之班，一定不移。……夫文王、太王其子对父皆称昭，武王、王季其子对父皆称穆，其为子一也。对父或称昭或称穆，知昭穆为定班，而庙次、世次未始异也。"案：何说义据明确，可为昭穆之定论矣。

两说相较，似以孙说为长。因为，上下辈分之间，总是次第为父子关系的，如武王为成王父，武王为昭，成王为穆，从这组关系讲，固可谓"昭者，明也，尊父故曰明也。穆，敬也，子宜敬于父也。"可是一遇到文王为父、为穆，武王为子、为昭这组关系，以昭为父、为尊，以穆为子、为卑的说法就讲不通了。

至于古人何以会选取"昭""穆"二字来指称这一制度，前贤时哲亦多有说解。《国语·鲁语上》载宗伯夏父弗忌曰："明者为昭，其次为穆，何常之有！"这是夏父弗忌为讨好鲁文公，硬要在烝礼上把文公之父鲁僖公的神位升于先僖公为君的闵公之上而制造的以明德论昭穆的强词夺理之说，当时就遭到宗有司、展禽等的驳斥，明显不能成立。但夏父弗忌的"明者为昭"说，却也启发了近今的某些学者，沿着"明者为昭"的思路而作新的发挥。如李亚农就曾说：

> "明者为昭"之说，也决不是夏父弗忌凭空杜撰，否则他就不可能以此为依据，与人争辩。……所谓昭，当即指居于东边的氏族，在公墓上埋葬和宗庙中设神位时，都居东边，所谓穆，当即指居于西边的氏族，在公墓上埋葬和宗庙中设神位时，都居西边。段玉裁《说文解字注》："庙有昭穆，昭取阳明，穆取阴幽。"该就是由于东边的序列比较阳明，故称为昭，西边的序列比较阴幽，故称为穆。[1]

据闻，日人加藤常贤认为"昭、穆"二字均属假借字，本字应为

---

[1] 李亚农：《周族的氏族制与拓跋族的前封建制》，《李亚农史论集》，上海：上海人民出版社，1978年，第252—253页。

穈、秠。穈是一种先种后熟的作物，秠是后种先熟的作物，二者实为同一作物中的两个品种。同时他还认为昭穆又通朝、暮。总之，昭穆是一个在辈分上表示早晚的概念。①

看来，不管是李亚农的以方位的东、西解昭穆，还是加藤常贤的以时间的早、晚解昭穆，都还是些猜测，根据并不充足，昭、穆之原始寓意，至今难得正解。

这里，还有一个问题，即兄弟相继为君，是同昭穆呢，还是异昭穆？在这个问题上，从春秋争论到清，仍无结果。《周礼·春官·冢人》贾公彦疏云：

> 兄死弟及俱为君，则以兄弟为昭穆，以其弟已为臣，臣子一列，则如父子，故别昭穆也。必知义然者，案文二年秋八月，大事于大庙，跻僖公，谓之惠公当昭，隐公为穆，桓公为昭，庄公为穆，闵公为昭，僖公为穆，今升僖公于闵公之上为昭，闵公为穆，故云逆祀也。知不以兄弟同昭位，升僖公于闵公之上为逆祀者，案定公八年《经》云"从祀先公"，《传》曰"顺祀先公而祈焉"。若本同伦，以僖公升于闵公之上，则以后诸公昭穆不乱，何因至定八年始云顺祀乎？明本以僖闵昭穆别，故于后皆乱也。若然，兄弟相事，后事兄为君，则昭穆易可知。

贾氏的这个看法，得到孙诒让等的赞许；但反对者亦代不乏人，如《左传》文公二年孔颖达《疏》即明谓："礼，父子异昭穆，兄弟昭

---

① 转见李衡眉：《昭穆制度研究》，济南：齐鲁书社，1996年，第85页。

穆同。僖、闵不得为父子，同为穆耳。当闵在僖上，今升僖先闵，故云逆祀。二公位次之逆，非昭穆乱也。"双方的理由，归结起来，似不外《清史稿·礼志五·宗庙之制》所论："重宗统者，以为异昭穆不便；重皇统者，复以为同昭穆不合。"对这个问题，二十世纪八九十年代以来在昭穆制度研究上倾力甚多并多有所获的李衡眉亦认为："兄弟相继为君其昭穆应该同位。"[1]笔者认为，昭穆的主要功能既在明辈分班次，"兄弟相继为君其昭穆同"的看法应该是成立的。

关于西周昭王、穆王的昭穆次序，也是个古今争论不休的问题。由于起始点的不同（或以后稷为始祖，或以不窋为始祖，或以太王为始祖），昭王与穆王的称号也就与他们的昭穆次序或一致，或不一致。

唐兰认为：西周的宗庙为五庙制。《令彝》记载的"京宫"，是周王的祖庙，庙数为五，"太王、王季、文王、武王和成王，是一个始祖和二昭二穆。"《令彝》中的"康宫"，是康王的庙。"康宫里也是五庙，即：康宫、昭宫、穆宫、夷宫、厉宫。"说是"康王以后，忽然改了，变昭王是昭、穆王是穆了。这就证明了康王的庙必然是独立的，不在'京宫'以内的，证明了康王在周王朝的宗庙里面是作为始祖的。宋代的朱熹做过《周九庙图》，不明白这一个道理，因而从成王以后，还是按照那个昭穆排下去，因而把康王排成昭，昭王反而排为'穆'，而穆王反而排为'昭'了，这种排法，显然是很可笑的。"至于"康宫"中何以不见共、懿、孝诸王，唐兰的说法是："共、懿等王，已经是祧，而被附入'昭宫'或'穆

---

[1] 李衡眉：《昭穆制度研究》，济南：齐鲁书社，1996年，第94页。

宫'里去了。"总之，在唐兰看来，"西周祭祀可能还有更远的始祖，如后稷、公刘等，在金文里没有见到，但就是'京宫'和'康宫'的并列，每一宫内实际都包含五宫，两昭两穆，而并没有什么七庙九庙之说，这都是汉朝以来学者所不知道的"。①

李衡眉则认为："昭王之称'昭'，穆王之称'穆'，与昭穆制度中以排列次序为目的'昭穆'无关，而与鲁昭公之'昭'、秦穆公之'穆'的含义相同，都是谥法上的专用名词。"并谓："之所以选这两个字作为二王的谥号，也是有其历史原因的。它说明，随着父权的加强，宗法制逐渐取代了昭穆制的重要地位，昭穆制度似乎已经完成了它的历史使命，保留在墓葬和宗庙里的只是它的空壳而已。因此，本来是用来区别父子氏族身分的'昭穆'，如今变为谥或号，还颠倒了它们的次序。"②

还有学者认为，是先有了周昭王、周穆王的谥号，后来才有了借用此谥号的昭穆制度（详后）。

关于昭穆制度的产生年代，同样是众说纷呈。杜佑《通典》卷四十七《天子宗庙》谓"唐虞立五庙"，即亲庙四（二昭二穆），始祖庙一。是谓尧、舜时已有了昭穆制度。《礼记·王制》郑玄注："殷则六庙，契及汤与二昭二穆。夏则五庙，无大祖，禹与二昭二穆而已。"这是谓夏、商有昭穆制度。张光直认为："商王庙号的分组说与周的昭穆制，未尝不可相互发明"，"商的乙丁制与周的昭穆制""类似"。③李衡眉亦认为：张光直的看法"不无道理，以周人的

---

① 唐兰：《西周铜器断代中的"康宫"问题》，《考古学报》1962年第1期。
② 李衡眉：《昭穆制度研究》，济南：齐鲁书社，1996年，第99、100页。
③ 张光直：《商王庙号新考》《殷礼中的二分现象》，《中国青铜时代》，北京：生活·读书·新知三联书店，1999年，第194、238页。

昭穆制度例之，商的乙丁制所反映的，很有可能就是商人的昭穆制度。""既然昭穆制度产生于两合氏族群婚的四个婚姻类别形成时期，而且又是一个世界性的普遍问题，那末，殷人之有昭穆制度，当应成为定论。"①王恩田则认为："商代无昭穆"，更不用说商以前了；"昭穆制度起源于西周鲁国的一继一及制，其产生年代当不早于西周初年。"王氏还认为：昭穆制度的"原始含义"，"是兄昭弟穆，用以表示兄弟长幼的关系"，"汉儒对昭穆制度所作的'父昭子穆'的解释反映的是嫡长制确立以后的昭穆制度"。②谢维扬的看法颇与众不同，他说："周代用来标志两个相邻行辈的名称为什么要用'昭'和'穆'二字呢？我们猜测，这可能与周昭王和周穆王的后裔集团概念有关。我们知道，昭王的下辈是昭辈，而穆王的下辈是穆辈。不少人觉得奇怪：为什么昭、穆二王本身的行辈名称恰好与他们各自的谥号相反呢？其实这正好表明了昭、穆作为行辈名称是与昭王和穆王有关。我们曾经提到过，周人称武王的后裔为'武族'，或简称为'武'；称文王的后裔为'文'；惠王、襄王的后裔为'惠'、'襄'，等等……因此，昭王的后裔当然也应称为'昭族'，或简称为'昭'，而穆王作为昭王的儿子就包括在其中。至于穆王的后裔，当然应称为'穆'，其［共］王就应该包括在其中。这样，当人们最初为穆王和共王的行辈起名时，便完全有可能使用'昭'和'穆'这两个字，意即他们分别是昭王和穆王的下辈。如

---

① 李衡眉：《昭穆制度研究》，济南：齐鲁书社，1996年，第216、217页。
② 王恩田：《周代昭穆制度源流》，《西周史论文集》，西安：陕西人民教育出版社，1993年。

果这个推测不错的话，那么昭穆制度便可能是周共王以后逐渐形成的。文献中关于共王以前周先王或先君的昭穆的记载则可能是后来根据穆、共二王的昭穆逆推的结果。"[1]

三　近今学者从新的角度对昭穆制度所作的新说解

旧时研究昭穆制度，多就事论事、就经说经。西学东渐后，一些学者始从新的角度予这项制度以新的说解。兹仅就其略成一家言者，胪列于后：

(一) 半部族婚说。吕思勉于所著《先秦史》一书中说：

> 古有两姓世为婚姻者，如春秋时之齐、鲁是也。古虽禁同姓婚，而姑舅之子，相为婚姻者反盛，以此。社会学家言，又有所谓半部族婚事（Moieries），如以甲乙二姓，各再分为两部，甲为一、二，乙为三、四，一之婚也必于三，生子属第二部，其婚也必于四，生子属第一部，其婚也只必于三。如是，则祖孙为一家人，父子非一家人矣，古昭穆之分似由此。"孙可以为王父尸，子不可以为父尸"（《礼记·曲礼上》），殇与无后者，必从祖祔食而不从父（《曾子问》），实与"神不歆非类，民不祀非族"之理相通也（《左氏》僖公十年）。[2]

---

① 见谢维扬：《周代家族形态》，北京：中国社会科学出版社，1990 年，附录《周代的昭穆制度》。

② 吕思勉：《先秦史》，上海：开明书店，1941 年，第 269 页。

(二) 婚级说。李玄伯认为：

> 近代原始社会每一部落，更自分为左右两部。部并自有其图腾。部中且常再分为若干团。两部可以互通婚姻，但同部婚姻，则绝对禁止。每部又自分为若干级，普通只两级，间或有四级者。级数的分别，同部落中左右两部必须相同，如两级皆须两级，四级皆须四级是。每部人民皆分属于某一级，但必须父子异级，祖孙同级。假使某人属于甲级，其子则属于乙级，其孙则又属于甲级。至于婚姻，左部甲级之男子亦只能与右部甲级之女子结婚，而不能与乙级者。据杜尔干的研究，这种分级的目的完全为婚姻，所以分别行辈，呈于祖孙同级者，则祖孙年岁相去常五六十岁，决不至行辈紊乱而有婚姻之嫌。……至于分级之说，我以为即古代的"昭穆"。古代昭穆实在是固定的，某人是昭永远是昭，某人是穆永远是穆。……后儒谓天子七庙，三昭三穆。按照这种说法，某人是穆者，等到每次新君即位毁庙时，将他往上一迁，岂不又将他变为昭了么？这种不固定的说法，决非古礼。①

> 我以为婚级即周时的昭穆。……最初至少姬部中人皆分属昭穆两级，所谓父为昭，子为穆。为通婚关系，对方姜部似亦有相同的昭穆两级。昭穆两字至今未见于甲骨文，商团或无分级，或有分级而另用他种名称，不以昭穆为级。若观分级为原始社会的常有现象，则后说较为近似。②

---

① 李玄伯：《中国古代社会新研》，上海：开明书店，1949年，第37—40页。
② 李玄伯：《中国古代社会新研》，上海：开明书店，1949年，第133页。

（三）亚血族群婚制遗迹说。李亚农说：

　　不知道人类历史上有所谓亚血族群婚的汉初的儒家，（对昭穆之制）是没有办法来加以说明的。须知在母系氏族制的亚血族群婚时代，是儿子出嫁、女子承家的时代，父亲若在这个氏族的"长屋"中生活，则儿子必须到另一氏族的"长屋"中去生活。假如一个部落中只有两个氏族，而这两个氏族又是互相嫁娶的，则我们可以把父子祖孙的关系图示如左：

假如高祖是住在甲氏族的家中的，那末，他的儿子曾祖就必须嫁给乙氏族，住到乙氏族的家中去；而曾祖的儿子即祖又必须嫁回来，住的地方亦必须从乙氏族的家搬回甲氏族的家中来。以下类推。试将上绘两图作一比较，我们就可以恍然大悟：原来是同住在一个氏族的屋子里的高祖、祖、子，通通叫作昭，同住在另一氏族的屋子里的曾祖、父、孙，通通叫作穆。及至母系氏族制发展到了父系氏族制时代，高祖、曾祖、祖、父、子、孙，都变成了同一氏族的人，都住在同一长屋里，本来已经用不着昭穆之制来加以区别，可是由于母系氏族制的内容虽已归于消灭，而其形式被保留下来了的结果，仍旧把同住在一个长屋里的同一氏族的高祖、祖、子称为昭，把曾祖、父、孙称为穆，这就把两三千年来的人们糊涂死了。

　　姬（周族的姓）、姜（齐国始祖太公望一族的姓）两个氏族，至少从太王以来，就是相互通婚的。……假如从传说中的母系制时代的周族最初始祖姜嫄算起，这两个氏族的互婚关系，将要远远地超过一千年。一千年以上的通婚，差不多把这两个氏族的互婚形式固定化了。所以尽管在母系氏族的亚血族群婚制消灭之后，而其形式——昭穆之制，还得以保留下来。

昭穆之制，实即周族的亚血族群婚制的遗迹。①

（四）原始的等级婚制遗迹说。 郭沫若主编的《中国史稿》认为：

周朝还残留着原始的等级婚制的遗迹，用"昭、穆"区别辈分，如文王之子为昭，武王之子为穆，借以保持贵族中的血统和等级。②

（五）男系四级婚姻组说。 郭政凯认为：

（澳大利亚的卡米拉罗依部落）八级婚姻组与昭穆制无关是显而易见的。四级婚姻组若从母系计算，同一组中实际上是外祖母和外孙女，或舅祖与甥孙，也不可能直接产生昭穆制。……在亲属方面按男系计算时，四级婚姻组就出现了祖孙同属一个婚姻组的现象。这种状况并不表明父权制已经确立。

---

① 李亚农：《周族的氏族制与拓跋族的前封建制》，《李亚农史论集》，上海：上海人民出版社，1978 年，第 242—243 页。

② 郭沫若主编：《中国史稿》第一册，北京：人民出版社，1976 年，第 262—263 页。

父权制的出现是比较晚的，它是在父家长家庭公社中产生，并达到了父子直线继承的水平。在男系四级婚姻组中，父子分属不同的婚姻组，子不得享有父的权利与地位，而与祖同。……现在我们再看昭穆制，大概不难发现它与男系的四级婚姻组极为相似。祖孙同昭穆的最初含义，就是祖孙同属一个昭穆组。

周代实行以嫡长子继承的宗法制，它与昭穆制是相互排斥的，是父权制高度发达的产物。

昭穆制作为一种与婚姻、亲属、继承等制度相符合的制度，自西周以来就不存在了，被保留在宗庙、祭祀等方面的，只是它的空壳或遗迹。……既然昭穆制确实存在过，而西周时它赖以存在的基础已经消灭，那么，它只能实行于早周时期。……很可能周人的四级婚姻组是从姜嫄时开始，后稷时进入从母系向男系再向父权的漫长过渡阶段。在此期间，男系四级婚姻组作为周人的社会组织广泛地发挥着作用。曾经使学者大为困惑的早周的混乱世系，也许用祖孙相承来说明会解决年代不符的问题。所谓太王"爰及姜女"，是说他先从妇居，以后才建立了自己的家。太王以后，周王室再没有从妇居的记载，而且一直是父子继承，因此，可以说太王时周人才完成从男系到父权制的转变。父权一旦确立，祖孙相继就不可能存在了。同时，社会组织也不再是婚姻组，而是父家长家庭公社。①

---

① 郭政凯：《论昭穆制度的起源及延续》，《陕西师大学报》1986年第1期。

（六）两合氏族婚姻组织变化说。在昭穆制度研究方面倾力甚多的李衡眉认为：

> 详细考察我国早期人类社会的历史，参照谢苗诺夫等人的研究成果，我们认为，昭穆制度当产生于由原始的两合氏族婚姻组织向地域性的两合氏族婚姻组织转变的过程中，其产生的直接原因是由"男孩转入舅舅集团改变为转入父亲集团"（谢苗诺夫：《婚姻和家庭的起源》中译本第254页，中国社会科学出版社1983年版）而引起的。换言之，昭穆制度是"男孩转入本公社男人集团的结果"，是"婚姻变成父系地方性"（谢苗诺夫，《婚姻和家庭的起源》中译本第255页，中国社会科学出版社1983年版）这一历史发展进程中的产物。这个发展过程大致相当于从传说中的炎、黄时代开始，一直到周人建国前的先世太王"爰及姜女"（《诗经·大雅·緜》）时为止。

> 父辈之所以称"昭"，子辈之所以称穆，最初的意义在于"相邻辈分的男人（父亲和儿子）"之间树立一块明白无误的界标，或划一条清晰的分界线，借以区分二者氏族成员的身分。

> 昭穆当作"昭䅘"。段玉裁《说文解字注》云："凡经传所用穆字，当假穆为䅘。"是其证。昭，《说文》曰："日明也。"段注云："引申为凡明之称。"䅘，《说文》曰："细文也。"段注云："细文，文之细者，故字从彡㬎。彡者，文也。㬎者，际见之白。际者，壁隙也。瞣之细者也。"瞣，《广雅释诂》云："裂也。"王念孙《广雅疏证》引《方言》曰："秦晋器破而未离谓之瞣。"又引《素问》王冰注云："瞣，微裂也。"译

成今文，"釁"就是一条极其细微的裂纹。顾名思义，"昭釁"便是一条明晰而又细小的裂纹。这条明细的纹不是别的，正是"相邻辈分之间的界限"。古人之所以要把这个界限叫做"釁"，即细文，是因为在父系氏族社会里，强调的是父系的血缘关系，父子之间的界限不宜夸大。……另一方面，由于"氏族感情的力量"，又必须承认这个界限，并且要使这条细纹清晰可见，洞若观火，借以区分两个母系氏族成员的身分。于是一个折衷的称号便产生了，这就是"昭釁"，即一条既明显又细小的分界线。……后来又借穆为釁，并把本来属于偏正结构的词组变成联合结构的词组，把父子两代人分别称为昭穆，正是对这一法定界限的认可。①

(七)行辈标志说。 谢维扬则不同意上引诸家的昭穆源自原始的婚级一类的说法。他认为：

周代的昭穆却与婚姻没有关系，它只含有行辈的意义，因此它与男性同女性的区别无关，也完全不表现这种区别。同一行辈的人，无论性别如何，都属于同一昭穆。……女性的行辈也是用昭穆来标志的，与男性没有区别。……简单地将昭穆与婚姻相提并论是不恰当的。

周代的昭穆制度并不是由原始社会中的某些血缘关系规范演变而来的制度。它是在周代确立嫡长子继承制的影响下，为适应周代宗族组织的存在和强化而出现的一种行辈标志制度。

① 李衡眉：《昭穆制度研究》，济南：齐鲁书社，1996年，第67、82、86页。

在历史上，确有一些现象有着非常久远的渊源，但并非每一种历史现象都有非常久远的渊源。就周代昭穆制度来说，恐怕正是这样。

昭穆制度便可能是周共王以后逐渐形成的。文献中关于共王以前周先王或先君的昭穆的记载则可能是后来根据穆、共二王的昭穆逆推的结果。①

从上引诸家说不难看出，有的学者认为昭穆制同原始的婚姻制度有关，有的则认为无关；在昭穆制产生的时间上，有母系氏族社会说，也有父权制确立之后说；在周代存在不存在昭穆制度、何时才出现昭穆制度以及昭穆制度的存在形式（是典型的昭穆制度，还是"空壳"或"遗迹"）等问题上，既有郭政凯的"昭穆制作为一种与婚姻、亲属、继承等制度相符合的制度，自西周以来就不存在了，被保留在宗庙、祭祀等方面的，只是它的空壳或遗迹"，西周时昭穆制"赖以存在的基础已经消灭"，"它只能实行于早周时期"说，又有谢维扬的昭穆制度"可能是周共王以后逐渐形成的"说法，分歧依然很大。凡此皆表明，长期困扰着古今学者的这一千古谜团，至今仍没有像某些学者所乐观断言的那样，已得到了"全面彻底地解决"（金景芳为李衡眉《昭穆制度研究》一书所写《序》中语）。当然，这样说决不意味着否定学者们在这个问题上所作的种种尝试、努力，相反，所有这些尝试、努力，都无疑是有益的，有利于这个问题的进一步廓清的。

————————

① 见谢维扬：《周代家族形态》，北京：中国社会科学出版社，1990 年，附录《周代的昭穆制度》。

专题十二 "家庭公社"与"农村公社"问题

　　相当长一个时期，我们的大大小小的社会发展史教本差不多是众口一词地告诉读者：原始社会末期，随着生产力的提高，原始公社制逐渐解体，父系大家族分裂为若干个体家庭，而随着一夫一妻制个体家庭的形成并成为社会经济单位，耕地等生产资料也逐渐从公有变为私有。"教本"的看法，有恩格斯的如下论述作根据：在野蛮时代的高级阶段，"各个家庭首长之间的财产差别，炸毁了各地仍然保存着的旧的共产制家庭公社；同时也炸毁了在这种公社范围内进行的共同耕作制。耕地起初是暂时地、后来便永久地分配给各个家庭使用，它向完全的私有财产的过渡，是逐渐完成的，是与对偶婚向一夫一妻制的过渡平行地完成的。个体家庭开始成为社会的经济单位了"。①

　　关于农村公社，马克思写道："所有其他公社都是建立在自己社员的血统亲属关系上的。……'农业公社'是最早的没有血统关

---

　　① ［德］恩格斯：《家庭、私有制和国家的起源》，《马克思恩格斯选集》第 4 卷，北京：人民出版社，1972 年，第 160 页。

系的自由人的社会联合。""农业公社既然是原生的社会形态的最后阶段,所以它同时也是向次生的形态过渡的阶段,即以公有制为基础的社会向以私有制为基础的社会的过渡。不言而喻,次生的形态包括建立在奴隶制上和农奴制上的一系列社会。"①

如果生搬硬套马克思、恩格斯的论述,自然会得出"共同耕作""土地公有""家庭公社""农村公社"是原始社会或原始社会向阶级社会过渡阶段的事物,而"分散的劳动""土地私有""个体家庭"才是阶级社会的景象的结论,并将之模式化,谓为世界通例。可这样做,既不符合世界历史的实际,也有违于马、恩的原意与初衷——因为,马、恩的上述看法,基本上是从古希腊、古罗马的历史实际中总结出来的,他们并无意将之强加给整个世界。如马、恩在论及古希腊、古罗马的建立在个体家庭基础上的土地私有制的同时,也明确指出"在大多数基本的亚细亚的形态里面",是存在着农村"公社"和某种形式的"集体的劳动"的,在这里,"单独个人从来不能成为财产的所有者";②"在有的地方,如在亚洲雅利安民族和俄罗斯人那里,当国家政权出现的时候,公社的耕地还是共同耕种的。"③

可见,集体耕作、土地公有、家庭公社、农村公社等,绝不是原始社会的专有物,在包括中国在内的世界广大地区,这些原生于

---

① 〔德〕马克思:《给维·伊·查苏利奇的复信草稿——三稿》,《马克思恩格斯全集》第 19 卷,北京:人民出版社,1972 年,第 449、450 页。
② 〔德〕马克思:《资本主义生产以前各形态》,北京:人民出版社,1956 年,第 5、6、30 页。
③ 〔德〕恩格斯:《法兰克时代》,《马克思恩格斯全集》第 19 卷,北京:人民出版社,1972 年,第 541 页。

原始社会的东西都曾以这样、那样的次生和再次生形态的方式在早期阶级社会中长期延续、滞留过。二十世纪八九十年代以来，我国广大史学工作者在探索我国进入国家时期后、特别是西周时期的家庭公社和农村公社的存在及其性质、作用方面，做了大量工作，并取得一批成果。

一 西周的"族"组织和"家庭公社"组织

进入阶级社会后，特别是到了已进入阶级社会颇久、远离原始社会的西周时期，人们间是否还保留着"族"和"家庭公社"一类的血缘组织，学者间是存在着不同看法的。

相当长一个时期，人们闭口不言阶级社会中的"族"和"家庭公社"，可能是怕犯忌，这是极不正常的。

事实上，不用说西周，即使到了春秋时期，"族"的组织都还存在。《左传》定公西年所载西周初年周公分鲁公、康叔、唐叔以"殷民六族""殷民七族""怀姓九宗"，不仅说明作为征服者的周人保存着自己的"族"的组织，即被征服者也同样是保存着自己的"族"的组织的。穆王时器《班簋》有"以乃族从父征"，周初器《明公簋》有"王令明公遣三族伐东国"，西周晚期器《公毛鼎》（关于此鼎的年代，说法甚多，姑暂从西周晚期说）有"以乃族干吾王身"等，皆可证西周时"族"的存在。甚至到了春秋，也还有以"族"编制组织武装力量、从事军事活动的情况存在，《左传》宣公十二年"知庄子以其族反之"（杜注："族，家兵"）、成公十六年"栾、范以其族夹公行"（杜注："二族强，故在公左右"），皆其证。

自然，西周、春秋时的"族"已远非原始社会之"氏族"可比。在原始社会，"氏族制度的前提，是一个氏族或部落的成员共同生活在纯粹由他们居住的同一地区中"；而且，在这里"没有统治和奴役存在的余地"，"在氏族制度内部，权利和义务之间还没有任何差别"。①现在不同了，不要说"统治和奴役"早已存在，过去那种画地为牢式的一个地区只能纯粹由同一血缘的人们独立居住的情况也不可能原封不动地保留。总之，原汁原味的"氏族"组织早已不复存在，留下来的只不过是其躯壳和变形罢了。这样的"族"，与其继续称之为"氏族"，②不如名之为"族"或"部族"更合适些。

西周时期，人们间"族"的联系虽还继续存在，但它已远不是当时社会的基本组织形式，不是基本的生产、生活单位了。当时，社会的基本细胞，基本的生产、生活单位，应是家长制家庭公社。

二十世纪八九十年代以来，一些学者开始注意对西周家庭公社问题的研究，并取得一定成果。

赵世超自 1982 年以来，先后在多篇论文和《周代国野制度研究》一书的有关章节中，③对西周存在着家长制家庭公社一事进行了比较全面、深入的论述。赵氏认为："在周代的生产力发展水平下边，个体劳动还没有成为可能。不仅土地私有的个体家庭不会出

---

① ［德］恩格斯：《家庭、私有制和国家的起源》，《马克思恩格斯选集》第 4 卷，北京：人民出版社，1972 年，第 154、155、164 页。

② 许倬云：《西周史（增补本）》，北京：生活·读书·新知三联书店，2001 年，第 159 页。

③ 《西周的公社是农村公社还是家长制家庭公社》，《河南师大学报》1982 年第 1 期；《周代家长制家庭公社简论》，《民族论丛》1984 年第 2 辑；《试论周代家长制家庭公社存在的原因》，《河南大学学报》1984 年第 4 期；《西周政治关系、地缘关系与血缘关系并存现象剖析》，《河南大学学报》1988 年第 4 期。

现，即使土地公有、定期重分、由社员自己耕种其份地的农村公社，也同样无由产生。因此，土地共同耕作可以视为周代家长制家庭公社长期存在的经济原因。"①赵氏强调："周之建国置里"本身虽"表明政治关系和地缘关系已经出现，并开始在人们的社会生活中发挥作用"，但周代的这种"由氏族机关'维新'形成的国家政权既不排斥血缘关系，国人当中普遍存在家庭组织也就没有什么可奇怪的了"。西周时，"里"与"族"并存而又不相互割裂，"有时一里可含数族，族包括在里中，有时一族就可聚为一里，里、族二为一体"。当时，"作为地域组织的里刚刚出现，尽管已浸浸然凌乎家庭之上，但它能够给予家族的影响却很有限，国中真正的政治经济实体仍然是族，而不是里"。②在《周代国野制度研究》一书中，赵氏虽对自己的某些观点有所修正（如对西周是否存在村社的看法），基本看法却没有变。他写道："野人中血缘关系的成分必然更加浓厚。""西周的里和村社都是一种地域单位。它们虽已出现，但却没有将血缘关系排斥掉，无论国、野，作为政治经济实体的主要仍是父系大家族。而另有部分野人，可能还生活在单纯靠血缘关系维系的氏族社会中。"在引证了《诗经·周颂》《载芟》《良耜》《噫嘻》《臣工》等后，赵氏谓"我们完全有理由说，西周的农业劳动是在家长的领导下，由长子、长子以下的兄弟们、血缘关系稍远的叔伯兄弟、众多的子侄及家内奴隶共同参加，集体进行的"，"以家族为单位的集体劳动仍很普遍"。③

---

① 赵世超：《试论周代家长制家庭公社存在的原因》，《河南大学学报》1984 年第 4 期。
② 赵世超：《西周政治关系、地缘关系与血缘关系并存现象剖析》，《河南大学学报》1988 年第 4 期。
③ 赵世超：《周代国野制度研究》，西安：陕西人民出版社，1991 年，第 82、84、85、89 页。

218

朱凤瀚的看法略同。他同样认为：商周时期虽已进入阶级社会，然而"社会的基层单位却并未立即转变为纯粹的地区性团体，而血缘性的家族组织仍长时期地作为社会的基层单位存在着。地区性组织虽在这种社会中缓慢地形成、发展，但直到春秋时期仍未能全部代替家族组织，这点显然与恩格斯在《家庭、私有制和国家的起源》中所论的国家的基层单位已非血缘团体而是地缘团体不尽相同，因此这也可以认为是中国早期国家形态的特点"。灭商后，周人"并未能从根本上改变传统的以宗族为基本单位的社会政治结构"，即不仅作为征服者的周人"仍旧必须生活在宗族社会中"，组成自己的"贵族家族"；即使是对广大被征服者，周人也"没有力量完全破坏掉"其"旧有的家族组织形式"，而"至多是在被征服者的血缘组织上框以地域组织（如"里"）以为行政管理之便，造成血缘与地域组织长期共存之局面"。与"贵族家族"不同，"庶民家族"既是"亲属组织"，又是"一种基本的生产组织单位"。由《诗经·周颂·载芟》《良耜》及《豳风·七月》等诗可知，在西周，"农业的耕作还是以父系的家族为单位，集体协力而进行的"，"个体家庭（即核心家族）虽作为生活细胞存在，却尚未成为独立的农业生产组织"，"个体小农经济在这一时期还不具备存在的条件"。①

谢维扬则持有不同看法。他不同意"有些学者夸大血缘关系在古代社会生活和政治中的作用"的做法，认为："父系家庭公社是属于原始社会晚期出现的现象。""人类进入阶级社会后，由于私有制的进一步发展，不同类型的父系家庭公社纷纷由不同的途径趋向

① 朱凤瀚：《商周家族形态研究》，天津：天津古籍出版社，1990年，第2、295、296、429、434、436、438页。

制"的关系问题上，学者间存在着明显的意见分歧。

众所周知，郭沫若是不承认包括西周在内的中国古代存在过"农村公社"一类的组织的。他说："我认为，中国奴隶社会不像所谓'古代东方型'的奴隶社会那样；只有家内奴隶，而生产者则是'公社成员'。严格按照马克思的意见来说，只有家内奴隶的社会，是不成其为奴隶社会的。家内奴隶在解放前的汉族和某些少数民族中都还存在。如果太强调了'公社'，认为中国奴隶社会的生产者都是'公社成员'，那中国就会没有奴隶社会。"①此处，郭氏纯粹从捍卫中国的奴隶社会出发立论，自然不足为训。

不少学者认为包括西周在内的中国古代存在着"农村公社"组织，井田制就是古代中国"农村公社"的土地所有制。

徐中舒师认为："八家为井，还是周部族征服东方以前，就在农业公社里存在的制度了。"②

赵俪生认为："井田制到底是什么呢？在我看来，它是公社的土地所有制，不过在阶级出现以后，这公社已不再是它的原生形态而是它的次生形态罢了。"③

金景芳亦认为："井田制就是农村公社在我国的具体表现形式。"④

徐喜辰同样认为：西周时期，无论在"国"中，还是"野"

---

① 郭沫若：《关于中国古史研究中的两个问题》，《奴隶制时代》，北京：人民出版社，1973 年，第 231—232 页。
② 徐中舒：《试论周代田制及其社会性质》，原刊《四川大学学报》1955 年第 2 期，收入《徐中舒历史论文选辑》，北京：中华书局，1998 年。
③ 赵俪生：《有关井田制的一些辨析》，《历史研究》1980 年第 4 期。
④ 金景芳：《中国奴隶社会史》，上海：上海人民出版社，1983 年，第 132 页。

里，"都保有公社及其所有制即井田制度"。①

亦有部分学者如赵光贤等，不同意井田制就是村社田制。赵氏认为："井田制是在农村公社的基础上发展起来的一种田制，在形式上采用一夫受田百亩的办法，有公田和私田之分，但它的性质和村社田比则发生根本的变化。它已不是村社社员在平等的基础上，为了满足社员生活需要而存在的，而是在土地所有者对生产者的剥削关系的基础上，为了保证供给剥削者所需要的劳动力而建立的。"当然，"在周代除井田制之外，还有其他田制存在，井田制不是全国通行的唯一的田制"，如"周代还存在着村社田制，是无可置疑的"。"一般说农村公社是家庭公社的进一步发展的形式，它存在于氏族社会末期，也可能存在于奴隶社会乃至封建社会，在古代东方国家里，它的生命力是非常顽强的。农村公社是以土地公有为基础的，但其耕作方式则是以一家为单位的独立的分散的方式。"②这是说，虽从发展阶段上说，井田制后起，井田制源自农村公社，但二者又同时并存于西周社会中。

笔者过去亦曾对这个问题作过一些研究，认为："虽然，一井八家、九百亩的成数不会是事实，那是政治家的孟子把历史理想化、图式化了。但其中的'公田''私田'的划分，却是同农村公社的土地区分为'共有地'和村社成员的'份地'这一人所共知的事实相吻合的。《孟子》的井田制，应该就是农村公社的土地制度。"③

① 徐喜辰：《井田制度研究》，长春：吉林人民出版社，1984 年，第 127 页。
② 赵光贤：《周代社会辨析》，北京：人民出版社，1980 年，第 25、56 页。
③ 张广志：《商代奴隶社会说质疑》，《奴隶社会并非人类历史发展必经阶段研究》，西宁：青海人民出版社，1988 年，第 127 页。

三 西周的"家庭公社"与"农村公社"
是相斥的，还是相容的？

从上引诸家说可知，学者们或认为西周的公社是"家庭公社"，或认为是"农村公社"，似乎是二者必居其一，难以两存的；亦有学者认为二者虽可同时并存于包括西周在内的古代社会中，但你是你，我是我，彼此并不相干。笔者则认为：在中国的商周时期，家庭公社与农村公社实在是互为表里，一而二、二而一的东西。如所谓的"井田制"，从其"公田""私田"的划分等特征看，无疑是"农村公社"的田制；但在古代中国的具体历史条件下，这个"农村公社"并不是马克思所说的"没有血统关系的自由人的社会联合"。相反，它不但没有排斥人们间的血缘联系，反倒是建立在这种血缘关系之上的。有关史料表明，一井中的八家（当然，"八家"只是孟子的理想规划，不一定时时、处处都是八家才能组成一井），并不是随便凑成的，而是彼此间有着紧密的血缘联系。很可能，一井就是一个由八个或若干个个体家庭组成的家庭公社。在商和西周，社会的基本细胞，基本的生产单位，便是"井"，亦即当时的"家庭公社"和"农村公社"；一夫百亩的个体家庭虽已作为生活单位并在一定程度上作为生产单位而存在，但从总体上说，尚未从"家庭公社"和"农村公社"的共同体中脱离出来，成为独立的经济单位。①

---

① 参见张广志、李学功：《三代社会形态——中国无奴隶社会发展阶段研究》，西安：陕西师范大学出版社，2001年，第53—54页。

　　我们不知道这样的"调和""折中"，能否为学界所容。这里，我们只想强调，如果一味以希腊、罗马为样板，我们的上述提法自然不值一驳，但那样一来，商周既不可能有家庭公社，也不可能有农村公社，因为，按照希腊、罗马的尺子，它们都不过是原始社会晚期或原始社会向阶级社会过渡时期的东西。中国有中国的情况，衡量中国的情况自然不能搬套外来的尺子、模式。

专题十三　西周的"国"与"野"

"国"与"野",是西周的基本区域划分,又同城乡之别、阶级之分、族类之异紧密相联。其作为古代中国一项重要的社会结构形式而受到历代学者的关注、研究,是十分自然的。

一　"国""野"的界划

关于什么是"国",什么是"野","国""野"之间是如何划分的,文献记载不一,学者的看法亦不尽相同。

《诗经》中虽已有"中国"(《大雅·民劳》。毛《传》:"中国,京师也。")、"旷野"(《小雅·何草不黄》)之说,但语意不明,难以为据。

《周礼》开首便言:"惟王建国,辨方正位,体国经野,设官分职,以为民极。"虽已把"国""野"明确并提,但何谓"国"、何谓"野",并未说清。

后人一些说解,则具体得多。如:

《周礼·载师》郑玄注引《司马法》："王国百里为郊，二百里为州，三百里为野，四百里为县，五百里为都。"

《诗经·鲁颂·駉》"駉駉牡马，在坰之野。"毛《传》："坰，远野也。邑外曰郊，郊外曰野，野外曰林，林外曰坰。"孔疏："孙炎曰：'邑，国都也。设百里之国，五者之界，界各十里。'然则百里之国，国都在中，去境五十，每十里而异其名，则坰为边畔，去国最远。"

郑玄注《周礼·秋官·县士》"县士掌野"云："地距王城二百里以外至三百里曰野，三百里以外至四百里曰县，四百里以外至五百里曰都。……言掌野者，郊外曰野，大总言之也。"其注《地官·遂人》"遂人掌邦之野"则又云："郊外曰野，野谓甸、稍、县、都。"

《尔雅·释地》："邑外谓之郊，郊外谓之牧，牧外谓之野，野外谓之林，林外谓之坰。"郭璞注："邑，国都也。"

《说文解字·口部》："国，邦也。"《里部》："野，郊外也。"

段玉裁《经韵楼集·四与顾千里书论学制备忘之记》："郊之为言交也，谓乡与遂相交接之处也，故《说文》曰：'距国百里为郊'，此郊之本义也，谓必至百里而后为郊也。而《尔雅》曰：'邑外谓之郊'，《说文》门下本之，亦曰：'邑外谓之郊。'邑者，国也，是则自国中而外，至于百里，统谓之郊矣，此引伸之义也。何以引伸也？国外郊内为六乡之地，故《周礼》立文，多言'国中及四郊'，以包六乡。其有单言六乡者，其事不涉国中者也。言四郊可以包乡……《费誓》三郊三遂，即三乡三遂。"

焦循《群经宫室图》卷上："隐公五年传云：'郑人伐宋，入其郛，公闻其入郛也，将救之，问于使者曰：师何及？对曰：未及国。公怒乃止。’按公闻其入郛而使者对以未及国，公以其给己而怒，则当时谓郛内为国也。”“《齐语》：‘参其国而伍其鄙’，韦昭注云：‘国，郊以内也；鄙，郊以外也。’孟子云：‘请野九一而助，国中什一使自赋。’《周礼·遂人》‘掌邦之野’，注云：‘郊外曰野’……准此，则近郊远郊为国中矣。”“经典国有三解：其一，大曰邦，小曰国，如‘惟王建国’，‘以佐王治邦国’是也。其一，郊内曰国，《国语》《孟子》所云是也。其一，城中曰国，《小司徒》‘稽国中及四郊都鄙之夫家’、《载师》‘以廛里任国中之地’、《质人》‘国中一旬，郊二旬，野三旬’、《乡士》‘掌国中’是也。盖合天下言之，则每一封为一国；而就一国言之，则郊以内为国、外为野；就郊以内言之，又城内为国、城外为郊。……盖单举之则相统，并举之则各属也。”

从上引较早文献记载和晚后诸家说解可知，《诗经》和《周礼》仅简言“国”“野”；《司马法》及汉儒始于“国”“野”外增立“州”“县”“都”“牧”“林”“坰”诸名，且甚或有整齐地每百里（王国）或每十里（诸侯国）为界而异其名之说，其非事实，而为后儒理想化之拟设一望可知；到了段玉裁、焦循等清儒头上，又不再言“州”“县”“都”“牧”“林”“坰”等，[①]而仅言“国”“野”，

① 清儒中亦有基本持守汉儒等的传统看法者，如著名学者孙诒让即广征博引、折衷诸家，考定《周礼》中之“国”“野”布局略为：王国处天下之中，城方九里，其外为方二十七里之廓。郭外五十里为近郊，五十里至百里为远郊。郊外自距王城百里至二百里为甸，二百里至三百里为稍，三百里至四百里为县，四百里至五百里为都。而“野”，有时“为二百里甸之专名”，有时“又为稍地之专名，内不及甸，外不及县、都也”，有时“为二百里甸，三百里稍，不兼县、都也”，有时则为甸、稍、县、都之总称，有时（**转下页**）

而"国""野"之界划则在于"郊"。应该说，清儒的看法比之汉儒当更切近历史的真实些。因为，古制本简，越将之细密化、规整化，越失其真。不要说古代，即在今天，亦不可能以都城为中心向外由近及远地每隔百里或十里去界划管辖区的。

近今学者，多以城乡之别论"国""野"，如：

侯外庐谓："周代的城市农村，是大体上知道了的，即，在所谓封疆之内者，谓之'国'，其封疆之外者，谓之野，国亦曰都，野之范围则曰'四鄙'。古之所谓封国这样的第一次划分城市与农村的区别。"①

徐喜辰谓："殷周时代是有'国''野'之别的。古代文献中的所谓'国''野'关系，用现在的话来说，当是城市与乡村的关系。"②

郭沫若谓："周的'国'和'野'、'都'和'鄙'的区别，鲜明地反映出当时城乡之间的对立。"③

杨宽谓："'国'的本义，是指王城和国都。""大体说来，王城连同四郊六乡，可以合称为'国'；'六遂'及都鄙等地，可以合称为'野'。""'乡'和'遂'，不仅所居地区有'国'和'野'的区别，而且居民的身份亦有不同。在《周礼》中，'乡'和'遂'的居民虽然都可以统称为'民'，但是'六遂'的居民有个特殊的称

（接上页）甚至包括四郊，即所谓"野为国城外至五百里疆之通称"，"王城之外，四郊之内，亦得称野也"。这样，"经注言野者有五解"矣。对此，孙氏基本是并存诸说，未敢轻断诸说之是非。说见氏著《周礼正义》《天官》《叙官》及《甸师》等职孙氏疏文。又，以上对孙氏观点的梳理，参考了赵世超《周代国野制度研究》（陕西人民出版社，1991年）的概括，见该书第2页。

① 侯外庐：《中国古代社会史》，上海：新知书店，1948年，第151页。
② 徐喜辰：《"籍田"即"国"中"公田"说》，《吉林师大学报》1964年第2期。
③ 郭沫若主编：《中国史稿》第一册，北京：人民出版社，1976年，第278页。

呼，叫'甿''氓'或'野民''野人'；'六乡'的居民则可称为'国人'。"①

胡新生认为："西周春秋时代，无论周王畿还是诸侯封国，都普遍存在着国、野两大政治区域。""统治阶级居于国城及附近四郊，被统治阶级（主要是被征服者）则居于郊以外的广大地区，国野的划分为郊为界。"国野制以地域隔离体现阶级结构，其形成的历史条件，一是"部族征服战争"，一是"原始共同体组织的普遍存在"。所以国野制最明显的特征即是"部族奴役"，"这也是国野对立有别于一般城乡对立的地方"。②

史建群认为："《周礼》以国都为中心，分 国疆域为国野两部分，虽是在周代确曾存在过，但是《周礼》之制却又与西周事实不尽相符。"事实上，"有周一代，国都与鄙野并无固定的地理界线，只是两个相互依存的具有相对意义的地理概念。王畿国野分界时在变动之中"。③

李零认为："中国古代的国野制度是一种特殊的城乡结构。国一般指城邑，野一般指乡村。"其"早期形态一般是由单一的中心城邑外加环绕城邑的乡村而组成，国指城邑及其郊区，野指郊区以外的乡村以及在乡村边缘地带封赐的采邑"。④

赵世超参照王玉哲关于古代疆域的"点""面"概念，认为：

① 杨宽：《西周史》，上海：上海人民出版社，1999 年，第 395、396、397 页。
② 胡新生：《西周春秋时期的国野制与部族国家形态》，《文史哲》1985 年第 3 期。
③ 史建群：《〈周礼〉乡遂组织探源》，《郑州大学学报》1986 年第 2 期。
④ 李零：《中国古代居民组织的两大类型及其不同来源——春秋战国时期齐国居民组织试析》，《文史》1987 年第 28 辑。

"点就是国，面就是野。至少我们可以肯定，西周时的国和野原本极其简单，历代注家所编织的'体国经野'方案或称国、野制度，彼时并未出现。""所谓国，事实上就是指少数先进的中心。具体而言，在西周，就是指周原旧都、丰镐、洛邑和各诸侯国君的居住地。""郊与国城的关系原本密不可分，凡指国也应包括郊区在内……只是我们所说的郊，并不具有'百里为郊'的含义，它仅是指城郭之外与野相交的那片直辖土地。""一般地讲，周人所说的国和野，是从国中居民的立场出发的。居于国者既把自己的居地视之为国，则居地以外的其他地区，自然便统谓之野。"①

赵伯雄的观点与上引诸说大不相同。他认为：在西周，"无论在文献里还是金文中，都找不出国有'城'或'都城'之义的证据来"。"既然西周时'国'字没有'城'义，那么，即使那时已有'国人'这一名称，国人也不能理解为城中之人或都城中之人，这是显而易见的"。"国人的'国'恐怕主要指的是'邦国'，邦国范围内的自由人是都可以叫做国人的"。"既然西周的'国'不是指城，那么谈论西周时国中（城中）有怎样的组织系统，野中又有怎样的组织系统，国野之间的关系如何等等，就好似造巨室于沙丘之上，根基显得很不牢固了"。②

赵伯雄的说法，是从根本上否定西周有国野之制。其说的主要根据是西周时尚找不出"国"有"城"或"都城"之义的证据来。

① 赵世超：《周代国野制度研究》，西安：陕西人民出版社，1991年，第5、12、13页。
② 赵伯雄：《周代国家形态研究》，长沙：湖南教育出版社，1990年，第171、172、183、185页。

事情是否如此，恐尚待深入研究；即使一时尚不能从文字学上找到相应证据，似亦不宜仅仅根据这一点就推翻史籍中不止一处提到的国野制。

至于西周的"国"与"野"到底是怎么一回事，由于年代久远，记载缺乏，已难确指，然循诸事理，并根据古今学者的已有研究，其基本面貌还是可以认定的，即：汉儒的细密、规整之说不可信；"国"即王或诸侯的都城及其四郊，其外为"野"，"国""野"间的界划并无一定的里程规定，而是以具体情况为转移的（如国力、人口、地形等）。

二 "国人"与"野人"

"国""野"间不仅是地域之异，还存在着阶级（社会）地位、族类、剥削方式上的诸多差异，内涵甚丰。

居住于"国"的"国人"和居住于"野"的"野人"都是些什么人呢？学者间同样有种种不同看法。

李亚农说："在周初，凡是住在郊外的都是殷人。少数的周族是全部躲在设防城市里面，不敢轻出城门一步。……凡投顺周人，变成周人的腹心的殷人也是住在城市里面的。……这些城里人（包括殷人在内）直到春秋时代，还叫做'国人'。"①

范文澜说："农夫住在田野小邑，称为野人；工商业者住在大

---

① 李亚农：《西周与东周》，《李亚农史论集》，上海：上海人民出版社，1978年，第725页。

邑，称为国人。"①

尚钺说："这些自由民的名称很多，有所谓'国人'，是城市公社的组成者；有所谓'乡人'，是城郊的农村公社的组成者。"②

郭沫若说："所谓'国人'，指的是周王国和各诸侯国的国都内的居民。其中包括一些贵族，但绝大多数是平民。""国人的地位比庶人工商高，是一个自由平民阶级。国君的废立，卿大夫的存亡，以及国家的命运，都要视国人的向背为转移。""鄙野中是庶人居住的地方"，"庶人……属于生产奴隶。"③

童书业师说："盖'国人'者，国都中之人也。""国人"有广狭三义：其一，"国都城中之人"；其二，"国都城内外之人"；其三，"泛指本国疆域内之人"。而"春秋以上之所谓'国人'，主要指国都之人，尤其是国都城内之人"。"指国都范围内士、农、工、商四民之'国人'，固包括农民在内矣；指国都城内之人之'国人'，则主要指'士'与'工''商'也。"④

徐喜辰说："被封的周族奴隶主贵族及其所率领的周族公社农民进入广大占领区域后，以原来的公社形式居住在新建的城堡即'国'中，叫作'国人'。所谓'国人'包括奴隶主贵族、周族公社农民和各处掠来的其他各族的工商，但其主要部分是周族公社农民。""住在'野'里的'野人'，主要是被征服的夏商族的后裔"，

　① 范文澜主编：《中国通史简编》修订本第一编，北京：人民出版社，1964年，第148页。
　② 尚钺：《先秦生产形态之探讨》，《历史研究》1956年第7期。
　③ 郭沫若主编：《中国史稿》第一册，北京：人民出版社，1976年，第237、278、336页。
　④ 童书业：《春秋左传研究》，上海：上海人民出版社，1980年，第132、133页。

"他们的身份虽然次于'国人',但非奴隶","以公社共同体的形式而不是以个别的家庭或个人,受奴隶主贵族的剥削和奴役"。①

金景芳说:西周时期,"无论王畿或诸侯的封疆以内,都有国野之分。""国人和野人具有两种不同的政治身份。从本质上说,野人是奴隶,而国人是自由民。国中用贡,野用助,是基于两地人民的政治身份有这样的区别而采取的不同的办法。"②

田昌五说:"国人由于按乡里编制,也称为乡人。乡里包括郊区,故尔也称郊人。名称不同,其实一也。他们都是自由民。""就国野之别而言,大致上可以分为国民和庶民。国民是上帝的嫡系子孙,姜嫄的后代。失去族姓的奴隶对上帝而言就是庶民了。""庶人有自己的家室和少得可怜的经济,有点类似农奴。但这是农奴式的奴隶,而非封建农奴制。"③

马福生说:"以姬姓王族为主体,被分封在散布东方的大小城堡内,于是有了'国人'的称号。……'国人'是以周贵族为核心,包括殷及其他古老部落的上层分子,还包括为他们直接服务的仆御百工。""那些分布在城堡四周田野里的土著居民则被称为'野人',……是当时农业生产的担当者。"④

赵世超说:不应"抱着征服者居国、被征服者处野的定式不肯放弃",事实上,西周国中的居民,"大致包括周天子及各诸侯国君

① 徐喜辰:《关于农民在奴隶社会中的地位和作用问题——兼论"众人"、"庶人"和"国人"均为公社农民说》,收入《吉林师大社会科学丛书》1979 年第 1 辑《中国古代史论文集》,《吉林师大学报》编辑部 1979 年 10 月编辑、出版。

② 金景芳:《中国奴隶社会史》,上海:上海人民出版社,1983 年,第 136 页。

③ 田昌五:《古代社会断代新论》,北京:人民出版社,1982 年,第 111、114、115、117、118 页。

④ 马福生:《释国野》,《河北师院学报》1983 年第 3 期。

的族人，执役于官府或贵族家中的奴隶，为贵族直接消费服务的工商，和某些被征服者的家族。"至于"野"中的居民，其成分要比国中更为复杂，可姑且大别为三：其一曰"亡王之后"，即"古族和夏、商的后裔"；其二曰"蛮、夷、戎、狄"；其三曰"流裔之民"。不过，居住于国中的居民并不等于就是"国人"，如执役于贵族家内和官府的奴隶，就"不属国人"；"居于国中的农民、部分工商和被征服者"，"属于国人"，"国人的主体"是"士"。至于大夫，"西周早期或曾有过大夫包含于国人中的情况。后来，随着历史的发展，大夫的特殊地位越来越牢固，不仅独立于国人之外，而且凌驾于国人之上。……西周后期，大夫阶层就已从国人中区别出来了。""至于野人，就其原始含义而言，当然是指所有居于野中的人民。"不过，"周人对野人的了解同样是逐步扩大的，西周时容当有一部分古部族的后裔或蛮、夷、戎、狄之人，同各诸侯国在政治、经济上尚未发生任何联系，若从这个角度来看，彼时在国人的观念上，野人大概还不是指全部的野中居民"。[①]

关于"野人"是不是奴隶的问题，牵扯到各家对西周社会性质的不同看法，这里姑且不去论它。有学者谓不应按征服者居国、被征服者处野的定式区分国、野，这固然是对的，避免了将复杂的史事简单化；但从总体上看，作为征服者的周人，基本居于国中，剥削者群主要由周人组成，被征服者基本处野，多数处被剥削的地位，却也是不争的事实。这种事实正反映了商周社会作为早期阶级社会的一个显著特征，即族对族的整体征服、奴役，阶级的对立同

---

① 赵世超：《周代国野制度研究》，西安：陕西人民出版社，1991年，第31、33、56、59、61、62页。

族类、地域的区分、隔离相表里。统治者对国中的劳动者和野中的劳动者的剥削方式也是不一样的,《孟子·滕文公上》谓"诸野九一而助,国中什一使自赋",说的就是这个。上引金景芳解此为"国中用贡,野用助",恐不妥。笔者认为:所谓"诸野九一而助",即"野"仍沿用殷之旧制,行"助"法,行八家共井,公田、私田并存于一井之内的劳役地租;"国中什一使自赋",即西周从厉宣王之世开始,首先在国中废止行用已久的"籍田",废止"助法"(国中在早虽也行助法,但国中的助法与野之助法,又小有不同:野之民是所谓八家共井,公田、私田并存在一井之内;国中是公田相对集中,形成大片的"籍田"),实行履田而税的"彻"法,行实物地租。①

---

① 详可参见张广志:《"贡助彻"研究中的几个问题》,收入《奴隶社会并非人类历史发展必经阶段研究》,西宁:青海人民出版社,1988 年。

专题十四　西周官制

　　史籍言西周官制，《周礼》虽称详备，然不太可靠；其他史籍，特别是金文资料，虽可靠或比较可靠，却又过于支离。这种状况，无疑给后人研究西周官制带来很大困难。经过历代，特别是近今学者的不懈努力，西周官制的一些情况已渐被揭示，有些问题则仍较模糊，尚待作进一步深入之研究。

　　下面，仅拟就学者们研究较为集中的"王朝中央官制"和"世官世禄"问题作些介绍。

一　王朝中央官制

　　《周礼》，又称《周官》，是系统、全面讲西周官制的专书，相传为周公所作。实际上，此书撰成于战国时期，是作者杂采古代和当时有关职官的资料，再掺以儒家理想建构起来的，其中虽保有西周官制的某些史影，但其整体框架并不可靠，故研究西周官制不能以此书为基本依据。《诗》《书》及其他史籍中，有一些言及西周官

制的资料，其可信度自然较《周礼》为高。西周铜器铭文中有不少
涉及西周官制的宝贵材料，据张亚初、刘雨截至 1983 年 4 月的统
计，即得近 900 条，职官 213 种。①这是研究西周官制的最可靠材
料。缺点是这后两类材料过于分散、支离，必须加以认真分析、归
纳，特别是认真将金文资料与传世文献资料相互参照、比证，方能
理出西周官制的基本框架。

　　二十世纪八九十年代以来学者多认为西周王朝中央职官的设置
以两寮（卿士寮和太史寮）为基本框架，应是可信的。《令彝》（图
14）载：

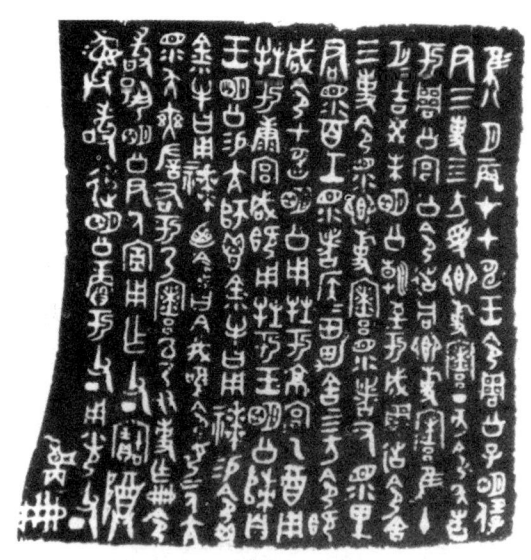

图 14　令彝铭（盖铭）

　　惟八月，辰才（在）甲申，王令周公子明保尹三事四方，
　　受（授）卿事寮。丁亥，令矢告于周公宫。公令出同卿事寮。

——————————

① 　张亚初、刘雨：《西周金文官制研究·前言》，北京：中华书局，1986 年。

惟十月月吉癸未，明公朝至于成周，出令：舍三事令，眔卿士寮、眔者（诸）尹、眔里君、眔百工；眔者（诸）侯，侯、田（甸）、男，舍四方令。

《番生簋》载：

王令繇司公族、卿事、太史寮。

《毛公鼎》：

王曰：父䜌，已曰伋（及）兹卿士寮、太史寮，于父即尹，命女（汝）繇司公族，雩（与）参（三）有司，小子，师氏，虎臣；雩（与）联褱事，以乃族干吾王身。

铭文中之"卿事"，当即文献中之"卿士"。《说文》："士，事也。"士、事音同义通。《尚书·微子》有"卿士师师非度"，《诗经·商颂·长发》亦载"允也天子，降于卿士。实维阿衡，实左右商王"，知商代已有卿士职，且地位很高。迄至西周，沿而未改，《尚书·洪范》"（王）有大疑，谋及乃心，谋及卿士，谋及庶人，谋及卜筮"，《诗经·大雅·假乐》"百辟卿士"云云可证。"卿士"职的具体担任者，史籍亦有反映，如虢仲、虢叔为文王卿士（《左传》僖公五年）；荣夷公为厉王卿士（《国语·周语上》）；南仲为宣王卿士（《诗经·大雅·常武》有"王命卿士，南仲大祖"句）；虢石父为幽王卿士（《国语·郑语》）等。关于卿士之职任，《左传》隐公三年杜注谓："卿士，王卿之执政者。"唐兰认为："卿士这一官职，略等于后世的宰相，但由于后造的《周礼》不立此官，后人已不大清楚，所以注释家对这个官职常常讲错。"①卿士的具体职守，当如《令彝》所言秉承王命"尹三事四方"，即总理王畿内三大政事和王畿外四方诸侯。"三事"之谓，文献和金文皆有记载。《诗经·小雅·雨无正》：

> 正大夫离居，莫知我勚；三事大夫，莫肯夙夜；邦君诸侯，莫肯朝夕。

《尚书·立政》载周公之言曰：

> 王左右常伯、常任、准人、缀衣、虎贲。……宅乃事，宅乃牧，宅乃准，兹惟后矣。……立政：任人、准夫、牧，作三事。……文王惟克厥宅心，乃克立兹常事司、牧人，以克俊有德。……继自今，我其立政，立事、准人、牧夫。……自古商人，亦越我周文王立政，立事、牧夫、准人。

《小盂鼎》：

> 昧爽，三左三右多君入，服酒。……粤若翼自乙酉，三事大夫入，服酒。

---

① 唐兰：《西周青铜器铭文分代史征》，北京：中华书局，1986年，第208页。

胡承珙《毛诗后笺》谓:《雨无正》之"三事大夫"即《尚书·立政》之"作三事","任人谓任事之官,准夫谓平法之官,牧谓养民之官","三事大夫疑为在内卿大夫之总称。"顾颉刚谓:"'准'的意义是公平,'准人'当是司法长官;'任'是执掌政务的长官,故云'事';'伯'是管理民事的长官,故云'牧'。"①杨宽谓:"依据上下文看,'常伯'就是'牧',他的政务是'牧',是指王畿以内的地方官。郑玄解释说:'殷之州牧曰伯,虞夏及周曰牧'(《书疏》引)。伯或牧是对地方官的统称。'常任'就是'任人',他的政务是'事',是指王畿以内掌管军政大事的行政官。'准人'就是'准夫',他的政务是'准'。伪《孔传》说:'准人平法,谓士官。'孙星衍又说:'"准"字熹平石经作"辟",辟亦法也'(《尚书今古文注疏》)。……胡承珙认为'三事大夫'即是《尚书·立政》所说'作三事','任人就是任事之官,准夫是平法之官,牧谓养民之官','三事大夫疑为在内卿大夫之总称,对下邦君句,为在外诸侯之统称'(《毛诗后笺》卷十九)。这是正确的。令彝铭文:'舍三事令,眔卿事寮、眔者(诸)尹、眔里君、眔百工。'诸尹、里君、百工,即是王畿以内官员的总称,就是'三事大夫'。诸尹相当于'任人'或'常任',里君相当于'牧'或'常伯',只是'百工'泛指各种官吏,和《立政》所谓'准人'有出入。《雨无正》所说'三事大夫',是指王畿以内统治的官吏,即《尚书·酒诰》所谓'内服';所说'邦君诸侯',是指王畿以外统治四方的诸侯,即《尚书·酒诰》所谓'外服'。令彝铭文:'眔者(诸)

---

① 顾颉刚:《"周公制礼"的传说和〈周官〉一书的出现》,《文史》1979 年第 6 辑。

侯，侯、田（甸）、男，舍四方令'，是倒装句法，就是说四方令
发布到四方的诸侯，包括侯、甸、男在内（杨树达：《积微居金文
说》卷一《矢令彝三跋》）。这又和《雨无正》所说'邦君诸侯'
相当。"①经过胡、顾、杨诸氏的一番董理，《诗》《书》及金文中
有关"三事""三事大夫"的记述大体得以对应、沟通，"尹三事
四方"之所指亦随之比较清楚，即以卿士为官长的卿士寮不仅通
过所属"三事大夫"管理王畿内的"三事"，而且管理王畿外的四
方诸侯事。

这里，尚有一事需稍作交待。前引《毛公鼎》载有"参（三）
有司"，《盠方尊》亦载有"参（三）有司"。此"三有司"与《诗
经·小雅·雨无正》《尚书·立政》《小盂鼎》之"三事""三事大
夫"是怎样一种关系呢？《盠方尊》载"王册令尹……用司六师，
王行，参（三）有司：司土、司马、司工"，《卫盉》亦载"迺令参
（三）有司：司土微邑，司马单旗，司工邑人服"，据此，"三有司"
无疑指文献中的司徒、司马、司空，而"司徒、司马、司空"在
《尚书·立政》中则是于"任人、准夫、牧，作三事"外另列的。
这样，"三有司"与"三事大夫"似不相干。故有学者迟疑不决曰：
"古'三有司'，即司土（文献作司徒）、司马、司工（文献作司
空）"，"从……'三事'的任务看，又近似司徒、司马、司空三有
司。但《立政》篇明明另有三有司之名，不应如此重复，这一问题
终莫能明。"②而另一些学者则倾向于认为"三有司"与"三事"为
一事，如许倬云即认为"三有司的定义，指司土、司马、司空，殆

---

①　杨宽：《西周史》，上海：上海人民出版社，1999年，第324—325页。
②　王玉哲：《中华远古史》，上海：上海人民出版社，2000年，第599、601页。

已可为定论"，"三事也应为司土、司马、司空"。①

杨宽认为："执政大臣的称为卿士或卿事，是卿事寮长官的简称，其正式官职，西周初期即是太保或大师，西周中期以后为大师"，"其属官主要是'三有司'，即司马、司土、司工"，"卿事寮可以说是周王的办公厅和参谋部，掌管着政治、军事、刑法等等"。"太史寮的官长是太史，掌管册命、制禄、图籍、记录历史、祭祀、占卜、制礼、时令、天文、历法、耕作等等。太史寮可以说是周王的秘书处和文化部，太史可以说是周王的秘书长，同时又是历史家、天文学家、宗教家。既是文职官员的领袖，又是神职官员的领袖。其地位仅次于主管卿事寮的太师或太保"。②

《礼记·曲礼下》谓："天子建天官，先六大，曰：大宰、大宗、大史、大祝、大士、大卜，典司六典。天子之五官，曰：司徒、司马、司空、司士、司寇，典司五众。"杨宽认为："这些官制，虽然出于后人记述，但是它的来源比较原始。它把'六大'称为'天官'，看作神职，是有来历的。它把大史作为六大之一，其实大史就是'六大'之长，'六大'都该属于太史寮，而太史就是太寮的官长。至于'天子之五官'，都是治民之官，该属于卿事寮。"③

王玉哲不赞同杨宽有关"西周中央政权有两大官署，即卿事寮和太史寮"的说法。④在他看来，"卿士称寮，则卿士当非一人……

① 许倬云：《西周史（增订本）》，北京：生活·读书·新知三联书店，1994 年，第 210、211、212 页。
② 杨宽：《西周史》，上海：上海人民出版社，1999 年，第 322、325、336 页。
③ 杨宽：《西周史》，上海：上海人民出版社，1999 年，第 326 页。
④ 杨宽：《西周史》，上海：上海人民出版社，1999 年，第 321 页。

《毛公鼎》铭文中谓隶属于卿士这一秩位的官吏，有太史及三有司、小子、师氏、虎臣等。'太史'是属于卿事寮的官职，称寮是指太史及其属官们。所以，卿士与太史一为秩位名，一为官职名，两者性质、概念不同，不能并称。有人说西周的'卿士'是官职，恐不确。我们认为'卿士'的性质属于后来的爵位，某贵族有这种爵位品级，才有权做某种官吏"。"周室属于卿士的诸官吏，必有一人总揽大权，辅弼天子以治国者，这个执政大官的官职似为太宰。……周初周公是以'太宰'之职，'相王室'，以治天下。足见'太宰'是相，为群官之首"。"与太宰地位相伯仲者为太师"，"太师的职务是直接掌握国家的军权"，姜尚"因勇敢善战，伐商有功，而世胙以太师"。①其对西周中央官制基本框架的分析，与杨氏有很大不同，亦录此以备一说。

杨宽还认为："西周朝廷大臣确有公、卿两级。公一级的，早期有太保、太师、太史；后期有太师、太史，太师可能同时有两人。卿一级的，早期有司徒、司马、司工、司寇、太宰、公族，到中期以后，司寇的职位降低，只有五位大臣。""《周礼》所说的六卿，和我们综合可靠文献和金文所得到的结论相比，可以说骨干大体相同。司徒、司马、司工、司寇是相同的，太宰也即冢宰，只是公族和宗伯有些出入，但是基本性质是相同的，同样是掌管宗族内部以及君王的事务的。由此可见，当《周礼》一书编辑之际，确有不少真实的史料为其素材，并非全出'向壁虚造'。然而我们还是不能把它作为西周史料来引用，因为它已经过儒家的改造，加入了

---

① 王玉哲：《中华远古史》，上海：上海人民出版社，2000年，第598、599页。

大量理想化和系统化的成分……即以太宰一职为例，西周时，不过是王的家务官，主管王的财用……《周礼》以太宰'掌建邦之六典，以佐王治邦国'，居于六卿的首位，由他总摄六卿，其余五卿，只主管一典，统治一个方面。这种以冢宰为首的六卿组织，不但不符合西周的制度，即使在春秋时代各诸侯国也未尝出现，该是出于战国时代儒家按理想所作的系统安排。"①

西汉以来，经古文派于六卿之外，以太师、太傅、太保为三公，后之学者每有不以为然者。在西周官制研究方面倾力甚多并屡有创获的宫长为则认为："西周到底有没有三公？我的回答是十分肯定的，西周确实设有三公，而且是'王之三公'。""大体上说，太师侧重掌军事，太傅侧重掌立法，太保则侧重掌监察，与贾谊《新书·保傅》篇、戴德《大戴礼记·保傅》篇等诸种说法，多有不同，而较之《逸周书·明堂之位》篇，则多有相当。明堂之上，周公在前，太公在左，召公在右，也正是这种太师、太傅、太保不同职掌的真实写照。""周公为太傅，包括太公为太师、召公为太保在内，当在武王即位之初，并非在成王设置之时，相反，我们倒可以看出，太师、太傅和太保作为天子的三公，同时也兼有教养世子的责任。"宫氏还认为：根据现有的文献资料和出土材料来看，三公应渊源于殷商时代，"在商代中期前后，甚至在商代初期，都已经初具规模了"。②

以上所言，皆西周王朝中央官制。关于各诸侯国之官制，《礼

---

① 杨宽：《西周史》，上海：上海人民出版社，1999 年，第 361、362 页。
② 宫长为：《西周三公新论》，《中国社会科学院历史研究所学刊》第 1 集，北京：社会科学文献出版社，2001 年。

记·王制》有谓:"诸侯之下士视上农夫,禄足以代其耕也。中士倍下士,上士倍中士,下大夫倍上士。卿四大夫禄,君十卿禄。……次国之上卿,位当大国之中,中当其下,下当其上大夫。小国之上卿,位当大国之下卿,中当其上大夫,下当其下大夫。其有中士、下士者,数各居其上之三分。"又谓:"大国三卿,皆命于天子,下大夫五人,上士二十七人。次国三卿,二卿命于天子,一卿命于其君,下大夫五人,上士二十七人。小国二卿,皆命于其君,下大夫五人,上士二十七人。"又谓:"天子使其大夫为三监,监于方伯之国,国三人。"《周礼·天官·大宰》亦载:"乃施典于邦国而建其牧,之其监。"据此,若谓西周时各诸侯国亦初步设有卿、大夫、士诸职级的治事官及周天子对各诸侯国控制力颇强(任命部分高级官员和"监"的设置)、各诸侯国在一定程度上作为西周正朝地方行政机构而存在,自然是可以的,若据此晚出材料在论定各诸侯国在西周时已有如此庞大、完备的官制,自不免上当。须知,西周时各诸侯国尚立国不久,除都城及其远近一带外,地盘不大,政事粗简,恐尚无大量的卿大夫采邑之封和庞大的职官之设;且各国大小强弱不一,职官之设亦不可能那么规范、划一。

由于史籍和古今学者对这个问题皆涉及不多,西周时期各诸侯国官制的情况,今已难以道其详了。

西周时期,特别是它的中后期,王室和各诸侯国的卿、大夫们,又曾在其"家"内,设置家臣职级的官吏,以管理家族和采邑内部事务。有学者认为,《趩鼎》中之"家司马"、《卫盉》中之"小子"、《逆钟》中之"史",即是这类家臣。[①]不过,西周时期虽已

---

① 邵维国:《周代家臣制述论》,《中国史研究》1999 年第 3 期。

有家臣这一职级的官吏存在，但却很不成气候，家臣制之兴盛、完备，是春秋以后的事。

最基层，当是"家庭公社"与"农村公社"合一的"井"。关于这个问题，笔者已在前《"家庭公社"与"农村公社"问题》中作过申述，兹从略。

二　关于世官世禄

西周时（实不限于西周，上起夏、商，下讫春秋，大抵皆如此，唯西周更典型）的显贵之家，往往父死子继，世代为官。既世官，自然也就世代享有为官的俸禄，即所谓世官（世卿）世禄。此种显贵之家，即所谓世族。

西周的王和各诸侯国君，都铁定是世袭的，故王族（王室）和公族（公室）可以说是最大的世族。公、卿、大夫一类的高官，也基本是世袭的，虽其官位可变动，不像王位和君位那样稳定和一成不变。士无采邑，职位低微，自不在一般所谓世官世禄之列。故所谓世官世禄者，主要指公、卿、大夫一级（周王和诸侯国君是人主，已不是一般意义上的官了）。

世官制，从根子上说，是西周时人们仍保持着牢固的族的血缘联系、人群基本以族区分（特别是征服族与被征服族的区分）的产物，并得到宗法封建制的制度上的保证，从而自然形成了各级宗族长同时也就是各级官长，家国一体、家国同构的统治模式、格局。

西周的世族，在传世文献和金文中都有反映。《史记索隐·鲁周公世家》称："周公元子就封于鲁，次子留相王室，世为周公。"

直到春秋时周公黑肩、周公阅仍秉周室之政（事见《左传》桓公五年、十八年，文公十四年）。《史记索隐·燕召公世家》云："武王封之北燕，在今幽州蓟县故城是也。亦以元子就封，而次子留周室代为召公。"厉、宣之世甚为王室倚重、曾协助申伯经营江汉的召伯虎（事见《诗经·大雅·崧高》《江汉》）即其后。虢氏一族，自文王弟虢仲、虢叔"为文王卿士，勋在王室"（《左传》僖公五年）始，亦世代为王朝卿士，称"虢公"，著名的《虢季子白盘》中的虢季子、谏宣王不籍千田的虢文公、助幽王为虐紊乱朝政的虢石父，皆其族。还有一个邢国，地在今河北邢台一带，为周公之后。从第一代邢侯之次子留任王室大臣并食采于畿内的井邑起，这一支人便世代留居于此，并任官于王室，周原一带出土的"井伯""井叔"铜器即其证。据王培真统计，已出从康王到厉王有关井氏的青铜器凡 29 器，共有 7 个井氏代表人物，经历了西周八个王世约二百年，一直是西周一支显赫世族。[①]其他如早在文王时即与周公、召公、毕公地位等列的荣公（或称荣伯），其后亦十分显赫，如著名的深得厉王宠信、"好专利而不知大难"并终于导致了厉王被逐的荣夷公，即其族。1976 年，陕西扶风县庄白一窖藏内，出土了《史墙盘》（图 15）等百余件属于微史家族的铜器。此微史家族，在商代即为史官，降周后，继续为周之史官。据王培真统计，这个家族从微史烈祖到痶，六代人历武、成、康、昭、穆、共、懿、孝、夷九个王世（关于"痶"的时代，学界有孝王前后、夷王、厉王等不同说法，故该家族在周所历王世数亦不同——引者）皆为史

---

① 王培真：《金文中所见西周世族的产生和世袭》，《人文杂志》丛刊第 2 辑《西周史研究》，1984 年。

图15 史墙盘及铭文

1976年陕西扶风庄白村出土。通高16.2厘米，口径47.3厘米，深8.6厘米，器内底铸有铭文284字。

官，世袭采邑。①此类世族，见诸文献和金文的，还有一些，兹不备举。

世族虽世官、世禄，但亦须得到周王或上级贵族的认可，以表示上、下关系的存在。这种重新确认、认可，在封主或被封者任何一方发生变换时皆须进行。《师虎簋》载："惟元年六月既望甲戌……王乎（呼）内史吴曰：册命虎。王若曰：虎，截（在）先王既命乃取（祖）考事，啻（嫡）官司左右戏緐荆。今余惟帅井（型）先王命，命女（汝）更（赓）乃取（祖）考啻（嫡）官司左右戏緐荆，苟（敬）夙夕勿灋朕命。"意思是说：先王曾封师虎之祖先，现新王继位，又命师虎承乃祖旧职，并勉励师虎勤于职守，不负王命。其他如《善鼎》《蔡簋》《谏簋》《大盂鼎》《智鼎》《师酉簋》等，亦都记有新王继位后再封臣下事。另一种情况是，某官

---

　　①　王培真：《金文中所见西周世族的产生和世袭》，《人文杂志》丛刊第2辑《西周史研究》，1984年。

去世后，其子孙承袭父祖官职，亦须经时王的重新册命。《伯晨鼎》载："唯王八月辰才（在）丙午，王命䚇侯白（伯）晨曰：嗣乃且（祖）考，侯于䚇，易（锡）女（汝）秬鬯一卣，玄衮衣，幽夫、赤舄、驹车、画铸𢦏（轼）、虎帱、冥衮里幽，修勒，旅五旅，彤弓彤矢，夨戈，轍（皋）胄。……用作朕文考瀬公宫宝尊鼎。"这是周王重新册命伯晨继其父瀬公为诸侯。其他如《宜侯夨簋》等，讲的也是同类情况。上举各例讲的都是周王对诸侯、大臣的重新册命。《师㝮簋》载："白（伯）龢父若曰：师㝮，乃且（祖）考又爵于我家，女（汝）右（有）隹小子，余命汝死（尸）我家，敠司我西隔东隔仆驭百工牧臣妾、东载内外，毋敢不否善。"讲的便是人臣伯龢父册命师㝮继其先人为自己的家臣。

虽然并不是所有的贵族一旦成为贵族后就毫无例外地世世代代永远为贵族，因种种原因中途衰落或昙花一现的固然也有，但从主流看，从制度的层面看，世官世禄在西周的确是存在的。《孟子·梁惠王下》谓："昔者文王之治岐也，耕者九一，仕者世禄。"足见周人早在文王时即行此制。而《礼记·王制》却谓："天子之县内诸侯，禄也。（郑注：选贤置之于位，其国之禄如诸侯，不得世）外诸侯，嗣也。（郑注：有功乃封之，使之世也）""诸侯世子世国。大夫不世爵，使以德，爵以功。（郑注：谓县内及列国诸侯为天子大夫者，不世爵而世禄，辟贤也）……诸侯之大夫，不世爵禄。"即是说，诸侯之嫡长子可以继承父位为诸侯；在畿内为天子之大夫者（即所谓"县内诸侯"及列国诸侯入为周室大夫者），死后其子不得继其位，但可继其食邑；至于诸侯国之大夫，死后其子既不能继承其官职，连食邑也不能继承。《公羊传》隐公三年谓：

"世卿，非礼也。"何休注云："礼，公卿大夫士皆选贤而用之。卿大夫任重职大，不当世为。其秉政久，恩德广大，小人居之，必夺君之威权。"近世著名学者王国维在《殷周制度论》中亦认为：

> 故天子、诸侯世，而天子、诸侯之卿大夫士皆不世。盖天子、诸侯者，有土之君也，有土之君，不传子，不立嫡，则无以弭天下之争。卿大夫士者，图事之臣也，不任贤，无以治天下之事。以事实证之，周初三公，惟周公为武王母弟，召公则疏远之族兄弟，而太公又异姓也。成康之际，其六卿为召公、芮伯、彤伯、毕公、卫侯、毛公，而召、毕、毛三公又以卿兼三公，周公、太公之子不与焉。王朝如是，侯国亦然。故春秋讥世卿。世卿者，后世之乱制也。

王氏的看法，多半是受了上引《礼记·王制》《公羊传》诸记载的影响，而《礼记》《公羊传》一类书晚出，已明显地渗透着春秋战国时期儒家的"举贤"思想，以此去否定西周的世官世禄制显然是不妥当的。对此，王玉哲批评道："从周金文上看，在西周不但天子、诸侯实行世袭制，其下级的官吏也无不世袭。看来这种制度由来已久，决非春秋时代才产生的'乱制'。"[1]钱玄亦谓："王氏说不确。……今存西周铜器铭文中言世卿者四十三例，可以确证西周已行世卿制，不是从春秋才开始的。"[2]

总起来看，在西周，"世官世禄"作为一项与宗法分封制密切

---

[1] 王玉哲：《中华远古史》，上海：上海人民出版社，2000年，第618页。
[2] 钱玄：《三礼通论》，南京：南京师范大学出版社，1996年，第342—343页。

相关的任官制度，确实存在过；自然，亦不应对此制作绝对化的理解，以为既是世官世禄，就不应有什么例外，甚至连具体的职位也不能改变，非得世世代代袭任原职不可。至于《礼记·王制》及郑注将"官"与"禄"分开来谈，以为天子之大夫虽不得世爵（官），却可"世禄"，也是以战国时期唯衣食租税、不复治民的新封君来论西周官制，自然难得其实。事实上，在西周，宗族长、食禄的剥削者和有位的官员这三者基本上是统一的，三位一体的，无位的食禄者虽不可说一个没有，但绝不会是普遍现象，更不会作为一项制度而存在。

专题十五　西周兵制

与尔后的春秋、特别是战国时代不同，西周兵制自有其突出特征，这些特征便是通常所说的兵农合一，军政合一，国人当兵、野人不当兵，以及以车兵为主、车步兵相结合的基本战斗组合等。

一　兵农合一与军政合一

西周时期，除周王和各诸侯国君常设有少量近卫亲兵外，似尚无大量常备军的设置。《国语·鲁语下》载孔子语冉有之言曰：依先王之制、周公之籍，应是"有军旅之出则征之，无则已"。郑玄注《周礼·地官·小司徒》"乃令万民之卒伍而用之"云："此皆先王所因农事而定军令者也。"近人吕思勉亦谓："士则战士，平时肆力于耕耘，有事则执干戈以卫社稷者也。"[1]总之，西周时尚无大量常备兵的设置，实行的是平时务农，战时当兵，寓兵于农的兵农合

---

[1]　吕思勉：《先秦史》，上海：开明书店，1941 年，第 293 页。

一制。

与“寓兵于农”、兵农合一密切相关的又有所谓“寓将于卿”、军政合一。《周礼·夏官·叙官》：“军将皆命卿。”即是说，卿同时也是军将，当时尚无专职的军将存在。作为周初最重要官职的太师和太保，也是“平时在京城，同是王室的辅佐，出征时，又都可以作为军队的统帅”。①在基层编制中，这种军政合一的特点表现得尤为突出。《周礼·地官·小司徒》：

> 乃会万民之卒伍而用之。五人为伍，五伍为两，四两为卒，五卒为旅，五旅为师，五师为军。以起军旅，以作田役，以比追胥，以令贡赋。（郑注：“追，逐寇也”，“胥，伺搏盗贼也”。）

《周礼·夏官·叙官》：

> 凡制军，万有二千五百人为军，王六军，大国三军，次国二军，小国一军，军将皆命卿；二千有五百人为师，师帅皆中大夫；五百人为旅，旅帅皆下大夫；百人为卒，卒长皆上士；二十五人为两，两司马皆中士；五人为伍，伍皆有长。

郑玄注则进一步把上述军队编制与居民平时编制对应起来说：

> 军、师、旅、卒、两、伍，皆众名也。伍一比，两一闾，

---

① 王玉哲：《中华远古史》，上海：上海人民出版社，2000年，第597页。

卒一族（"族"，原作"旅"，据阮校改），旅一党，师一州，军一乡，家所出一人。将、帅、长、司马者，其师吏也。言军将皆命卿，则凡军帅不特置，选于六官、六乡之吏。自乡以下，德任者使兼官焉。

上引《周礼》及郑注所言之军、师、旅、卒、两、伍的军队编制和乡、州、党、族、间、比的居民编制虽不大可能是原本的西周旧制，但其所说的军队编制基本依托于居民编制，军队编制（包括其官长）和居民编制（包括其官长）基本上是一套，应该是成立的，可信的。杨宽于研究金文中的'六自'和'八自'与乡遂制度的关系后亦得出结论说："西周时代的'六自'和'八自'，既是国家的军事组织，又是自由公民的地域组织。统帅这些军队的长官'师氏'，既是高级的军事长官，又具有地方行政长官的性质，其直属的主要官员就有乡邑的长官'邑人'。"①

二 关于国人当兵、野人不当兵

各级指挥官外，西周的兵源主要来自"士"和"在国之庶"（以别于居于野的作为被征服族的"在野之庶"）。作为下级贵族的"士"和居于近郊的本族农业居民的"庶"，都是"国人"，亦即本族人，只有他们才有资格当兵；而作为被征服族居于野的农业居民

---

① 杨宽：《西周史》，上海：上海人民出版社，1999年，第417页。

254

的"在野在庶"，即所谓"野人"，在西周，是没有资格当兵的。这是因为，周人与被征服族，族的分野与居住区的划分尚十分严明，周人还不放心让被征服族武装起来。《周礼·地官·小司徒》贾公彦疏：

> 六军之士出自六乡……六乡之内，有比、闾、族、党、州、乡。一乡出一军，六乡还出六军。

杨宽亦认为：

> "乡"和"遂"对立的制度（也即"国"和"鄙"或"野"对立的制度），实质上就是当时社会结构中不同阶级的制度。国都附近"乡"中居民是当时国家的自由公民，实际上就是统治阶级的一个阶层。因而他们有参与政治、教育、选拔的权利，有服兵役的义务。郊外鄙野之中"遂"的居民，是当时被统治的阶级。因而他们没有任何政治权利，也没有资格成为正式战士。[1]

杨氏所论，除把"乡"中居民一概视为"统治阶级"明显不符合事实外（国中所居，除属于统治阶级的贵族外，尚有为数不少的平民——在国之庶的"农"与"工商"），其关于"国人"服兵役、"野人"没有资格成为正式战士的见解应是成立的。

---

[1] 杨宽：《西周史》，上海：上海人民出版社，1999年，第421页。

三　西周的军队编制、兵力与兵种

　　若据前引《周礼·地官·小司徒》及《夏官·叙官》，则周之军队编制为：五人为伍，五伍为两，四两为卒，五卒为旅，五旅为师，五师为军。军，一万二千五百人。王六军，大国三军，次国二军，小国一军。这恐怕不是事实。即以作为最高军队编制单位的"军"言之，就不见于其他记载，似当时只有"六师"而无"六军"。如《诗经·小雅·瞻彼洛矣》《大雅·常武》《棫朴》《尚书·顾命》《国语·周语下》等都只讲"六师"，而不及"六军"。西周金文中，亦只讲"六𠂤""八𠂤"，不及军。"𠂤"，过去学者或释"堆"、释"次"、释"𫛭"、释"屯"不一，[①]现多从阮元、孙诒让、于省吾释"师"，[②]是对的。"师"以下之旅、卒、两、伍编制是否可靠，王朝军队和各诸侯国军队是否皆采取此种建制，因材料所限，已难以探其究竟了。很可能，当时尚处聚族而居、以村社为社会基本单位的阶段，比、闾、族、党、州、乡一类的行政编制尚不完善，因而也尚无后世那种严格而又整齐划一的军队编制，遇有战事，大抵按地域或族别根据实际所需和可能临时征召兵员，这可从金文中经常以"族"名军得到说明，如《明公簋》所载之"王令明

---

　　① 分见徐同柏：《从古堂款识学》卷十一《周𠂤卣》；徐中舒：《禹鼎的年代及其相关问题》，《考古学报》1959年第3期；丁山：《𨝵𣪘跋》，《国立中央研究院历史语言研究所集刊》第2本第4分；郭沫若：《两周金文辞大系图录考释·小臣单觯》，上海：上海书店出版社，1999年。
　　② 分见毕沅、阮元同撰：《山左金石志》卷一《史师彝》；孙诒让：《古籀拾遗》上《晋姜鼎》；于省吾：《略论西周金文中的"六𠂤"和"八𠂤"及其屯田制》，《考古》1964年第3期。

公遣三族伐东或（国）"，《班簋》之"以乃族从父征"，《毛公鼎》之"以乃族干吾王身"等。这也从一个侧面反映了西周时期军队编制的粗简性。当然，这些地方所说的"族"军，可能只是地方兵，西周王朝的中央军可能要正规些。

那么，当时的一师有多少人、周王室一共有多少军队呢？

《周礼》谓一师二千五百人，陈恩林认为周代"师"之人数与商同，是由三个千人团体组成的较大作战单位。①

《诗经》《尚书》等文献屡言"六师"。金文则又有"六𠂤""八𠂤"或"西六𠂤""殷八𠂤""成周八𠂤"之称（见《盠方尊》《禹鼎》《曶壶》等）。"西六𠂤"当即"六𠂤"，因其驻地在西部都城丰镐一带，故又以"西"名。一般认为，"殷八𠂤""成周八𠂤"当即"八𠂤"，因其驻地在殷之故地、东都成周一带，故又有"殷八𠂤""成周八𠂤"之称；亦有学者认为，"殷八𠂤"与"成周八𠂤"是两个，"'殷八𠂤'该因屯驻于殷（即卫）而得名，'成周八𠂤'该因屯驻于成周而得名。"②

"六师"或"西六师"当为周人原有，若以一师二千五百人或三千人计，则伐商时周人兵力部数当为一万五千人或一万八千人。《孟子·尽心》《韩非子·初见秦》《吕氏春秋·简选》《战国策·秦策一》《淮南子·主术》等皆称武王伐纣时有"虎贲"或曰"素甲""甲卒"三千，《史记·周本纪》亦谓武王伐纣时凡出动"戎车三百乘，虎贲三千人，甲士四万五千人。"按"虎贲"即甲士，则"甲

---

① 陈恩林：《商代军队组织论略》，《殷都学刊》增刊《全国商史学术讨论会论文集》，1985年；《试论西周军事领导体制的一元化》，《人文杂志》1986年第2期。

② 杨宽：《西周史》，上海：上海人民出版社，1999年，第413页。

士四万五千人"之"甲士"当指通常所说的带甲之士,即一般士卒,徒兵。若按周之六师仅为数一万五千人或一万八千人计,倾周人全国之师亦不足此数,可能,此"四万五千人"是包括周之盟邦庸、蜀、羌、髳、微、卢、彭、濮八国之师,甚至所谓"八百诸侯"之师在内的。

以上是克殷时周人的兵力。克殷后,周室成了天下的共主,统治区大,所需兵力自然也大。如前所述,西周王朝于东征平叛、营建洛邑,在全国范围内确立起自己的统治秩序后,除原有的"西六师"外,又组建有"殷八师""成周八师"。若"殷八师"与"成周八师"为一,则周室共拥有十四师、约三万五千(每师以二千五百人计)至四万二千人(每师以三千人计)的兵力;若"殷八师"与"成周八师"为二,则周室共拥有二十二师、五万五千至六万六千人的兵力。若各诸侯国亦有一至三师军队,仅鲁、齐、燕、晋、卫几个大国即会有数师至十数师的兵力。当然,所有这些,都还是些推测,具体情况如何,由于史料的缺乏,已难以知其详了。

西周的兵种为车兵、徒兵,在战斗中形成以车兵为主、车徒兵相结合的基本战斗组合。

一车有多少甲士(车兵)、徒兵(步兵)呢?诸书所言颇不一致。《周礼·地官·小司徒》郑玄注引《司法法》:"革车一乘,士十人,徒二十人。"《左传》成公元年孔颖达疏引《司马法》:"长毂一乘……甲士三人,步卒七十二人。"同引《司马法》,一言每乘"士十人,徒二十人",共三十人;一言"甲士三人,步卒七十二人",共七十五人。对每乘甲士人数的不同,清儒金鹗及近今学者童书业等的解释是:每乘甲士总数为十人,然车上仅三人,多者四人，即所谓"驷乘"，余在车下，甲士有所谓车上甲士与车下甲士之分。①对每乘总人数的不同，过去学者或解释为"畿外邦国法"与"畿内采地法"两种军赋制度的不同，②或解释为三十人制为最大限度的出军法，即实战调发通制，而七十五人制并不是指兵车一乘之人数，而是任民之法，即正常情况下通行的军乘之本法，③或解释为平地作战，车为主，"宜甲士多，步卒少，固用革车之法，一乘士十人，徒二十人矣"，山地作战人为主，"宜甲士少，步卒多"，则"惟用长毂之法，一乘甲士三人，步卒七十二人也"。④此外，尚有其他一些说法，⑤兹不备举。当代学者陈恩林在蓝永蔚研究的基础上提出："三十人制"是殷、周和春秋初期的制度，"七十五人制"则是春秋中期以后的编制。⑥

而实际上，诸儒关于一乘编制究竟为多少人的看法分歧，远远不止此。"三十人"、"七十五人"说外，尚有"二十五人"说。如孔广森《礼学卮言》卷二《军乘考》即谓：

> 古者车战，故赋舆之法以乘为主。而《周礼》万二千五百人为军，不言其车数。以《诗》考之，军盖五百乘，乘盖二十五人。天子六军，而《采芑》之雅曰"其车三千"，鲁僖公时

---

① 金鹗：《求古录礼说》十五《军制车乘士卒考》；童书业：《春秋左传研究》，上海：上海人民出版社，1980 年，第 198、201、305 页。

② 见贾公彦：《周礼·地官·小司徒》疏；孔颖达：《礼记·孔子闲居》疏；王鸣盛：《蛾术编》卷六十五《说制三》；刘文淇：《春秋左氏传旧注疏证》成公元年注。

③ 见江永：《周礼疑义举要·地官一》；金榜：《礼笺》卷一《周官军赋》；孙诒让：《周礼正义》卷二〇、五十四；刘宝楠：《论语正义》卷一。

④ 黄以周：《礼书通故·军礼一》。

⑤ 详见蓝永蔚：《春秋时期的步兵》，北京：中华书局，1979 年，第 84—89 页。

⑥ 陈恩林：《先秦军事制度研究》，长春：吉林文史出版社，1991 年，第 140—142 页。

二军，而《闵宫》之颂曰"公车千乘"，五百乘为军，是其明证。……周法，五人为伍，五伍为两，两之言辆也，二十五人而车一辆。百乘成师，则二千五百人；五百乘成军，则万二千五百人。

古今学者虽绞尽脑汁力图弥缝古书记载的歧异，但往往是顾了这边，顾不了那边，因从《左传》等书看，不同国别、不同时期各国的军数、车数、士卒数甚为复杂，很难与某种定制相吻合。之所以会出现这种情况，笔者以为，原因可能是两个：一是西周的车乘士卒之数本有定制，后儒不察，人为地把它给搞乱了；一是西周军制、车乘士卒之数本属粗简，王朝与诸侯间、各诸侯国间、王朝侯国在不同时期间，在车乘士卒之数乃至整个军制上本无定制，或即使有个大框框，不同地区、不同时期在实际执行中也会有所增减变通，如时至今日，一个师、团、营、连的实际编制人数尚不能完全划一，何况远古！当然，我们这样说并不是讲西周在军队编制和一乘的士卒之数上毫无制度可言，制度自然是有的，只是不要把它看得过死了。大体说，一乘有十个左右的甲士，三个在车上（中主驭，左主射，右主击刺），余在车下（甲士受过专门训练，是"乘"这个战斗组合的核心，其在车下，既可作徒兵的中坚，又可随时补充战斗中车上甲士因伤亡造成的空缺，否则，若一乘仅配备三名甲士，一旦有伤亡，这一个"乘"的战斗组合便完全瘫痪了），有二三十个或更多一些的徒兵（随着时间的推移，徒兵人数呈渐增趋势），应是可信的。有学者谓：西周初期，"战车一乘是甲士十人，没有徒兵。后来战争发展扩大的结果，除原十名甲士外，又增徒兵二十人，人员总数为三十名。最后，到西周末或春秋时才由三十人又增为甲士、徒兵共七十五人"，[①]恐难成立。因为，这不符合事理，从历史发展上看，徒兵的资格远比车兵老，车兵出现后并不足以、也没有任何理由可以完全排斥掉最古老、最简便，且任何环境、地形都适用的徒兵；也不符合史籍记述，因为诸籍总是"士""徒"或"甲士""步卒"并举的。

四 兵役和军赋

《墨子·非攻下》谓："若使中兴师，君子〔数百〕（原无"数百"二字，据孙诒让《墨子闲诂》卷五补），庶人也必且数千，徒倍十万，然后足以师而动矣。"《墨子》所讲，既是春秋时的情况，西周亦不能例外。"君子"，当即甲士、车兵，来自作为下级贵族的"士"阶层，其职责是充任国家常备军事力量，一般不从事农事活动。"庶人"，在西周国人当兵、野人不当兵的制度下，当指"在国之庶"，即居于近郊平时从事农业生产的那一部分"国人"。他们是西周国家的主要兵源，战时充任徒兵（步卒），平时务农，并向国家提供军械、军资等军赋。此处之"徒"，可能指居于野的被征服族的农业劳动者，即"在野之庶"。他们虽无权当兵，但可充任后勤运输及诸多军中杂役，如辎重运输、饲牛养马、樵汲、炊爨等。

《周礼·地官·小司徒》郑玄注引《司马法》谓：

---

① 王玉哲：《中华远古史》，上海：上海人民出版社，2000年，第634页。

六尺为步，步百为亩，亩百为夫，夫三为屋，屋三为井，井十为通。通为匹马，三十家，士一人，徒二人。通十为成，成百井，三百家，革车一乘，士十人，徒二十人。十成为终，终千井，三千家，革车十乘，士百人，徒二百人。十终为同，同方百里，万井，三万家，革车百乘，士千人，徒二千人。

这段记述，问题很多：一，时代不明，所反映的是西周古制呢，还是东周的东西，难以判明；二，"夫三为屋""屋三为井"为三进，"井十为通""通十为成""成十为终""终十为同"皆十进，这样整齐划一的居民编制，不要说古代，任何时代都不能有，显系战国儒者理想之作；三，既谓"夫三为屋，屋三为井"，则一井为九夫（家）至明，何以转眼间又说"井十为通……三十家""成百井，三百家""终千井，三千家""同……万井，三万家"，一井又成了三家呢？对此，孔颖达在《疏》文中虽有"宫室、涂巷三分去一"，地分"不易、一易、再易，通率三夫受六夫之地"，故由十井构成的"通"，名为九十夫之地，实仅授三十夫地之说为之弥缝，终难使人信服。凡此，皆表明这段记述不是西周、甚至也不是东周的信史。自然，我们这样说并不意味着要全盘否定这段记述的史料价值，应该承认，其中所透露的兵役、车乘的征发以"井"为基础进行，还是符合西周的历史实际的。因为，当时社会的基本单位仍是建立在井田制基础上的农村公社，个体家庭（夫）尚不是独立的社会单位，故兵役、车乘的征发也是面向村社而不是面向个体农户。

西周时人们服兵役的年龄，缺乏直接、可靠的记载，晚出诸书所记亦不尽相同。《周礼·地官·乡大夫》：

> 以岁时登其夫家之众寡，辨其可任者。国在自七尺以及六十，野自六尺以及六十有五，皆征之。其舍者，国中贵者、贤者、能者、服公事者、老者、疾者皆舍。以岁时入其书。

旧谓此专指力役之征，不确，恐此处所言"可任""征之"的年龄段，既适用于力役之征，也适用于兵役之征。由于国中之人当兵，而兵需精壮，故年龄段限于七尺至六十；野之人服力役，稍老弱点亦勉强可用，故年龄段放宽到六尺至六十五岁。孔颖达疏称："七尺谓年二十"，"六尺谓年十五"。而《礼记·王制》则谓："五十不从力政，六十不与服戎。"孔颖达《疏》引许慎《五经异义》："《礼》戴说《王制》云：'五十不从力政，六十不与服戎。'《易》孟氏、《韩诗》说：'年二十行役，三十受兵，六十还兵。'《古周礼》说：'国中自七尺以及六十，野自六尺以及六十有五，皆征之。'许慎谨按云：《五经》说皆不同，是无明文所（孙诒让《十三经注疏校记》："'所'，陈寿琪本作'可'。"）据。"连生当汉代、博学如许慎者都感到"无明文所（可）据"，今天若要彻底弄清当时人们服兵役的具体年龄就更不大可能了。故上引种种，只能是个大致的参考。

当时人们除服兵役外，尚有军械、军资等的军赋负担。上引《周礼·地官·小司徒》已提到人们的"匹马""革车"负担。他书，如《尚书·费誓》亦载有鲁侯于战前告诫国人之言曰：

嗟，人无哗，听命。徂兹淮夷、徐戎并兴。善敹乃甲胄，敿乃干，无敢不吊。备乃弓矢，锻乃戈矛，砺乃锋刃，无敢不善。……甲戌，我惟征徐戎。峙乃糗粮，无敢不逮。……鲁人三郊三遂，峙乃桢榦。甲戌，我惟筑，无敢不供，……峙乃刍茭，无敢不多。

意思是：嘿，大家不要喧哗，听从命令。现在淮夷、徐戎同时兴兵来犯。好好缝缀你们的衣甲头盔，系结好你们的盾牌，不许不准备好。准备好你们的弓箭，锻冶好你们的戈矛，磨快你们的锋刃，不许不备好。……甲戌日，我们征徐戎。备好你们的干粮，不许不备足。……备好筑城工具，甲戌日，我们筑造营垒，不准不提供。……备好你们的草料，不许不够。总之，遇有战事，人们不仅要上前线，武器、盔甲、干粮、草料甚至连筑城工具都得自备。看来，当时尚无春秋以来的"用田赋"，即按各家田亩的多少出军赋，而是以村社共同体为单位以提供各种军械、军资作为军赋。《国语·鲁语下》载孔子答冉有问时所援引的所谓"周公之籍"，内容也是："先王制土，籍田以力，而砥其远迩；赋里以入，而量其有无；任力以夫，而议其老幼，于是乎有鳏、寡、孤、疾。有军旅之出则征之，无则已。其岁收，田一井，出稷禾、秉刍、缶米，不是过也。"谓西周时的军赋是遇有战事才征收，平时并不征收；征收之额，为"田一井，出稷禾、秉刍、缶米"，即征收一定数额的粮食、草料。凡此，皆表明西周时期的军赋征收尚停留在比较原始的阶段。

专题十六　西周的"礼"与"法"

　　"文革"后期的"评法批儒"中，人们曾将"礼"与"法"分属儒家和法家名下，似乎儒家是只要礼而不知法为何物、法家又是只讲法而不知礼为何物的。这实在是一种莫大的误解。事实上，儒家是以所谓的德治、礼治为主，但绝不排斥法，是一种以礼（德）为主、礼法并用的治国方略；法家则不过是另一种以法（强制）为主、法礼兼用的治国方略罢了。作为一种为统治者治国驭民服务的思想派别，如果只懂得治术中的一手而根本不知另一手为何物，这种思想派别也未免太可怜了；在现实中，这样的派别，也压根立不起来。

　　众所周知，在历史上，西周是以所谓崇尚德治、礼治著称的，但它并没有排斥、放弃法，推行的早就是礼、法结合，相互为用的一套。

一　"礼"与"礼治"

　　礼，甲骨文作 ，即豊，说者谓为用器皿盛双玉以奉神祇。

《说文》："豊，行礼之器也。从豆，象形。"徐中舒师曰："从珏在凵中从昱（豆），象盛玉以奉神祇之器，引申之奉神祇之酒醴谓之醴，奉神祇之事谓乏礼。初皆用豊，后世渐分化。"①故礼之原意为祀神之器，引申之为祀神之事。古代，祀为人群之大事，自然有着隆重、庄严的仪式。在这种场合，最容易体现一个人的地位、品格，这就蕴涵了"礼"字由原意向着昭示人的地位、品格方向蜕变的可能。进入阶级社会后，礼的内涵急剧膨胀：

礼起于何也？曰：人生而有欲，欲而不得，则不能无求；求而无度量分界，则不能不争；争则乱，乱则穷。先王恶其乱也，故制礼义以分之，以养人之欲、给人之求，使欲必不穷乎物，物必不屈于欲，两者相持而长。是礼之所起也。（《荀子·礼论》）

夫礼者，所以定亲疏、决嫌疑、别同异、明是非也。（《礼记·曲礼上》）

礼者，因人之情而为之节文，以为民坊者也。……夫礼，坊民所淫，章民之别，使民无嫌，以为民纪者也。（《礼记·坊记》）

礼也者，理之不可易者也。（《礼记·乐记》）

礼也者，理也。（《礼记·仲尼燕居》）

礼，王之大经也。（《左传》昭公十五年）

礼，经国家、定社稷、序人民、利后嗣者也。（《左传》隐公十一年）

---

① 徐中舒主编：《甲骨文字典》，成都：四川辞书出版社，1988年，第523页。

这样，"礼"实际已具有治国驭民的大纲、基本的原则、根本的制度和判断是非的标准（所谓"夫礼者，所以……明是非也"，"礼也者，理也。"）、纲纪人心的道德规范（所谓"夫礼，坊民所淫……以为民纪者也。"）等多方面的含义，具有了多层面、全方位的社会功能。故古代所谓"礼"，所涵极大，举凡典章制度、礼节仪式、道德规范等几无所不包，这也是商周时国家、社会尚处在人少事简、社会控制系统尚未细化的反映。金景芳谓："古代所谓礼，实际是包括上层建筑和经济基础在内的一系列政治的社会的制度，而以政治的制度为主。"①商国君谓："周公所制之礼，内容非常广泛，包括政治、经济、军事、宗教、婚姻家庭、伦理道德等各方面的规章制度和行为规范，以及吉、凶、军、宾、嘉礼等不同的礼节仪式，其中有许多是用国家强制力保证执行的，具有法律效力。主要制度有分封制、嫡长子继承制、宗法制、井田制、畿服制、爵谥制、法制等。"②也就是说，在西周（夏、商也一样），"礼"基本涵括了典章制度、礼节仪式、道德规范等三个方面，而以制度层面为主，节仪乃其外在仪式，道德说教亦不过是制度的理论的、人性的辩护罢了。而制度本身，又自然是包含着法制在内的。故在当时，"礼"不仅不排斥法，而是包含着法的。

进入春秋战国后，随着国家机构、功能和整个社会控制系统的细化，包括"法"在内的典章制度和"道德规范"逐步从"礼"中游离出来，"礼"也于是乎成了"仪"——即仅仅作为后人通常所

---

① 金景芳：《周公对巩固姬周政权所起的作用》，《吉林大学社会科学论丛·历史专集》，1980年。后收入《古史论集》，济南：齐鲁书社，1981年。
② 商国君：《略论周公对历史的贡献》，《松辽学刊》1994年第2期。

理解的"礼节仪式"之"礼"而存在了。历代的礼学家们孜孜不倦、皓首以求的"礼",实多为"仪";而"仪",实乃昔时"礼"的一部分,并且还不是主要的部分。

现有材料表明,倡言以"礼"治国的"礼治"思潮、主张,虽是春秋战国时期的儒家搞起来的,但这决不等于说,前此无"礼治"。实际上,"礼治"和"德治",从根子上说是相通的,它们皆为周公精心炮制、孔孟大力张扬,只不过前者侧重于制度的层面,后者侧重于思想、道德的层面罢了。孔子讲:"为政以德,譬如北辰,居其所而众星共(拱)之。"(《论语·为政》)道理虽对,但如何操持?不好下手,未免有些空泛。孔子又讲:"道(导)之以政,齐之以刑,民免而无耻;道之以德,齐之以礼,有耻且格。"这才对了。即只有把思想、道德教育和制度的约束结合起来,小民们才会有羞耻心和守规矩。因此,所谓"礼治",实即制度管理、制度治国。春秋战国时期的儒家张扬"礼治",实际是坚守西周的典章制度不放,故而在新的时代潮流里显得保守、落后,并不是制度治国、制度管理本身有什么不好。因为,任何政权,为维护自己的尊严和存在,总是要求它的子民们毫无保留地遵守它所厘定的各种典章制度的。

二 西周的"法"及其与"礼"的关系

作为一种特定社会现象,作为统治阶级意志体现、由国家强制力保证实施的行为规范的法,乃人类历史发展进入阶级社会后的产物。

在"天下为公"(《礼记·礼运》)的原始社会，是所谓"刑政不用而治"(《商君书·画策》)的；进入阶级社会后，情况就不一样了，故又有所谓"夏有乱政，而作《禹刑》；商有乱政，而作《汤刑》；周有乱政，而作《九刑》"(《左传》昭公六年)之说。也就是说，即使是作为三代开国之君的禹、汤、文、武等圣主仁君，立国伊始，便也深深懂得"徒善不足以为政"(《孟子·离娄上》)的道理，不能不同时仰仗刑罚以维护自己的统治。

据载，西周时曾不止一次地制定、修改刑律。《左传》昭公六年言"周有乱政，而作《九刑》"，事在周初；《逸周书·尝麦》载成王四年"命大正正《刑书》"，"太史策《刑书》九篇，以升，授人正"。即命大正(大司寇)对《九刑》予以修正；穆王时，又作《吕刑》(《史记·周本纪》作《甫刑》)。足见西周时期统治者对刑律的重视。

西周的"法"，有三个显著的特征：一是凸显"亲亲""尊尊"，有鲜明的血亲、等级色彩；二是强调明德慎罚，以刑辅德，德主刑辅；三是受制、包容于德、礼，不独立，不完善，发育幼稚。

最足以说明西周的法以"亲亲""尊尊"为依则的是所谓"八议"和"礼不下庶人，刑不上大夫"。《周礼·秋官·小司寇》：

> 以八辟丽邦法，附刑罚：一曰议亲之辟，二曰议故之辟，三曰议贤之辟，四曰议能之辟，五曰议功之辟，六曰议贵之辟，七曰议勤之辟，八曰议宾之辟。

郑注："辟，法也。""丽，附也。"贾疏："后郑以不在刑书，故须议，议讫乃附邦法。""亲"，指皇室宗亲；"故"，指旧友故交；"贤"，指有德行者；"能"，指有道艺才能者；"功"，指有功勋者；"贵"，指贵族；"勤"，指勤于政事者；"宾"，指前朝之王公大臣。因此，所谓"八议"，实即法外施恩，对一些特殊犯罪者（不外"亲"者或"尊"者两大类，所谓"贤"者、"能"者，实亦"尊"者）减免刑罚的制度。

《礼记·曲礼上》又有所谓"礼不下庶人，刑不上大夫"一说。郑注"礼不下庶人"曰："为其遽于事，且不能备物。"孔疏："谓庶人贫，无物为礼，又分地是务，不服（"服"，本或作"暇"）燕饮，故此礼不下与庶人行也。"郑注"刑不上大夫"曰："不与贤者犯法，其犯法则在八议，轻重不在刑书。"孔疏："不使贤者犯法也，非谓都不刑其身也，其有罪则以八议议其轻重耳。"所谓"礼不下庶人，刑不上大夫"，其要旨无非是说"礼"主要是用来规范、调节统治阶级内部的关系的，一般不下及庶人；"刑"主要是针对被统治阶级的庶人的，一般不适用于有身份的"贵族"，"贵族"即使犯法，也不是根据一般的刑律治罪，而是按"八议"从轻发落（自然，这是指一般性犯罪；对"不率大戛"（《尚书·康诰》，意为"不遵循国家的大法"）的官员，还是要迅速地依法处死的），并享有"命夫命妇不躬坐狱讼"（《周礼·秋官·小司寇》。指贵族及其妻犯罪可以不亲自出庭受审，而由其属吏代理参加诉讼活动），"公族无宫刑，不翦其类也"（《礼记·文王世子》）、"公族其有死罪，则磬于甸人，其刑罪，则纤剸，亦告于甸人"（《礼记·文王世子》。郑注："不于市朝者，隐之也。甸人，掌郊野之官。县缢杀之曰磬。""纤，读为歼。歼，刺也。剸，割也。"意谓公族不论犯死罪或其他肉刑，都不公开施刑，而由专门机关秘密审理执行）等特殊待遇。但这绝不是说，"礼"是一点也不适用于庶人，而"法"在任何情况下都奈何贵族不得的。事实上，贵族们不管享有多大特权，从根子上说，还是脱不出"法"的适用范围的。庶人虽忙于生计，且因贫穷，无时间、无能力、也无资格讲求贵族之礼，但"礼"之适用于庶人，庶人也有自己的祭祀之礼（《礼记·王制》"庶人祭于寝"），丧葬嫁娶之礼（《礼记·王制》有"庶人三日而殡，三月而葬"的规定等），孝敬父母长上之礼，一句话，庶人也有着与自己的身份相适的礼，也要受礼的规范约束，否则，又何来制礼"以为民坊"（《礼记·坊记》），"安上治民，莫善于礼"（《孝经·广要道章》）之说。诚如有的学者所论："各个等级有各个等级的礼，庶人也毫不例外，根本不存在'礼不下庶人'的阶级原则。"①

20 世纪 80 年代以来，学者围绕"礼不下庶人，刑不上大夫"问题展开过讨论。

郭沫若等认为："周朝的刑律主要是用来镇压奴隶的。……自由平民触犯了刑律，也要被拿来治罪……只有奴隶主贵族是例外，'礼不下庶人，刑不上大夫'，道破了奴隶制刑罚的阶级实质。"②

金景芳也认为：在中国奴隶社会，"对于有氏的，作为同族的人看待，用礼；对于无氏的，作为敌人甚至禽兽看待，用刑。""'礼不下庶人'表明"礼"的适用范围只限于庶人以上，不包括庶

---

①　栗劲、王占通：《略论奴隶社会的礼与法》，《中国社会科学》1985 年第 5 期。
②　郭沫若主编：《中国史稿》第一册，北京：人民出版社，1976 年，第 271 页。

人，更不消说庶人以下了。"①

张晋藩等虽承认"礼"对庶人也有"约束力"，贵族犯罪亦须"处刑"，却同样强调"礼和刑在适用上，因阶级而有不同，这就是所谓的'礼不下庶人，刑不上大夫'的原则"，"一项阶级原则"。②

王占通则认为：《礼记·曲礼上》云："国君抚式，大夫下之；大夫抚式，士下之；礼不下庶人。"孔颖达疏："国君抚式大夫下之者，抚，谓手据之，谓君臣俱行，君式宗庙，则臣宜下车。此独云大夫，则士可知也。大夫抚式士下之者，士为大夫之臣，亦如大夫于君也。……礼不下庶人者，谓庶人贫无物为礼，又分地是务，不服（服，本或作暇）燕饮，故此礼不下与庶人行也。"可见，"《曲礼》中的'礼不下庶人'，不是一切礼都不下庶人，而仅仅指过宗庙下车之礼不下及庶人"，"'礼不下庶人'之说是误解原文所致"。贵族犯罪，虽"在很多情况下不受任何制裁，或仅受到极其轻微的制裁"，但并"不存在'刑不上大夫'的原则"。事实上，"不仅对大夫用刑，用肉刑的例子也比比皆是"。"《礼记》一书成于西汉前期，出自汉儒之手"，"'刑不上大夫'是汉代儒者的一种理想"。③

陈一石认为："'礼制'体现'牧师的职能'，它在政治、思想上调整统治阶级内部等级秩序的同时，也是欺骗、麻痹庶人、工商的工具，因而'礼制'要强加于庶人；'刑制'体现'刽子手的职能'，它对庶人、奴隶是暴力统治的工具，对违背周王朝意志的统

---

① 金景芳：《论礼治与法治》，《古史论集》，济南：齐鲁书社，1981年，第158、161页。

② 张晋藩主编：《中国法制史》，北京：群众出版社，1982年，第37页。

③ 王占通：《奴隶社会法律制度中不存在"礼不下庶人，刑不上大夫"的原则》，《吉林大学社会科学学报》1987年第5期。

治阶级的成员，也要用'刑'加以制裁，所谓'礼不下庶人，刑不上大夫'说只是反映了春秋战国时期部分贵族的政治要求。"①

李启谦据《周礼·大司寇》有"国刑"（李谓"国刑"是"治国"的，即"治诸侯"的）、"官刑"（李谓"官刑"是"治官"的，即"治包括大夫在内的官吏"的）的规定和《史记·管蔡世家》有关周公"伐诛武庚，杀管叔，而放蔡叔"的记载，以及《国语·鲁语上》"夫礼，所以正民也"的记述，认为"'礼不下庶人'和'刑不上大夫'不能成立"，事实上，"西周、春秋时代，对大夫以上的人，不但讲礼，而且也用刑；对庶人以下的人，不但用刑，而且也用礼"。自然，这并不等于说，当时存"礼、法面前人人平等"。②

李衡梅、吕绍纲不同意陈一石的看法。二氏认为，"古人'刑不上大夫'的说法符合周代的历史实际，在理论上也完全说得通，是推不倒的"。"古人使用刑字这个概念，有时外延包括极广，一切刑罚均在内……而在更多的情况下，刑字的外延是有限的，往往只有肉刑一义。肉刑称刑或称刑罪，死刑称刭或称死罪。刑不含杀义，杀亦不称刑，刑杀有别，各有所指，这几乎是古人行文的通例"。故"刑不上大夫"，"应该是肉刑不施于大夫的意思"。③李、吕二氏是说，虽有一定文献作依据，但准之于 1975 年新出《㑌匜》中明言可对牧牛这个小贵族（虽不一定是"大夫"级的）施以鞭打

① 陈一石：《"礼不下庶人，刑不上大夫"辨》，《法学研究》1981 年第 1 期。
② 李启谦：《"礼不下庶人，刑不上大夫"吗？——谈先秦史研究中的一个问题》，《齐鲁学刊》1980 年第 2 期；《再议"礼不下庶人，刑不上大夫"》，《中国古代史论丛》1981 年第 3 辑，福州：福建人民出版社，1982 年。
③ 李衡梅、吕绍纲：《"刑不上大夫"的真谛何在？——兼与陈一石同志商榷》，《史学集刊》1982 年第 1 期。

和墨刑（详后），则又恐难成立。

笔者认为，争论双方或者把古人"礼不下庶人，刑不上大夫"的说法看得过于神圣，以为那确是一条不可移易的原则，或者以"礼"也适用于庶人、"刑"亦可上及大夫为由，轻易否定这条原则的存在，似皆有不妥。实际上，"礼"当然适用于庶人，贵族们犯法也同样须治罪，故绝不可将"礼不下庶人，刑不上大夫"一语看得太死，以为在"礼"与"刑"、"大夫"与"庶人"间存在着一条不可逾越的鸿沟；但"礼"主要用于调节统治者内部的秩序、关系，"刑"的主要打击锋芒则坚定不移地指向被统者，却也是不争的事实。从这个意义上讲，说西周不是在法理上、而是在事实上存在着一条"礼不下庶人，刑不上大夫"的原则，并不为过。

西周统治者鉴于殷恃力而亡的教训，特别强调"敬德"二字，在处理"德"与"刑"的关系时，始终把"德"摆在第一位，推行所谓"明德慎罚"、以刑辅德、德主刑辅的治国方针。所谓"明德"，就是崇尚德治，提倡德教；所谓"慎罚"，就是对刑罚的施用采取审慎和宽缓的态度。"明德慎罚"，就是将教化与刑罚结合起来，先德后罚，德主刑辅。这是周人比殷人的高明之处。在尔后的中国历史上，除战国、嬴秦的法家人物外，后世的封建统治者们也大都是（起码是在口头上）高张周人的这面旗帜的。

西周的"法"，受制于"德"，并在很大程度上包容于"礼"之中（如《尚书·康诰》以"不孝不友"为罪大恶极，应"刑兹无赦"，就是"法"受制于道德、礼制，"法""德""礼"混一不分的生动说明），还特别要受最高统治者意志的钳制、干预（周王及诸侯的"誓""诰""命"等"最高指示"，即是当时最高的立法文献，具有最高的法律效力），因而是不独立的。在法律形式上，西周的"法"又主要体现为"刑"，"民法"等处于十分幼稚的不发育状态（当时，民事关系的调整，大都靠礼，靠习惯法）。西周时尚不见公布的成文法典，自然，供官员们内部掌握使用的《刑书》还是有的。如《逸周书·尝麦》即有"《刑书》九篇"的记载，《尚书·吕刑》亦谓断案时应"明启《刑书》胥占"（打开《刑书》，根据法律规定，仔细揣度）。另外，《尚书》《周礼》《礼记》等文献中，也有许多有关西周诉讼程序与审判制度的记述、规定。1949 年后陕西岐山出土的西周晚期器《𠫟匜》，可谓是我国迄今为止发现的最早的一篇法律判决书，铭文比较详细地记载了牧牛和他的上级𠫟打官司，牧牛违背先誓，败诉，按律应鞭打一千下，并处以墨刑，后经赦减，改判为鞭打五百、罚铜三百锊的判决过程。①凡此，皆可证西周的"法"虽不完善，但定罪科刑还是大体有章可循、有刑书做依据的。

下面，再谈谈"礼"与"法"（刑）的关系。

如上所述，"礼"虽统摄典章制度、节仪和道德规范等诸多方面，但从其在整个社会控制系统中的职能划分来说，它主要还是侧重于制度的层面；而"法"虽也是"制度"，但它又不是一般的制度，而是一种特殊的制度。"礼"与"法"的不同之处在于："礼"是积极的正面规范，"法"则是消极的制裁性规范，所谓"礼者禁于将然之前，而法者禁于已然之后"（《大戴礼记·礼察》）是也。

---

① 参见岐山县文化馆、陕西省文管会等：《陕西省岐山县董家村西周铜器窖穴发掘简报》，《文物》1976 年第 5 期；唐兰：《陕西省岐山县董家村新出西周重要铜器铭辞的译文和注释》，《文物》1976 年第 5 期。

"礼"既是积极的正面规范，是国家的根本制度，故一直被统治阶级视为"经国家、定社稷、序人民、利后嗣"（《左传》隐公十一年）的利器，视为"政之舆也"（《左传》襄公二十一年。谓"礼"是"政事"的车子，没有"礼"这个车子，"政事"就无法运行），认为"礼之于正国也，犹衡之于轻重也，绳墨之于曲直也，规矩之于方圜也。"（《礼记·经解》）总之，在统治者看来，"人无礼则不生，事无礼则不成，国无礼则不宁。"（《荀子·修身》）此话虽为战国时人荀子所讲，大体上也应该是西周统治者的心声。

"礼"与"法"（刑）虽各有侧重，目的却都是为了规范人们的行为，维护统治阶级的统治秩序，故二者又是互相补充、相辅而行的，即二者所非、所禁，大体是一致的，违礼之行，大都也是违法的。对此，后汉人陈宠曾论之曰："礼之所去，刑之所取，失礼则入刑，相为表里者也。"①

过去，大家多言"德"与"罚"、"礼"与"法"的关系，很少将"德""礼""刑"（法）三者作序列之研究。实际上，西周统治者是将三者紧密结合起来施行的。三者的关系是：思想层面的"德"摆在首位，突出思想灌输和教化的重要作用；次为制度层面的"礼"，强调制度管理、制度约束的作用；法律层面的"刑"（法）虽摆在最后，实为统治阶级对付被统治阶级的最后一道屏障，也是最重要的一着。足见，将"德""礼"与"法"割裂、对立起来，视为水火不相容的二物，是不成立的。春秋战国时期，法家所反对的，不仅是西周的"礼"，他们也同时反对西周的"法"，总

① 《后汉书》卷四十六《郭陈列传》。

之，是以新反旧，实质是新、旧之争；我们借用旧字眼把当时的儒、法之争称之为"礼""法"之争固然是可以的（因当时儒家确以守西周旧礼为号召，法家以推行新法为旗帜），只是需在内心明白：这绝不等于说儒家是只有"礼"、不要"法"，而法家又是只要"法"、不要"礼"（制度）的。事实上，任何统治者在治国驭民时，基本上都是教化、制度约束和法律惩处三结合、三管齐下的，不同的只是各自的侧重点有所不同、运用的水平有所不同罢了。中外历史上，恐怕也很难找得出几个只要教化、制度约束、法律惩处中的一项或两项而完全抛开其中的另外两项或一项的愚蠢的统治者来的。

专题十七　西周的"德治"与"民本"

周代商后，鉴于殷亡的教训，周统治者在淡化天命信仰的同时，格外重视人事——重视对"治民"之术的新探求及相应的理论建构。名垂史册、一直为国人津津乐道的"德治"与"民本"思想，正是在这样一种历史背景下被提出的。

一　"德治"的社会功能定位及其评价

有学者如郭沫若等认为，"德"字在周金文中才出现，殷时还没有德的观念。[①]亦有学者认为，殷商时已有"德"字，卜辞"値"即"德"，或"德"之初文。[②]我们认为，"德"字或早已有之，"敬德"思想也不会如郭沫若等所断言的那样为周人所首创、独具；但

---

　　① 郭沫若：《先秦天道观之进展》，《青铜时代》，北京：科学出版社，1957 年，第17 页；杜守素等：《中国思想通史》第 1 册，生活·读书·新知联合发行版，1949 年，第73 页。

　　② 杨荣国：《中国古代思想史》，北京：人民出版社，1973 年，第 9 页；徐中舒主编：《甲骨文字典》，成都：四川辞书出版社，1988 年，第 168—169 页。

把"德"上升到治国方针、方略的高度，还是周人的功劳，并主要是周公的创制。

"德"的本义是个人的品德、道德修养。郭沫若说："德字照字面上看来是从值（古直字）从心，意思是把心思放端正，便是《大学》上所说的'欲修其身者先正其心'。"①

以周公为代表的周统治者的贡献和高明之处就在于把"德"从"人生哲学"提升为"政治哲学"。

过去，郭沫若曾有言曰："周人一面在怀疑天，一面又在仿效着殷人极端地尊崇天，这在表面上很像是一个矛盾，但在事实上一点也不矛盾的。请把周初的几篇文章拿来细细地读，凡是极端尊崇天的说话是对待着殷人或殷的旧时的属国说的，而有怀疑天的说话是周人对着自己说的。这是很重要的一个关键。这就表明着周人继承殷人的天的思想只是政策上的继承，他们是把宗教思想视为了愚民政策。自己尽管知道那是不可信的东西，但拿来统治素来信仰它的民族，却是很大的一个方便。自然发生的原始宗教成为了有目的意识的一个骗局。""周人根本在怀疑天，只是把天来利用着当成了一种工具。"②郭氏的说法，未免太高估了周人（把周人看成无神论者了），也不符合历史实际。如《尚书·大诰》之"不敢替（废弃）上帝命。天休（嘉惠）于宁王（文王），兴我小邦周"，并不是对殷人，而是对周人和友邦的国君和大臣们说的；《康诰》之"天乃大

---

① 郭沫若：《先秦天道观之进展》，《青铜时代》，北京：科学出版社，1957年，第17页。

② 郭沫若：《先秦天道观之进展》，《青铜时代》，北京：科学出版社，1957年，第16页。

命文王，殪戎殷（灭亡大邦殷）"，也不是对殷人，而是对自己的弟弟、新封到卫国为君的康叔封讲的。所以，周人还远没有达到郭沫若所说的"根本在怀疑天"那样的认识高度，周人同样是相信天命的。诚然，召公、周公等是有过"天难谌（信）""天不可信"（《君奭》）的话，但只要我们细审上下文意，就不难发现周、召二公的"天难谌""天不可信"云云，并不是不再相信天命了，而是为了强调"不敢宁（安）于上帝命"，即不能完全地、一味地仰仗天命，怠于政事，而应"时（恃）我"，即靠自己的业绩表现去赢得、保住天命，并坚信："我道惟宁王德延，天不庸释于文王受命"（《君奭》），即只要我们把文王的美德发扬光大，上天就不会废弃文王所受的天命。要之，在周人看来，天命还是可信的；永恒的、不变的天命则不可信。

正因为周人在朝代的兴替中看到了"皇天上帝改厥元子"（《召诰》），"惟命不于常"（《康诰》。郑玄云：命，天命也。天命不于常，言不专佑一家也）的严酷事实，又发现天命的改变同民心的向背有一定联系，即所谓"天视自我民视，天听自我民听"，"民之所欲，天必从之"（《伪古文尚书·泰誓》），遂逐渐淡化了对"天"的信仰、仰仗，而在"人事"、亦即"治术"上狠下工夫，从而形成了自己的所谓"敬天保民"思想。

"敬天"也好，"保民"也罢，说到底还是为了"祈天永命""受天永命"（《召诰》），即周人统治地位、秩序的长治久安；问题是，怎样才能做到上敬天、下保民呢？周公等认为，关键在统治者自己的表现，即统治者自身的"明德""敬德"与否，亦即能否奉行"德治"，以德治国。

周人的所谓"以德治国",实包含如下三个方面的内容:（1）要求在位者克制自己的私欲,检点、约束自己的行为,加强自身道德修养,即后世儒家的所谓"正人先正己"。为此,周公等曾向在位者提出过"孝友""勤奋""无逸""恭敬""亶（诚信）""惠""宽"等修德要求及"高乃听"（《康诰》,指敬慎地对待自己的听闻,善于总结经验教训）、"永观省"（《酒诰》,指经常观察、反省自己）等修德方法。（2）在具体行政中,亦即"治民"方法上,要"重教化"。而"重教化"的前提是把"民"当"人"看待,"保民"、"显民"（《康诰》,指"光显"、"尊崇"其民）、"闻小人之劳"（《无逸》）,"若保赤子"（《康诰》）一样地去保护自己的臣民。（3）慎州罚。周公等"明德慎罚"并提,说明刑罚还是要的,但两相比较,"明德"（崇尚德教）是根本,是前提,"罚"是"明德"的一个方面的体现、补充。"罚"虽必不可少,但必须谨慎对待,不可滥用。

周人的"德治"思想,在一定程度上体现了对人的尊重、重视,也对在位者的贪欲、恶行给予了一定的限制、遏制,在历史上第一次把统治者和全社会的道德建设提高到治国方针的高度去认识（当然,这绝不是说,在周以前的统治者们完全不懂教化的作用,他们无疑也是懂得的,但却没有像周人那样把它系统化、理论化,并上升为治国方针）,所有这些,都无疑具有进步的历史意义。但也必须同时指出,它的历史局限性和负面作用也是毋庸忽视的:

第一,周人的"德治",连同后世儒家所大肆张扬的"礼治""仁政"等等,常常被统治者用来掩盖其阶级专政的血淋淋实质,对被统治者起着麻痹和欺骗作用。道德,在阶级社会,虽有其全民的一面，但本质上却是阶级的道德，统治者的道德，为统治服务的道德。正是在这个意义上，目光深邃的鲁迅才把中国长期封建社会的"仁义道德"视为"吃人"的道德的。（《狂人日记》）

第二，把"道德治国"摆在第一位，事实上不可行，也不是事实。周统治者把在位者的道德修养、道德约束看成高于一切，以为只要这些人变得高尚了，就可上敬天（以德配天），下保民，国祚永远延续。这实际上是不可能的。因为，人剥削人、人压迫人的社会制度本质上就是一个不断地、成批量地孽生暴君、奸相、贪官、污吏的大温床，圣君、贤相、清官、廉吏从来就只能是凤毛麟角的个别例外，又怎么能够设想离开制度的改变、单靠在位者的修德便可营造出一个清平世界来。据有心者多方搜寻，在长期的中国封建社会中，真正"袋中如洗的清官"寥若晨星，不过区区几十位，①而贪官则多如牛毛。正是："爱民"嘉言枉自多，"德治"无奈贪官何啊！而实际上，周人虽在那里高张"明德慎罚"的大旗，把"德"举得甚高，骨子里还是仰仗"罚"的，时不时宣称"不可不杀"（《康诰》）的。

第三，容易被独夫民贼所利用，以不德为大德，以独夫为圣君。什么是"德"，什么是"不德"，标准是什么，由谁界定，所有这些，在人压迫人的社会里，特别是在君主专制的社会里，只能是统治者、特别是最高统治者说了算。因为，在君主专制制度下，最高权力的掌有者，往往自封或被御用文人打扮成真理的化身，正义的化身，道德的化身，"内圣外王"，"君师一体"。于是，在几乎人

---

① 参见明张岱：《夜航船》卷七《政事部·清廉》，杭州：浙江古籍出版社，1987年；王春瑜：《论"口袋运动"》，《漂泊古今天地间》，天津：百花文艺出版社，1998年。

人都自我标榜奉行"德治""仁政"的中国古帝王行列中，人们又很难找得出几位圣明天子来，"不德"的帝王们总是带头予他们高唱的"德治"以极大的讽刺。

第四，限制、阻碍"法"的发育和完善，便于暴君污吏们上下其手、横行不法。在古代君主专制制下，无论"德治""礼治"还是后来法家的所谓"法治"，实际上都是"人治"。但相形之下，法家的"法治"还或多或少地对在位者（帝王除外）有所限制，而"德治"则以其宽泛，弹性大，难以掌握、操持等特性甚得统治者之青睐，便于暴君污吏们在"德"的旗号下上下其手、恣肆放任、横行不法。正如有的学者所指出的："周代没有完整、系统的法律形式，其中一个原因也就在于'德'成为内心束缚力极强的、具有法律功能的崇高准则；它缓冲了阶级矛盾，模糊了阶级意识，排挤了法律，使它长期处于幼稚和发育不完善的状态。"①信哉斯言，唯法之不完备方能以言代法，而以言代法又极大地妨碍了法的发育、完善。

把道德拿来直接为政治统治服务，是周人的聪明处和一大创造。启良谓："中国的'伦理宗教'从其产生之日起，就是一种政治化的神学。""西周初年兴起的'伦理宗教'"，"局限于政治领域，带有强烈的政治化的实用理性。也就是说，其他民族的'伦理宗教'主要是一种人生哲学，而中国汉民族之新兴的'伦理宗教'则主要是一种政治哲学"。"此种神学化的德治思想奠定了尔后流延三千余年的民本主义的理论基础。"②道德的政治化和政治化的道

---

① 赵昆生：《周公关于"天"的思想》，《重庆师院学报》1984年第1期。
② 启良：《中国文明史》上册，广州：花城出版社，2001年，第282、286页。

德，确实是我们的国粹。

二 "民本"的实质

从文献记载看，"民惟邦本，本固邦宁"这句话虽在夏代就可能有了（语出《伪古文尚书·五子之歌》），但作为一种比较成熟的政治思想、理念，它应该是西周的东西，因为，所谓"民本"，乃是同"德治""保民"等思想紧密联系着的。应该说，"民本"思想至西周时始渐趋成熟、定型，至孔、孟而益盛。

"民本"的原意本来很简单、直白，就是"只有民众才是立国的根本，根本稳固了，国家自然安宁"。无可否认，"重民"对遏制、约束统治者的贪欲，缓和阶级冲突，从而为再生产提供一个相对适宜的环境有着积极的意义，可有些学者却硬是要节外生枝，把它同"民主"联系、甚至等同起来，这就牛头不对马嘴了。

昔时梁启超曾谓："商周以前，民本主义极有力，西周之末尚然，东迁以后渐衰。""天子为天之代理人，在天监督之下以行政治，则本来之最高主权属于天，甚明。然此抽象的天，曷由能行使其监督耶？吾先民以为天之知（聪明）能（明威）视听，皆假涂于人民以体现之。民之所欲恶，即天之所欲恶。于是论理之结果，不能不以人民为事实上之最高主权者。故此种'天子政治'之组织，其所谓天者，恰如立宪国无责任之君主；所谓天子者，则当其责任内阁之领袖。天子对于天负责任，而实际上课其责任者则人民也。"又谓："古代之民本主义，曾否实现，用何种方法实现，实现到若何程度，今皆难确言。《盘庚》有'王命众悉至于庭'语，《大诰》

《多士》《多方》等篇，一读而知为周公对群众之演说辞。以此推之或如希腊各市府之'全民会议'。盖古代人少，实有此可能性也。"①总之，在梁启超看来，古之"民本"就是"民主"，"天视自我民视，天听自我民听"即"人民为事实上之最高主权者。"

后来，再像梁启超那样径行把"民本"当成"民主"的说法虽已不再多见，但变相的提法还不时出现。如吕振羽就曾认为在先秦民本思想的代表人物孟子身上就"无可否认"地"有着民主主义的进步因素"。②冯天瑜亦认为："晚周民本思潮是我国封建时代产生的一种比较富于人民性的政治思想。正如古希腊的雅典民主派的思想后来一再被欧洲反对封建专制制度的斗士们所利用一样，《左传》《孟子》的民本主义也一再被后人借重。"③赵吉惠虽曾清醒地指出"古代的民本思想是以君为主体"，"是站在君主的立场，以君为主体治民"，"中国古代的民本思想仅仅包含若干民主思想之萌芽，还不是民主思想"，另一方面却又说："在中国传统文化中本来就存在着民本思想与君权思想的对立。无论是道家文化抑或儒家文化都贯穿着鲜明的'民为邦本'的人文精神与反对君主专制的人道主义原则。只有法家强调君主专制。"④刚刚说"民本思想"是"站在君主的立场，以君为主体治民"，怎么一下子又变成了"民本思想"是与"君权思想"对立的，甚至是"反对君主专制"的了呢？

---

① 梁启超：《先秦政治思想史》，北京：东方出版社，1996 年，第 36、37、38、39、44 页。

② 吕振羽：《中国政治思想史》上册，北京：人民出版社，1955 年，第 196 页。

③ 冯天瑜：《晚周民本思想刍议》，《人文杂志》增刊《先秦史论文集》，1982 年。

④ 赵吉惠：《传统"民本"与现代"民主"》，《国学沉思》，杭州：浙江人民出版社，1998 年。

笔者认为，所谓"民本"思想，并不是什么"君权思想"的对立物，当然也谈不上是"反对君主专制"的，与"民主"并不搭边。统治者之"重民"，提出什么"民惟邦本"之类，完全是从统治者维护自身统治利益的角度出发的，是一种比较清醒而有远见的"治民"之术。这里，丝毫不存在"民主"——让民当家作主、管理国家的意思，正如深谙经营之道的农民无不懂得牛马对其安身立命的重要性，有时不免会发出"牛马就是我的命根子啊"一类的由衷赞叹，但这绝不意味着牛马竟会因此而成了农民的"主人"一样。

专题十八　西周的主要封国

在前面的有关专题中，我们已对作为制度的西周分封制作了交待，这里，再对西周的主要封国略作介绍。

一　鲁　国

《史记·周本纪》《鲁周公世家》皆谓武王于灭商后"封弟周公旦于曲阜，曰鲁"，"封周公旦于少昊之虚曲阜，是为鲁公。周公不就封，留佐武王。……而使其子伯禽代就封于鲁"。《左传》定公四年："昔武王克商，成王定之，选建明德，以蕃屏周。故周公相王室，以尹天下，于周为睦。分鲁公……因商奄之民，命以《伯禽》而封于少皞之虚。"杜注："鲁公，伯禽也。"《礼记·明堂位》亦谓："七年，致政于成王。成王以周公为有勋劳于天下，是以封周公于曲阜，地方七百里，革车千乘，命鲁公世世祀周公以天子之礼乐。"一般认为，武王时周人尚未控制东方，封鲁恐尚无可能；鲁之封，当在周公东征"践奄"后；因周公一直留在王室相王，故就封者乃其长子伯禽。或谓"周公初封原在今河南鲁山。周公东征胜利后，占领了徐奄，才把鲁由鲁山迁徙于今山东曲阜"，①"鲁之得名与始封于鲁山有关"。②

曲阜原是东夷大国奄之旧地，周公"践奄"后，一部分奄人南徙，一部分留了下来。伯禽就封后，曾遭到东夷族的激烈抵抗。《尚书·费誓序》说："鲁侯伯禽宅曲阜，徐、夷并兴，东郊不开。"鲁人费了好大的劲才将反抗平息下去。

鲁国之民，除少数周人外，主要由"殷民六族"和留下来的"奄"人组成。根据这种情况，鲁统治者在"变其俗、革其礼"（《史记·鲁周公世家》）的过程中，采取"启以商政，疆以周索"（《左传》定公四年）的原则，即既"因其风俗，开用其政"，③又"疆理土地以周法"（杜注），把"变"与"不变"结合起来，收到较好效果。

由于周公勋劳卓著，故后世鲁公得"祀周公以天子之礼乐"（《礼记·明堂位》）。"鲁得郊祭文王。鲁有天子礼乐者，以褒周公之德也"（《史记·鲁周公世家》）。其地位之尊荣，远非他国可比。在诸封国中，大概也以鲁为尊奉周礼的典型，故一直到春秋时人们

---

① 白寿彝主编：《中国通史》第 3 卷《上古时代》下册，上海：上海人民出版社，1994 年，第 878 页。

② 郭克煜等著：《鲁国史》，北京：人民出版社，1994 年，第 1 页。

③ 亦有学者认为：《左传》定公四年"启以商政""启以夏政"之"政"，并非"政事"之"政"，而是历法"正朔"之"正"，所谓"启以商政""启以夏政"，"实即为告诫鲁公、康叔、唐叔等人要顺从当地民情，分别奉夏、商之正朔，以求得周初统治之稳定"。见黄朴民：《说"启以商政"、"启以夏政"》，《中国史研究》1987 年第 4 期。还有学者认为："古政、征通……'启以商政'和'启以夏政'亦可作'启以商征'和'启以夏征'。这个'征'就是征收赋税之'征'。所谓'启以商政'就是说采用商代征收赋税的方式；所谓'启以夏政'就是采取夏代的征收赋税的方式。"见李衡眉：《"启以商政"和"启以夏政"另解》，《中国史研究》1995 年第 4 期。

仍有"鲁不弃周礼"(《左传》闵公元年)、"周礼尽在鲁矣"(《左传》昭公二年)的看法。这种状况,既造成了鲁在西周诸封国中独一无二的突出地位,也种下了鲁保守风气浓重的根由。

西周时,周、鲁关系虽非同一般,但亦有矛盾、冲突。如上文(《西周的衰亡》)所述周宣王违制立鲁武公少子戏为鲁太子,后又起兵伐鲁、杀其君伯御、立懿公(戏)弟称为鲁君一事,即是明显例证。周宣王的这一举措,造成了"诸侯从是而不睦"(《国语·周语上》)、"诸侯多畔王命"(《史记·鲁周公世家》)的严重后果。

1977年3月至1978年10月,山东文物考古工作者对曲阜鲁国故城进行了大规模的勘探、试掘。所获资料表明:鲁城呈不规则长方形,东垣2531千米、南垣3250千米、西垣2430千米、北垣3560千米,总长11771千米,约合23.5华里,面积约10平方千米。该城始建于西周前期。《史记正义·周本纪》引《括地志》云:"兖州曲阜县外城,即周公旦子伯禽所筑古鲁城也。"亦有学者认为:"从《沈子簋》铭文所载伯禽之次子炀公熙'克渊(奄)克夷',及《世本》所载'炀公徙鲁'等资料来看,鲁国建国后,经过了伯禽、考公、炀公三代三君的努力,至炀公时才最后征服了商奄之民,从而迁来曲阜。因此,鲁城的建筑当在炀公徙鲁之后。"①

鲁国的建立、发展,对西周王朝开拓、控制东部地区起着至关重要的作用。

---

① 郭克煜等著:《鲁国史》,北京:人民出版社,1994年,第428页。

二　齐　国

《史记·周本纪》：克殷后，武王"于是封功臣谋士，而师尚父为首封。封尚父于营丘，曰齐"。《齐太公世家》亦谓："武王已平商而王天下，封师尚父于齐营丘。"《汉书·地理志》则谓："周成王时，薄姑氏与四国共作乱，成王灭之，以封师尚父，是为太公。"清儒崔述及近今学者多认为武王时齐地尚未入周人手中，故太公之封不在武王，而应为周公东征前后事。[①]还有学者认为："周公、召公和太公都未亲自就国。东征胜利后，他们三人都回到了周，而由他们的儿子去分别统治鲁、燕和齐。"[②]

齐地本蒲（薄）姑氏所居。蒲姑氏曾参与管、蔡、武庚的叛乱，失败后，一部分远徙它乡，一部分留了下来成为齐的属民。蒲姑氏外，附近尚有莱夷等东夷势力，故齐甫一立国，便面临着与东夷族残存势力作斗争的严重局面。《史记·齐太公世家》载：太公受封后"东就国，道宿行迟。逆旅之人曰：'吾闻时难得而易失，客寝甚安，殆非就国者也。'太公闻之，夜衣而行，黎明至国。莱侯来伐，与之争营丘。"语虽类小说家言，然亦在一定程度上反映

---

① 崔述：《崔东壁遗书》，上海：上海古籍出版社，1983 年，第 341 页；晁福林：《试论西周分封制的若干问题》，《西周史论文集》（下），西安：陕西人民教育出版社，1993 年；陈恩林：《鲁、齐、燕的始封及燕与邶的关系》，《历史研究》1996 年第 4 期。对封齐的具体时间，诸家看法又小有不同，如晁氏认为"必在周公东征以后"，陈氏则认为"封齐在平叛开始时"。

② 白寿彝主编：《中国通史》第 3 卷《上古时代》下册，上海：上海人民出版社，1994 年，第 878 页。

了齐初封时局面之窘迫、紧急。为了开拓、控制这一地区，周王室还授予了太公"东至海、西至河、南至穆陵、北至无棣，五侯九伯，实得征之"（《史记·齐太公世家》）的特权，对齐委以重任、寄予厚望。

史称，"太公至国，修政，因其俗，简其礼，通商工之业，便鱼盐之利，而人民多归齐，齐为大国"（《史记·齐太公世家》）。

对齐、鲁治国之道的不同，史籍多有反映。《史记·鲁周公世家》载："鲁公伯禽之初受封之鲁，三年而后报政周公。周公曰：'何迟也？'伯禽曰：'变其俗，革其礼，丧三年然后除之，故迟。'太公亦封于齐，五月而报政周公。周公曰：'何疾也？'曰：'吾简其君臣礼，从其俗为也。'及后闻伯禽报政迟，乃叹曰：'呜呼，鲁后世其北面事齐矣！夫政不简不易，民不有近；平易近民，民必归之。'"《吕氏春秋·仲冬纪·长见》载："吕太公望封于齐，周公旦封于鲁。二君者甚相善也，相谓曰'何以治国？'太公望曰：'尊贤上功。'周公旦曰：'亲亲上恩。'"此虽非周公、太公的实际对话，但却生动地反映了齐、鲁二国治国之道的不同。正是这种不同，再加上其他因素，才造成了日后齐强、鲁衰的不同结局。

西周后期，周、齐关系一度紧张，齐内部亦内争不已。如周夷王曾"烹齐哀公于鼎"（《史记正义·周本纪》引《竹书纪年》）；齐国内亦发生了献公杀胡公自立、胡公子攻杀厉公等事件。但这些并没有妨碍齐的前进势头，春秋时齐桓公之所以能首霸天下，是同西周时齐的发展、积累分不开的。

三　燕　国

西周时，在今北京市、河北北部、辽西一带有燕国。燕，本作匽、郾，后世为与南方的燕（南燕国，姞姓，黄帝后，地在今河南延津县东北）相区别，亦称北燕。《史记·周本纪》：武王“封召公奭于燕”。《燕召公世家》：“召公奭与周同姓，姓姬氏。周武王之灭纣，封召公于北燕。”《索隐》云：“召者，畿内采地。奭始食于召，故曰召公。或说者以为文王受命，取岐周故墟周、召地分爵二公，故诗有《周》《召》二《南》，言皆在岐山之阳，故言南也。后武王封之北燕，在今幽州蓟县故城是也。亦以元子就封，而次子留周室代为召公。至宣王时，召穆公虎其后也。”

关于封燕的时代，旧据《史记》谓封于武王，近今学者多已不从其说，认为武王时西周王朝的政治、军事势力尚难以达到今北京市一带，故燕之封当在周公东征后。[1]

关于燕的始封之君，如前所述，《史记·周本纪》及《燕召公世家》皆明言为召公奭本人，而《史记索隐·燕召公世家》则谓为“以元子就封”，古即有不同看法。1986 年北京琉璃河遗址 1193 号大墓所出《克罍》《克盉》诸器铭曰：“王曰：太保，唯乃明乃鬯，享于乃辟，余大对乃享，命克侯于匽、事羌、龟、叙、雩、驭、微。克宅匽，纳土眔有司，用作宝尊彝。”一部分学者认为，铭文

---

[1]　参见陈恩林：《鲁、齐、燕的始封及燕与邶的关系》，《历史研究》1996 年第 4 期；葛志毅：《周代分封制度研究》，哈尔滨：黑龙江人民出版社，1992 年，第 47—49 页；周书灿：《西周王朝经营四土研究》，郑州：中州古籍出版社，2000 年，第 130—132 页。

中之"克"为人名，是召公之子，第一代燕侯；另一部分学者认为，"克"乃助词，铭文所讲正是封太保本人。[①]笔者认为，"克"释为人名似更妥当些，"克"当即召公长子、燕始封之君燕侯克；此亦足证司马贞的说法较之司马迁更接近历史实际。

过去，一些知名学者如傅斯年、顾颉刚、童书业先生等，曾提出燕的始封之地在河南郾城或山西汾水流域，后来才徙封或辗转迁入河北的看法。[②]现在看来，此类说法已难成立。因为，20世纪70年代北京琉璃河西周燕国墓地及董家林古城址所出大量考古材料证明，早在西周初年，燕国就已经存在于今北京市西南一带这块地方了。琉璃河遗址，很可能就是燕的始封地。

同周公、太公一样，召公亦周初开国重臣，功勋卓著。周公、成王封他（实其长子就封）于戎狄族甚为活跃的燕地，目的在于借助他的声威，为周人在北方建立起一个强有力的政治、军事据点，既可藩屏周，又可作进一步的开拓。

燕的战略地位虽如此重要，但在《史记·燕召公世家》中，却只用"自召公已下九世至惠侯。燕惠侯当周厉王奔彘、共和之时"寥寥数语就把二百多年的燕国史给交待过去了；惠侯后，虽开列了釐侯、顷侯二位燕君，但亦毫无事迹可言，甚至连名字都不知道。可以说，旧史籍有关西周时期燕国历史的记载，基本上是一片空白，近得考古发掘之助，人们对西周时期燕国的情况知道得比过去

---

① 参见《北京琉璃河出土西周有铭铜器座谈纪要》，《考古》1989年第10期。

② 傅斯年：《大东小东说》，《国立中央研究院历史语言研究所集刊》第2本第1分，1930年；顾颉刚：《燕国曾迁汾水流域考》，《责善半月刊》1卷5期，1940年；童书业：《古燕国辨》，《中国古代地理考证论文集》，北京：中华书局，1962年。

多多了，但仍远不够系统、全面。

四　晋　国

《史记·晋世家》："晋唐叔虞者，周武王子而成王弟。……武王崩，成王立，唐有乱，周公诛灭唐。成王……遂封叔虞于唐。唐在河、汾之东，方百里，故曰唐叔虞。"《左传》定公四年谓：封唐叔于"夏虚"，并分给他"怀姓九宗"的人民；唐叔虞面对夏的故地和戎狄族人民，采用"启以夏政，疆以戎索"的方针治理国家。至其子燮时，又改国号曰晋。

据《晋世家》，"自唐叔至靖侯五世，无其年数"，"靖侯已来，年纪可推"，如靖侯十七年当周共和元年、釐侯十四年当周宣王元年、殇叔三年当周宣王崩年、文侯二年当周幽王被杀、西周亡年等，但却无什史事记录下来，故我们对西周时期晋的历史亦所知甚少。凭《晋世家》等的简略记载，我们只知道穆侯时（当周宣王时）曾"伐条""伐千亩"，大约是同戎狄族作战。穆侯卒，弟殇叔自立，太子仇出奔。四年后，太子仇又率其徒袭殇叔而立，是为文侯；文侯十年，犬戎杀周幽王，周东徙。在周东迁过程中，文侯大约出了不少力，故《国语·周语中》有"我周之东迁，晋郑是依"的说法。

晋地毗邻镐京、成周，为周室北方屏障，地位十分重要，故晋亦得为周初重要封国之一。

晋的早期都城在什么地方？长期以来争论不休而一直未能解决。1979年以来，考古工作者多次对山西曲沃天马-曲村遗址进行大规模发掘，所获甚丰，特别是《晋侯苏鼎》《晋侯苏编钟》《晋侯䲧簋》等珍贵青铜器及成批兵器、玉器、金器的出土，使人们有充分理由相信："这批墓葬无疑可以确认是在曲沃武公灭晋侯缗以前的晋国墓地"；天马-曲村遗址是晋国早期都城遗址，亦即史家所谓之"故绛"。①根据现有发掘资料及学者们的初步研究，第五代晋侯厉侯福的夫妇并穴合葬墓（M1、M2）已得到确认。出有晋侯苏（稣）鼎、编钟诸器的M8，墓主晋侯苏，有的学者认为即第八代晋侯献侯籍，根据是《史记索隐·晋世家》云：籍，"《系（世）本》及谯周皆作苏"。②有的学者则认为："晋侯苏决不可能是晋献侯，当为晋穆侯无疑。"③还有如"晋侯邦父"为《晋世家》中的哪位晋侯，也都在研究、讨论中。但这些具体分歧，并不妨碍大家对天马-曲村遗址为晋早期都城遗址的一致认识。

五 卫 国

关于卫康叔之封及卫所在地，《史记·卫康叔世家》讲得比较清楚："卫康叔名封，周武王同母少弟也。……武王已克殷纣，复以殷余民封纣子武庚禄父，比诸侯，以奉其先祀勿绝。为武庚未集，恐其有贼心，武王乃令其弟管叔、蔡叔傅相武庚禄父，以和其

---

① 张颔：《晋侯䲧簋铭文初识》，《文物》1994年第1期；邹衡：《论早期晋都》，《文物》1994年第1期。

② 李学勤：《晋侯苏编钟的时、地、人》，原载《中国文物报》，1996年12月1日；《晋侯邦父与杨姞》，原载《中国文物报》，1994年5月29日。上二文后皆收入《缀古集》，上海：上海古籍出版社，1998年。

③ 邹衡：《论早期晋都》，《文物》1994年第1期。

民。武王既崩，成王少，周公旦代成王治，当国。管叔、蔡叔疑周公，乃与武庚禄父作乱，欲攻成周。周公旦以成王命兴师伐殷，杀武庚禄父、管叔，放蔡叔，以武庚殷余民封康叔为卫君，居河、淇间故商墟。周公旦惧康叔齿少，乃申告康叔曰：'必求殷之贤人君子长者，问其先殷所以兴，所以亡，而务爱民。'告以纣所以亡者以淫于酒，酒之失，妇人是用，故纣之乱自此始。为《梓材》，示君子可法则。故谓之《康诰》《酒诰》《梓材》以命之。康叔之国，既以此命，能和集其民，民大悦。"《左传》定公四年亦谓：分康叔"殷民七族"，"启以商政，疆以周索"。看来，周公、康叔等鉴于殷亡和武庚、管、蔡叛乱的教训，十分注意总结历史的经验教训，注意在按国法疆理土地的同时，也要照顾到殷人的风俗、传统，注意倾听殷上层人士的意见，并爱护民人。这样做，果然收到了"和集其民，民大悦"的预期效果。

成王亲政后，举康叔为周司寇，甚为倚重。不惟如此，即康叔之子康伯也深得周室重用。《史记索隐·卫康叔世家》云："《系本》康伯名髡（梁玉绳《人表考》谓"髡"为"髦"误）。宋忠曰：'即王孙牟也，事周康王为大夫。'按：《左传》所称王孙牟父是也。牟、髡声相近，故不同耳。谯周《古史考》无康伯，而云子牟伯立，盖以不宜父子俱谥康，故因其名云牟伯也。"《逸周书·作雒》说："俾康叔宇于殷，俾中旄父宇于东。"孙诒让《邶鄘卫考》云："中（仲）旄父古书别无所见，孔（晁）亦无释，今以声类求之，乃知其即康叔之子康伯也。……旄与髦为同声假借字，中旄父亦即王孙牟也。"《小臣速簋》等铜器铭文中多次出现的白（伯）懋父，郭沫若谓即文献中的中旄父、康伯髦。①据《小臣𫭢簋》载，这个伯懋父曾率殷八师征东夷直至海滨，《吕行壶》又记其北征事，是周初的一位重要将领。上引《逸周书·作雒》"俾中旄父宇于东"又是什么意思呢？孙诒让《邶鄘卫考》谓："周公以武庚故地封康叔，实尽得三卫全境，以其地闳广难治，故依其旧壤，仍以殷、东为二，以其子弟别治之，如晋文侯弟成师别治曲沃，东周惠公子班别治巩为西周君之比。是中旄宇东，虽专治其邑，而仍属于其父，则与三监分属微异。逮康叔卒，康伯嗣立，而东遂不复置君。"而刘起釪则认为，伯旄父（中旄父）本有自己的封地，"他的受封，是和他父亲一道在周公东征胜利后论功行赏时受的封赏，父亲康叔封于卫，他封于紧邻的鄘（东）。但所得的实际是鄘的'小东'部分，因大东部分即奄的地境在大封赏中封给周公的儿子鲁公伯禽去了"。后来，康叔"调回王朝担任掌管刑法的司寇之职"，于是"把他的卫国全都交给了他的儿子伯旄父，因而鄘的小东部分和卫的全境统统合成了卫国"。②

文献和金文中的这些记述，充分说明卫之封对西周王朝的重要性，康叔、康伯父子在周初政局中的举足轻重的地位。

康伯后，卫之史事又基本失载。西周晚年，卫釐侯卒后，卫一度发生了太子共伯余与其弟和的君位之争。卫武公和即位后，"修康叔之政，百姓和集"；后犬戎杀周幽王，武公又曾"将兵往佐周平戎，甚有功，周平王命武公为公"（《史记·卫康叔世家》）。

① 郭沫若：《两周金文辞大系图录考释》，上海：上海书店出版社，1999年，第23页。
② 刘起釪：《周初的"三监"与邶、鄘、卫三国及卫康叔封地问题》，原载《历史地理》1982年第2辑，后收入《古史续辨》，北京：中国社会科学出版社，1991年。

上述鲁、齐、燕、晋、卫，是周室最亲近、倚重的五个封国，它们也的确对周室的安危和西周国家体制的维系起到了极为重要的作用。

六　郑、宋

西周封国甚多，不可能一一介绍，下面再就比较重要和对后世影响比较大的郑、宋两个封国略作介绍。

（一）郑国

周宣王 22 年（公元前 806 年），封其弟友于郑（今陕西华县东），为郑桓公。幽王时，任王朝司徒的郑桓公见王室多故，大难将至，遂"东徙其民洛东，而虢、郐果献十邑，竟国之"（《史记·郑世家》）。不久，郑桓公死于犬戎之乱，其子掘突继立，是为武公。平王东迁后，郑武公灭东虢与郐，重建郑国，地在今河南新郑。

（二）宋国

宋是纣的庶兄微子启于周初受封之国。纣荒于政，微子数谏，不听，微子只好离纣而去。武王伐纣克殷，微子持其祭器亲谒武王于军门，武王以礼待之，且恢复了他的官职。周公平息了管、蔡及武庚的叛乱后，乃命微子启代殷后，奉其先祀，国于宋（今河南商丘市南），有今河南东部及山东、江苏、安徽交界处一小部。史称，微子启"仁贤"，"故殷之余民甚戴爱之"（《史记·宋微子世家》）。宋之封，对安抚殷余民、稳定西周王朝在殷人故地的统治秩序有重要作用。

还有吴、楚二国，也是西周王朝的封国或某种意义上的封国，因同民族问题牵涉过多，拟在下一专题介绍，兹从略。

专题十九　周与周边诸族

西周是以周族为代表和主体的华夏族与周边诸族交往、融合的重要时期。是时，周室与它的主要封国占据着陕西、河南、山东、河北一带的黄河中下游地区；在其周边甚至中原腹地，分布着被泛称为蛮、夷、戎、狄的众多族。各族通过战争和经济、政治、文化交往等方式，互相接近、交通、融合，从而为春秋战国时期以华夏族为主体的民族大融合和尔后多民族统一国家的创建奠立了基础。

《礼记·王制》云：“中国、戎夷五方之民，皆有性也，不可推移。东方曰夷……南方曰蛮……西方曰戎……北方曰狄。”蛮、夷、戎、狄，只是以“中国”（中原）自居的华夏族对周边诸族的统称、泛指，东、南、西、北四方实际的民族成分要复杂得多，有些至今仍无法弄清。下面，仅就见诸记载、且与周王朝发生关系的周边诸族略作介绍。

一　西部与北部诸侯

周人兴于泾、渭，曾长期与戎、狄杂处，《国语·周语上》“昔

我先王世后稷，以服事虞、夏。及夏之衰也，弃稷不务，我先王不
窋，用失其官，而自窜于戎、狄之间"可证。有学者并因此认为
"周人亦承认其居于戎、狄之间，则其原为夷、狄可知"。①

文王对外扩张中，曾征伐附近之犬戎、密须、耆（黎）、邘、
崇诸方国及部落（《史记·周本纪》）。

武王伐纣时，"诸侯咸会"外，尚有"庸、蜀、羌、髳、微、
卢、彭、濮"诸族参加（《史记·周本纪》）。《集解》引孔安国曰：
"八国皆蛮夷戎狄。羌在西。蜀，叟。髳、微在巴蜀。卢、彭在西
北。庸、濮在江汉之南。"《正义》引《括地志》云："房州竹山县
及金州，古庸国。盖州及巴、利等州，皆古蜀国。陇右岷、洮、丛
等州以西，羌也。姚府以南，古髳国之地。戎府之南，古微、卢、
彭三国之地。濮在楚西南。有髳州、微、濮州、卢府、彭州焉。武
王率西周夷诸州伐纣也。"若依唐人及旧儒说，则"八国"所在已
遍及今之陕西、甘肃、四川、重庆、湖北、湖南、云南诸地，事实
如何，虽限于材料，难以确考，但据近今学者研究，其范围恐没有
那么大。如微地，旧谓远在南疆，王国维则认为：古"眉微"二字
通用，周初之"微"当在汉右扶风郿县。②徐中舒师谓："《牧誓》所
称从武王伐纣之八族，大致皆有可征。其地域皆偏于西、南两方
面。周人于伐殷以前，当先经营西、南，以厚殖其国力。盖此诸族
所在，地皆近于周而国力微弱，易于经略。"并具体指证"百濮"
晋时在云南，春秋前"尚居于江、汉流域"；"髳"当即《春秋》成

① 齐思和：《西周地理考》，原刊《燕京学报》1946 年第 30 期。收入《中国史探
研》，北京：中华书局，1981 年，第 33 页。
② 《观堂集林》卷十八《散氏盘跋》。

元年"王师败绩于茅戎"之"茅戎",居茅津,"地在晋"。①顾颉刚先生谓:"羌之大本营在今甘肃南部,去歧周不远……蜀之北境本达汉中……髳者,《春秋》成元年:'王师败绩于茅戎'……'茅''髳'同声,疑即一族,盖居今山西南端者。微者……若肯舍弃此在蜀西之一成见,则《春秋经》上之证据正可适用了陕西之郿县。""楚国北部有庸、卢与彭,其西有濮","均在今湖北省境","此四周与蜀均在汉水流域。羌、微与髳则在渭水及河水流域。故如以秦岭与汉水为界,则此八国者,三在北而五在南"。"武王伐纣而率此八国之师,自当为周人政治势力向东南扩展之结果;《左传》所谓'江、汉诸姬',亦为太王以下远征东南所分封而非由于克商之拓土"。②钱穆先生亦认为除羌、蜀外,六国皆当在湖北西北隅的汉水流域一带,"旧注微、卢、彭、濮皆在极远,疑非也";八国所在,"就当时言,已见为僻在西南,后人则言南必逾湘、言西必越陇,遂致差失"。③杨筠如、周秉钧还认为,"彭"并不在南方,《汉书·地理志》之安定郡彭阳县(治今甘肃镇原东南),即周初彭国所在地。④上引诸说大体是正确的,从武王伐纣的八族(国),当不会去周太远,陕、甘、晋外,南不过与之毗邻的四川、鄂西北一带,而伐纣的主力军应当还是周及西方之人,不然,誓词所谓"逖矣,西土之人!"(《尚书·牧誓》)。《史记·周本纪》引作"远矣,西土之

---

① 徐中舒:《殷周之际史迹之检讨》,《国立中央研究院历史语言研究所集刊》第7本第2分,1936年。收入《徐中舒历史论文选辑》,北京:中华书局,1998年。

② 顾颉刚:《史林杂识·牧誓八国》,北京:中华书局,1963年。

③ 钱穆:《史记地名考》,《彭》《髳》诸条,台北:三民书局,1984年,第40、41、204页。

④ 杨筠如:《尚书覈诂》,西安:陕西人民出版社,1959年;周秉钧:《尚书易解》,长沙:岳麓书社,1984年。

人!"）就没根据了。

灭商后，周人在相当长一段历史时期内主要把注意力放在东方，西土要相对安宁些；康王后，冲突始渐多。

当时，分布在西北和北方广大地区的少数族中，最强大的是鬼方、猃狁、犬戎。王国维先生说："我国古时有一强梁之外族，其族西自汧、陇，环中国而北，东及太行常山间，中间或分或合，时入侵暴中国。其俗尚武而文化之度不及诸夏远甚。又本无文字，或虽有而不与中国同。是以中国之称之也，随世异名，因地殊号。至于后世，或且以丑名加之。其见于商周间者，曰鬼方、曰混夷、曰獯鬻；其在宗周之季，则曰猃狁；入春秋后，则始谓之戎，继号曰狄；战国以降，又称之曰胡、曰匈奴。综上诸称观之，则曰戎、曰狄者，皆中国人所加之名；曰鬼方、曰混夷、曰獯鬻、曰猃狁、曰胡、曰匈奴者，乃其本名。而鬼方之方、混夷之夷，亦为中国所附加。"①由白寿彝任总主编的《中国通史》第 3 卷《上古时代》（上）的作者亦认为："尧舜时代的薰育，商代的鬼方，西周的鬼戎、昆夷、混夷、畎戎、串戎、犬戎、猃狁，春秋战国时代的戎、狄，秦汉时代的胡与匈奴，实际上都是指的同一族类，只是由于时间、地点、音译、诬称以及个别支派之不同，而异其称而已。""犬戎即昆吾、猃狁，是西方的羌族，也就是姜戎氏。"②王氏及白本《中国通史》的编著者指出他们为"同一族类"固然有一定根据，但亦不应忽视他们彼此间又会因时、因地、因来源、因支派的不同而有所区

---

① 《观堂集林》卷十三《鬼方昆夷猃狁考》。

② 白寿彝主编：《中国通史》第 3 卷《上古时代》上册，上海：上海人民出版社，1994 年，第 341、343 页。

别。如有的学者即认为："在西周时期，戎仍然是周人对西北诸民族的称呼。""犬戎为西戎三大支派之一；西戎的另外两个支派是姜（羌）戎、犾戎（即猃狁）。他们是在民族渊源、经济生活、图腾崇拜等方面具有不同特点的民族共同体。"而作为西戎三大支派中最具影响力的犬戎，则很可能源自夏代东夷"九夷"中的"畎夷"，"畎夷在夏代以后，确切地说在夏末商初，向我国西部的关中地区迁徙了"。①黄盛璋先生亦着眼于各族的"异"的一面，认为"猃狁可能为犬戎的一支"，但"猃狁与荤粥不同""荤粥与鬼方不能为一""荤粥与匈奴更不能混为一谈"；王国维将它们混同为一，实"片面总结，论断多误"。②笔者认为，族源、族别问题，至为复杂，如何正确处理各族（及其分支）间的同、异，尚需作大量研究工作，切忌在"同""异"问题上固执一端。

下面，对鬼方、犬戎、猃狁与周的关系略作介绍。

据康王时器《小盂鼎》载，康王二十五年，曾伐鬼方，大败之，"获馘四千八百□二馘，俘人万三千八十一人"及大批车、马、牛、羊等。

穆王时，曾"伐犬戎"，"得四白狼、四白鹿以归，自是荒服者不至"（《国语·周语上》）。

穆王后，随着西周国力的下降，对西戎的战争亦渐由攻势转化守势，且多败绩。《后汉书·西羌传》："厉王无道，戎狄寇掠，乃入犬丘，杀秦仲之族，王命伐戎，不克。"《多友鼎》虽是记周人胜

<hr />

① 段连勤：《犬戎历史始末述——论犬戎的族源、迁徙及同西周王朝的关系》，《民族研究》1989 年第 5 期。

② 黄盛璋：《猃狁新考》，《社会科学战线》1983 年第 2 期。

绩的，但也透露了猃狁进犯"京师"的严重事实。

宣王初期，对戎的战争曾取得一些胜利，如"四年，使秦仲伐西戎，为戎所杀。王召秦仲子庄公，与兵七千，伐戎，破之"（《汉书·西羌传》）。《诗经·小雅·六月》和《出车》，写尹吉甫、南仲奉命率师伐猃狁并获得胜利事。《兮甲盘》《虢季子白盘》《不娶簋》亦皆记征伐猃狁并多有斩获事。但到了其后期，却屡遭败绩，如宣王三十一年，"王遣兵伐太原戎，不克"；三十六年，"王伐条戎、奔戎，王师败绩"（《后汉书·西羌传》）；三十九年，"战于千亩，王师败绩于姜氏之戎"（《国语·周语上》）。

至幽王，戎势益盛。《左传》昭公四年载："周幽为大室之盟，戎狄叛之。"幽王三年，"命伯士伐六济之戎，军败，伯士死焉"（《后汉书·西羌传》）。幽王败亡后，西土更一度为戎的天下。

另据《逸周书·王会》及《穆天子传》等，远在今甘肃河西走廊、新疆、青海一带的"渠叟"（渠搜）、"禺氏"（月氏）、"大夏"、"西王母"国等，亦可能与西周王朝有某种接触、往来，然限于史料，今已难以知其详了。

二　东　北　诸　族

在西周的东北方，有肃慎、山戎、东胡等族。

肃慎，文献又作息慎，为我国古老民族之一，居燕山之北。《国语·鲁语下》载孔子之言曰："昔武王克商……肃慎氏贡楛矢石砮。"《史记·周本纪》："成王既伐东夷，息慎来贺，王赐荣伯作《贿息慎之命》。"《后汉书·东夷列传》："康王之时，肃慎复至。"

《左传》昭公九年载詹桓伯之言曰："及武王克商，薄姑、商奄，吾东土也；巴、濮、楚、邓，吾南土也；肃慎、燕、亳，吾北土也。"足见西周时远在东北的肃慎族已同中原王朝发生了比较密切的联系。

《逸周书·王会》言周成王成周之会时，东胡曾进献"黄熊"、山戎进献"戎菽"。山戎，一名北戎，即春秋时之无终，地在今天津蓟县一带。东胡，为乌桓、鲜卑之先，地在今燕北一带。《史记索隐·匈奴列传》引服虔云："山戎，盖今鲜卑"；又引胡广云："鲜卑，东胡别种。"则山戎或为东胡之一支。

在河北、辽宁和内蒙古交界的地区，分布着一种以赤峰夏家店遗址命名的夏家店文化。一般认为，夏家店上层文化，有着明显的草原游牧民族文化的特征，其中的某些部分可能即西周时期肃慎、山戎和东胡族的文化遗存。

除猃狁外，西周王朝在北方特别是东北方，无甚劲敌，故这里也最为安宁。

三 东 夷 族

夷或东夷，是华夏族对活动于我国东方长江以北沿海地区诸族的泛称，种属繁多，号称"九夷"，实际上其支派远不止九个。早在五帝时期，夷人所在的东方沿海地区已有较高的经济、文化发展水准（大汶口文化、山东龙山文化可证），成为可与中原炎黄族并驾齐驱、相互抗衡的一股强大力量。进入三代，夷夏之争及夷夏融合更始终是我国古代民族斗争、融合中的重头戏。商末，商王朝即在与东夷的斗争中极大地消耗了自己的力量，故史有"纣克东夷而陨其身"（《左传》昭公十一年）一说。入周，奄、蒲姑、徐戎、淮夷等东夷族亦曾与西周王朝发生多次激烈对抗、冲突。

最早的一次大规模冲突是上文已提到过的管、蔡、武庚联合东夷族的反周"叛乱"。参加这次反周联合行动的东夷族，《吕氏春秋·察微》谓"东夷八国附从"，"奄，八国之中最大"；《逸周书·作雒》谓有"徐、奄"及"熊、盈族十有七国"；顾颉刚先生认为"除管、蔡、商、奄是主角外，随从的有徐、淮夷、蒲姑及以熊、盈诸族的国家如楚、秦等"，"总之国数和人数都是相当多的"。[①]

周公"二年克殷，三年践奄"（《尚书大传》），用了三年的时间才平定了这场"叛乱"。平叛后，周公、成王以奄故地封周公子伯禽，建为鲁国。鲁之民众，除随伯禽而来的少量周人外，主要是新分给伯禽的"殷民六族"及原"奄之民"（《左传》定公四年）。而另一部分奄人（主要是贵族和部分民众）则被迫南迁。《越绝书·吴地传》："毗陵县南城，故古淹君地也。东南大冢，淹君子女冢也。"毗陵，即今常州。陈志良《奄城访古记》谓："今常州城南二十里许有奄城遗址，亦作'淹城'。……淹城当为古代奄族南迁后的居留地。"[②]顾颉刚先生赞同此说，并明确谓"周公伐奄，直把奄人从山东曲阜县赶到了江苏常州市"。[③]

---

① 顾颉刚：《三监及东方诸国的反周军事行动和周公的对策——周公东征史事考证之三》，《文史》1986 年第 26 辑。

② 转引自顾颉刚：《奄与蒲姑的南迁——周公东征史事考证四之四》，《文史》1988 年第 31 辑。

③ 顾颉刚：《奄与蒲姑的南迁——周公东征史事考证四之四》，《文史》1988 年第 31 辑。

　　东夷另一大国"蒲姑"的遭遇同奄差不多。《汉书·地理志》："周成王时，薄姑氏与四国共作乱，成王灭之，以封师尚父，是为太公。"蒲姑亡国后，其民一部分留下来为姜齐治下之民，另一些则逃徙他乡了。据研究，有谓南徙"取虑"（今江苏睢宁境）、"吴"地（今江苏苏州）的；①有谓分两路逃迁的，"逃迁到东北的蒲姑人，后称夫余"，"迁到南方来的，就是我们常说的盘瓠或盘古及其遗裔。……他们的遗裔就是苗徭，尤其是徭人。"②

　　奄和蒲姑遭亡国之灾、其地且转而为西周王朝在东部地区的两个重要封国——鲁和齐后，东夷族中剩下来能够与周抗衡的力量就是徐夷（徐戎）与淮夷了。康王后，西周王朝与东方的冲突基本上都是在周与徐夷、淮夷间进行的。如康王时器《明公簋》记"王令明公遣三族伐东国"，《小臣谏簋》记"伯懋父以殷八自（师）征东尸（夷）"；穆王时器《班簋》记"王令毛公……伐东或（国）痟戎"（唐兰先生谓"痟戎"即"徐戎"③），《录𣪍卣》《𢦔方鼎》《𢦔簋》记周师抵御淮夷入侵事，《史记·秦本纪》记"徐偃王作乱，造父为缪（穆）王御，长驱归周，一日千里以救乱"；懿王时器《史密簋》（亦有断为共王或孝王时器者）记周王命师俗和史密率领齐、莱等国军队与南夷、杞夷、舟夷交战并取得胜利；厉王时器《虢仲盨》《无𦥑簋》《敔簋》《翏生盨》《禹鼎》皆记有周人与"南淮夷""南夷""淮夷""东夷"的战争，特别是《禹鼎》所记周师

---

　　① 顾颉刚：《奄与蒲姑的南迁——周公东征史事考证四之四》，《文史》1988 年第 31 辑。

　　② 徐中舒：《关于夏商史研究——〈夏商史论集〉序言》，《郑州大学学报》1985 年第 1 期。

　　③ 唐兰：《西周青铜器铭文分代史征》，北京：中华书局，1986 年，第 351 页。

反击"噩（鄂）侯御方"率南淮夷、东夷大规模入侵的那次战争，打得相当激烈，周王朝几乎是倾全国之师、出动了"西六师"和"殷八师"，才取得了战争的胜利；宣王时，《诗经·大雅·江汉》《召伯虎簋》《师寰簋》《兮甲盘》《驹父盨盖》亦记有周人征伐淮夷并向淮夷征收贡赋事；幽王即位，"四夷交侵"（《后汉书·东夷列传》），宣王时已臣服于周的徐夷、淮夷等可能又纷纷脱离了周的控制，不过，总的来说，经西周王朝的多年经营，徐夷、淮夷的力量还是被极大地削弱了。

四　南　方　诸　族

西周时期与周王朝发生联系的南方诸族有长江下游南岸的吴、越，长江中游江汉流域的楚、巴和今四川地区的蜀等。

（一）吴、越

《史记·吴太伯世家》："吴太伯，太伯弟仲雍，皆周太王之子，而王季历之兄也。季历贤，而有圣子昌，太王欲立季历以及昌，于是太伯、仲雍二人乃奔荆蛮……太伯之奔荆蛮，自号句吴，荆蛮义之，从而归之千余家，立为吴太伯。太伯卒，无子，弟仲雍立，是为吴仲雍。仲雍卒，子季简立。季简卒，子叔达立。叔达卒，子周章立。是时周武王克殷，求太伯、仲雍之后，得周章。周章已君吴，因而封之。"关于太伯、仲雍何以去吴及去吴之过程、路线，徐中舒师曾有言曰："所谓让国的说法是后来的解释，其实乃是太王派年长的儿子去开拓殖民。""太王之世周为初兴的小国，同殷商相比国力极其悬殊，当时绝不可能与殷商正面冲突。太王选择抵抗力最小而又与殷商关系较疏远的地方进行殖民，以逐步培植国力，实为上策，所以他派太伯、仲雍沿江汉而至吴。"① "《史记》谓太伯、仲雍逃之荆蛮者，或二人所至，即江汉流域，其后或因楚之兴盛，再由江汉而东徙于吴。"②据此，则吴统治族为姬姓，吴乃姬周族与当地土著吴人共同建立的国家。

1954 年江苏丹徒烟墩山出土的《宜侯夨簋》（图 16），学者多断为康王时器，所记乃康王改封虞侯夨于宜事。一般认为，"虞"即"吴"，在今苏南，"宜"亦当在丹徒附近，原封、改封地皆在苏南地区。"虞侯夨"即"周章"、或周章子"熊遂"、或"熊遂之子柯相"。③亦有学者认为，周章所封当在"江汉一带"，康王时始"将

图 16　宜侯夨簋及铭文

1954 年江苏丹徒烟墩山出土。通高 15.7 厘米，口径 22.5 厘米，腹深 10.5 厘米，四耳，高圈足，内底有铭文，现存 118 字。

---

① 徐中舒：《先秦史论稿》，成都：巴蜀书社，1992 年，第 123 页。
② 徐中舒：《殷周之际史迹之检讨》，原刊《国立中央研究院历史语言研究所集刊》第 7 本第 2 分，1936 年。收入《徐中舒历史论文选辑》，北京：中华书局，1998 年。
③ 参见唐兰：《宜侯夨簋考释》，《考古学报》1956 年第 2 期；李学勤：《宜侯夨簋与吴国》，《文物》1985 年第 7 期；《宜侯夨簋的人与地》，收入《走出疑古时代（修订本）》，沈阳：辽宁大学出版社，1997 年。

虞侯徒封于宜，亦即吴地"。①另有学者认为：太伯所奔之"吴"，并不是地在今江苏无锡一带的吴、越之"吴"，而是今陕西陇县、千阳、宝鸡间的"吴山"（其间尚有"楚水"），并在这里建立了吴国。"太伯在岐山以西建立了吴国，太伯死后无子，由其弟仲雍继任，仲雍三传到虞仲，武王灭纣以后，虞仲被封到晋南去做虞国的君长去了"。到了康王时，把晋南虞国的虞侯矢改封于今江苏丹徒的"宜"，于是才在南方建立了"句吴"。②还有学者认为，"虞侯矢与父虞公皆为北虞君主，即春秋虞国祖先，国都在大阳之北五十里，大阳后改河北与平陆"，康王将虞侯矢改侯于宜之"宜"，"不在丹徒一带吴国境内，而在东方通道之上近畿之内"，"当即后来之宜阳"，《虞侯矢簋》等"是后来带到丹徒"的。③又有学者认为，吴、宜虽都在苏南，但彼此并不相干，如郭沫若主编的《中国史稿》第一册即谓："周朝在东南方最远的同姓诸侯是吴国（今江苏无锡东南）。传说吴国是季历之兄太伯、仲雍率领一部分周人跑到那里，和当地居民相结合而建立的。""附近还有一个宜国，是成王把西部的虞侯改封到那里的。江苏丹徒出土的一批周初青铜器中有一件矢簋，在铭文中详细地记载了虞侯矢被改封为宜侯的事迹。"④还有一部分学者认为，"太伯、仲雍奔东吴于历史实际是不可能的"，"句吴立国之君"仲雍，乃"土著民族"，"与太伯弟虞仲

① 周书灿：《西周王朝经营四土研究》，郑州：中州古籍出版社，2000年，第172页。
② 张筱衡：《散盘考释》，《人文杂志》1958年3—4期；刘启益：《西周矢国铜器的新发展与有关的历史地理问题》，《考古与文物》1982年第2期。
③ 黄盛璋：《铜器铭文宜、虞、矢的地望及其与吴国的关系》，《考古学报》1983年第3期。
④ 郭沫若主编：《中国史稿》第一册，北京：人民出版社，1976年，第228—229页。

非同一人"。①自 20 世纪 30 年代卫聚贤先生"太伯之吴在甘肃,不
在江苏"的说法提出后,②数十年来,太伯是否奔吴、吴是否为周
后的论争一直不断。诸家说皆有一定根据,谁是谁非,实难遽断。
不过有一点似可肯定:西周时期,周人及其影响确已进入吴地。丹
徒烟墩山、磨盘墩、母子墩及其附近出土的西周墓葬、器物,兼具
中原文化特征和地区特点,便是吴地这种特殊民族构成和中原文化
向长江下游波及的生动证明。

关于西周时期吴国的发展过程及其疆地,史学界同样有不同看
法。一种看法认为:"从太伯、仲雍南奔建国至周章被西周封侯前,
共五世",为"吴国的初创时期",此时吴尚是一个"势单力薄"
"不为人注意的方国"。这一阶段,"吴国的疆域主要局限在今江苏
的苏州、无锡一带";周章被封侯后,"吴国从避居江南的方国,正
式得到周王朝的承认。这是吴国历史上的大事,对吴国的进一步发
展,起了促进作用",其疆域亦逐渐"向西扩展至宁镇一带"。③一种
意见认为:"太伯远奔所至之地,不在许多地理志所指的今江苏苏
州、无锡一带,而是在其西一二百公里的宁镇地区,具体说来应在
今江宁县附近。"西周后期,吴始东向发展,灭了地在今江苏常州
由南下奄人所建之"淹城",继而又"向同为东夷的干族人聚居的
太湖东北地区挺进,与干国发生长期的激烈的战争","大约到春秋
前期,太湖以北以东地区,就全部为吴国所占领"。④

---

① 周国荣:《说吴族》,《苏州大学学报》1991 年第 1 期。
② 卫聚贤:《吴越释名》,《江苏研究》1937 年第 3 卷第 5、6 期,。
③ 曾维华:《试论先秦时期的吴国文化》,《学术月刊》1989 年第 11 期。
④ 杨善群:《吴国在西周至春秋前期的发展》,《学术月刊》1992 年第 3 期。

在"吴"之南又有"越"。《史记·越王勾践世家》载:"越王勾践,其先禹之苗裔,而夏后帝少康之庶子也。封于会稽,以奉守禹之祀。文身断发,披草莱而邑焉。后二十余世,至于允常。允常之时,与吴王阖庐战而相怨伐。允常卒,子勾践立,是为越王。"《正义》引《吴越春秋》云:"禹周行天下,还归大越,登茅山以朝四方群臣,封有功,爵有德,崩而葬焉。至少康,恐禹迹宗庙祭祀之绝,乃封其庶子于越,号曰无余。"对上述记载,信之者固然有之,更多的则是持怀疑态度。事实如何,限于材料,尚难论定。

有关西周时期越的史籍记载,几乎没有。《北堂书钞》卷一一四引《纪年》云:"周穆王伐大越,起九师,东至九江。"《今本竹书纪年》有:成王"二十四年,于越来宾"。《逸周书·王会》载成王为成周之会时,"于越"曾与会,且贡献了"纳"(魶鱼)。这些零星记载,亦足以证明西周时越人已同中原的周王朝发生了一定联系。

(二) 楚、巴

楚,亦称荆、荆楚、楚荆、荆蛮。《史记·楚世家》谓:"楚之先祖出自帝颛顼高阳。高阳者,黄帝之孙,昌意之子也。高阳生称,称生卷章,卷章生重黎。重黎为帝喾高辛居火正,甚有功,能光融天下,帝喾命曰祝融。共工氏作乱,帝喾使重黎诛之而不尽。帝乃以庚寅日诛重黎,而以其弟吴回为重黎后,复居火正,为祝融。吴回生陆终。陆终生子六人,坼剖而产焉。其长一曰昆吾;二曰参胡;三曰彭祖;四曰会人;五曰曹姓;六曰季连,芈姓,楚其后也。"关于楚族的来源,有谓来自中原华夏族的,有谓来自东夷族的,有谓源自西方氐、羌族的,有谓世居南方、为"三苗"族的一支的，迄无定论。①

《史记·楚世家》："周文王之时，季连之苗裔曰鬻熊。鬻熊子事文王。"《周本纪》亦谓："西伯曰文王……太颠、闳夭、散宜生、鬻子、辛甲大夫之徒皆往归之。"《集解》引刘向《别录》曰："鬻子，名熊，封于楚。"所谓"子事文王"，即归顺文王、且被文王收为"养子"。②《楚世家》又有"吾先鬻熊，文王之师也"（楚武王熊通语）。此处之"师"，旧时多以"师长"释之；近今学者则释之为"将师"或"师氏""火师"等职。③这些记载说明，还在灭商前，楚人已同周发生了联系，而周原甲骨中有关"楚子来告"（H11：83）等的记载，亦证实了这一点。

《楚世家》："熊绎当周成王之时，举文、武勤劳之后嗣，而封熊绎于楚蛮，封以子男之田，姓芈氏，居丹阳。楚子熊绎与鲁公伯禽、卫康叔子牟、晋侯燮、齐太公子吕伋俱事成王。"武庚及三监之乱时，参加者有"徐、奄及熊、盈"（《逸周书·作雒》），楚人可能卷入。成王之封，标志着楚正式成了周王室的诸侯国，彼此关系亦转好。

从周昭王开始，楚开始采取对外扩张的态势，周、楚间一度存在着的主、从关系破裂，并经常兵戎相见。如周昭王就曾两次大规模南征荆楚，且最终死于南征途中；夷王时，"王室微，诸侯或不

---

① 参见张正明：《荆楚族源通议》，《中南民族学院学报》1984 年第 1 期。

② 唐嘉弘：《试论周王和楚子的关系》，《文物》1985 年第 7 期；段渝：《论周、楚早期的关系》，《社会科学研究》（成都）1986 年第 5 期。

③ 唐兰：《论周昭王时代的青铜器铭刻》，《古文字研究》1981 年第 2 辑；沈长云：《"鬻熊为文王师"解》，《江汉论坛》1983 年第 6 期；王光镐：《论楚族的始称国年代——兼评"成王封楚"》，《中南民族学院学报》1985 年第 4 期。

朝，相伐。熊渠甚得江汉间民和，乃兴兵伐庸、杨粤，至于鄂。熊渠曰：'我蛮夷也，不与中国之号谥。'乃立其长子康为句亶王，中子红为鄂王，少子执疵为越章王，皆在江上楚蛮之地"（《楚世家》）。向周天子的无上权威发起公开挑战；"及周厉王之时，暴虐，熊渠畏其伐楚，亦去其王"（《楚世家》）；周宣王时，周国势稍振。宣王曾令大臣方叔率兵车三千大举伐楚，使楚人畏服（《诗经·小雅·采芑》），又把王舅申伯迁封于谢（今河南南阳）建立申国，以为屏障。而此时之楚，又适逢熊霜卒，三弟争立，内乱，暂亦无力与周争锋。

总起来看，楚在西周时还不太强大；而有学者认为"终西周之世楚族一直未能脱离原始的氏族社会形态"，[1]则又未免估计得太低了些。

关于古代巴人的活动地区，史学界至今没有取得一致看法。一些学者认为，"在很古的时候，巴就在今四川东部"，[2]"作为江州的巴国来说，最晚也是自商周时期巴人就生活在今重庆市这一地区"；[3]而另一些学者则认为，"巴族的发源地在鄂西清江流域"。[4]

《华阳国志·巴志》谓："周武王伐纣，实得巴蜀之师，著乎《尚书》。巴师勇锐，歌舞以凌，殷人前徒倒戈，故世称之曰：'武王伐纣，前歌后舞'也。武王既克殷，以其宗姬封于巴，爵之以

① 刘玉堂：《论西周时期楚的社会经济形态》，《中南民族学院学报》1995年第1期。
② 李学勤：《巴史的几个问题》，《巴渝文化》第3辑，重庆：西南师范大学出版社，1994年。
③ 孟世凯：《巴渝文化琐议》，《巴渝文化》第3辑，重庆：西南师范大学出版社，1994年。
④ 姚政：《论巴族国家的形成》，《巴渝文化》第3辑，重庆：西南师范大学出版社，1994年。

子。"有学者认为，《牧誓》中之所以不载巴方，当是"古代'巴濮'连称，举濮可以包括巴族"所致。①西周之巴地在何处呢？有学者认为："西周时代，巴、濮两族与扬越等族杂居于江汉平原，其地与楚、邓相接。《左传》昭公九年景王使詹桓伯辞于晋曰：'自武王克商以来，巴、濮、楚、邓，吾南土也。'这时楚都丹阳，应在丹水之阳，当今河南淅川县，邓在河南邓县。濮人居住分散，族类支系较多，故史称百濮，然其活动地区在西周时代固不出乎江汉平原之外。巴、濮、楚、邓并称'南土'，实即秦汉时期南阳郡、南郡所辖之地。"直到"春秋前期，巴人的活动中心，仍然在江汉流域"，"春秋后期，楚国强大，巴子被迫南迁……经清江流域，到达四川盆地东部，重新建立了巴国"。②亦有学者认为："宗姬巴国初封之时，很可能一度在陕南的汉水流域。……后因受到楚的攻击而不得不南迁川东地区。"③

（三）蜀

《华阳国志·蜀志》："蜀之为国，肇于人皇，与巴同囿。至黄帝为其子昌意娶蜀山氏之女，生子高阳，是为帝喾（应为颛顼），封其支庶于蜀，世为侯伯。历夏、商、周，武王伐纣，蜀与焉。其地东接于巴，南接于越，北与秦分，西奄峨嶓，地称天府。……周失纲纪，蜀先称王。"说蜀人早就活动在今四川、陕南一带，且具有较高物质、文化水准，是有根据的，四川地区的众多考古发掘、

---

①② 董其祥：《古代的巴与越》，《重庆师范学院学报》1980 年第 4 期、1981 年第 5 期。

③ 郝良真：《巴文化的发展及特点试析》，《巴渝文化》第 3 辑，重庆：西南师范大学出版社，1994 年。

特别是三星堆文化所展示的文明水准，充分证明了这一点。

周原甲骨有"伐蜀"（H11：68）语，学者们认为"当为文王时伐蜀的记载"。[①]说明早在文王时蜀已归附于周，并在武王伐纣时派兵参战。此后，终西周之世，除《逸周书·王会》曾言及成王为成周之会时"蜀人"贡献"文翰"（天鸡、锦鸡）、《北堂书钞》卷三一引《纪年》谓"夷王二年，蜀人、吕人来献琼玉"外，先秦文献基本不见有关蜀与西周关系的记载，故西周之世蜀及蜀、周关系的具体情况后人已难以知其详了。

西周王朝的民族观和民族政策，固然主要体现为西周王朝对周边诸侯的歧视、征服、控制和掠夺的一面，但周统治者有时也讲剿、抚结合，在武力征服的同时，施以"文教"，注意"修其教不易其俗，齐其政不易其宜"，以使"中国、夷、蛮、戎、狄，皆有安居、和味、宜服、利用、备器。五方之民，言语不通，嗜欲不同，达其志，通其欲"（《礼记·王制》）。这样，伴随着周室对财富和领土的贪婪追求，伴随着征伐的血与火，国家的版图在扩大，民族的交往和融合在加深，中原先进的生产技术和文化在向四方辐射、波及，又自有其客观的历史进步的一面。

---

① 徐锡台：《周原甲骨文综述》，西安：三秦出版社，1991年，第52页。

专题二十　周公其人其事

　　周公，文王子，武王母弟，名旦，亦称文公、叔旦。《史记索隐·鲁周公世家》云："周，地名，在岐山之阳，本太王所居，后以为周公之采邑，故曰周公。即今之扶风雍东北故周城是也。"《括地志》云："周公城在岐州岐山县北九里，周之畿内，周公食采之地也。"今岐山县北仍有周公村、周公庙，当即昔日周公食采之地。

　　周公一生经历了商末周初文王、武王、成王三个时期。"文王在时，旦为子孝，笃仁，异于群子。""及武王即位，旦常辅翼武王，用事居多。""武王既崩，成王少……周公乃践阼代成王摄行政当国"，更是"一沐三捉发，一饭三吐哺"（《史记·鲁周公世家》），"夜以继日"，"坐以待旦"（《孟子·离娄下》），又于还政于成王后以"太师"身份辅政三年，后"（终）老于丰"（《尚书大传》），对新建立的姬周王朝可谓鞠躬尽瘁，死而后已。

　　综观周公一生的政治活动、业绩，可大体分为参与灭商开国和摄政当国两大阶段。前一阶段，武王是主角，周公是主要参与者；后一阶段，周公则处于政治前台的中心位置，举凡东征平叛、营建洛邑、封建诸侯、制礼作乐以及周初统治思想、策略、政策的制定等等，大都是周公主持进行或直接、间接同他有关的。

下面，试对周公的主要政治活动、业绩略作介绍、论析。有些问题，由于在前面的有关专题中已经涉及，且事情本身比较明了，介绍时则尽量从简；有些问题，前面涉及不多，且在学者间争论较多，则介绍得稍为详尽些。

一　参与灭商开国

据《史记·周本纪》《鲁周公世家》，武王即位后，周公即为"辅"，"用事居多"：九年，观兵盟津，"周公辅行"；十一年，伐纣，"周公佐武王，作《牧誓》。破殷，入商宫。已杀纣，周公把大钺，召公把小钺，以夹武王，衅社，告纣之罪于天及殷民"。在灭商中，周公和师尚父（姜太公）、召公一起，始终处于协助武王采取重大决策和参与重大行动的中枢位置，是姬周王朝的开国元勋。

二　东征平叛和营建洛邑

关于"东征平叛"和"营建洛邑"的情况、意义，前已论及（见《西周王朝的建立、兴盛》），这里不再重复。

三　封　建　诸　侯

如前所述（见《周初大分封》），武王时虽有"封建"，康王后直至宣王时仍续有"封建"，但西周主要诸侯国的分封及西周王朝国家格局的基本奠立，却是在周公摄政当国期间完成的。

四　关于"摄政称王"

关于武王死后周公是否"摄政称王"的问题，历来有种种不同看法，有谓周公确曾摄政称王的，有谓周公虽摄政却未称王的，有谓周公既未摄政亦未称王的，等等。

《荀子·儒效》："武王崩，成王幼，周公屏成王而及武王以属天下，恶天下之倍（背）周也。履天子之籍，听天下之断，偃然如固有之，而天下不称贪焉。杀管叔，虚殷国，而天下不称戾焉。兼制天下，立七十一国，姬姓独居五十三人，而天下不称偏焉。教诲、开导成王，使谕于道而能揔迹于文、武。周公归周，反籍于成王，而天下不辍事周，然而周公北面而朝之。天子也者，不可以少当也，不可以假摄为也。能则天下归之，不能则天下去之。是以周公屏成王而及武王以属天下，恶天下之离周也。成王冠，成人，周公归周反籍焉，明不灭主之义也。周公无天下矣，乡（向）有天下，今无天下，非擅也；成王乡无天下，今有天下，非夺也；变势次序节然也。故以枝代主而非越也，以弟诛兄而非暴也，君、臣易位而非不顺也。因天下之和，遂文、武之业，明枝、主之义，抑亦变化矣，天下厌然犹一也，非圣人莫之能为。"照荀子看来，周公并不是什么摄政不摄政的问题，而是堂堂正正地"履天子之籍，听天下之断"，在实际上和明义上都做起"王"来。

而《尸子》、《韩非子·难二》、《逸周书·明堂》、《礼记·文王世子》、《韩诗外传》卷八、《尚书大传》、《淮南子·齐俗》、《史记·周本纪》诸书篇，皆谓周公旦仅于武王死后"假为天子""假为天子七年""摄政君天下""相，践阼而治""假天子之尊位七年""摄政""摄天子之位""摄行政当国"，着重其"假""摄"的"代行"身份，与《荀子》的"天子也者……不可以假摄为也"不同。

东汉以降，经学家们为了维护皇权、君统，往往对周公"摄政称王"事持掩盖、否定态度。

如宋儒朱熹、蔡沈等为了回护、抹煞周公"摄政称王"事，竟把作为成王时书的《尚书·康诰》《酒诰》《梓材》三篇文字硬说成是"此是武王书无疑"，"《康诰》《酒诰》《梓材》篇次当在《金縢》之前"。（朱熹：《语类》七十九、蔡沈：《书集传》四）清儒庄存与、庄述祖更明确指言："司马迁尝读百篇之《序》，而不知成王、周公之事为荀卿、蒙恬所汩乱。……周公践阼，君子有知其诬者，而不能知成王即位其年不幼也。……成王有人君之大节如此，而又以二公（太公、召公）为左右，天即不笃生周公，亦自可成一家之事。""诬圣乱经，自孙（荀）卿始。其言曰'……周公……以枝代主而非越，君、臣易位而非不顺，因天下之和，遂文、武之业'谓之'大儒之效'。后世乱臣贼子袭是迹而文其奸言以窃天位，开其端者孙卿也。……故言周公之事大抵以为摄天子位，假王者号，禩禩褵褵，莫知其非，仅拘墟夫文辞而遂以胎滔天之恶，言顾可不慎哉。《书序》明著之曰：'周公相成王'。相也者，臣道也，非假摄之谓也。自《归禾》以至《息慎之命》，再言'天子'，再言'王命'，曰'黜'，曰'伐'，曰'迁'，曰'命'，曰'封'，曰'告'，皆系之成王。《大诰》曰'相成王'，《君奭》亦曰'相成王'，何乃有假摄之说哉！"（庄存与：《尚书既见》二、庄述祖：《大诰序说》）焦循亦谓："《明堂位》以周公为天子，汉儒用以说《大诰》，遂启王莽之祸。郑氏不能辨正，且用以为《尚书注》，而以周公称王。自时厥后，历曹、马以及陈、隋、唐、宋，无不沿莽之故事。而《传》（《伪孔传》）特卓然以周公不自称王而称成王之命以诰，胜郑氏远甚。"（《尚书补疏叙》）他们之所以这样做，说穿了，无非是为了尊君，为了避免出王莽式的人物而不惜掩盖周公曾摄政称王的历史。

在清代，亦有个别学者坚持周公"摄政称王"说。如钱塘即认为："《尚书·大诰篇》：'王若曰：猷：大诰尔多邦越尔御事。'郑康成曰：'王谓摄也。周公居摄，命大事则权代王也。'……康成说是也。《大诰》作于东征时，不称王无以令诸侯，故权代之也。……然而公之摄政，恒也；摄王，非恒也。出政之谓'摄政'，称王之谓'摄王'。王者有大事则摄，平时固摄政之冢宰也。……公摄政七年，称王者三而已，皆系天下之安危——征武庚、命微子、封康叔是也。"（《周公摄政称王考》）即认为周公不但以冢宰身份摄政七年，且曾于重要时刻"摄王"——权代王也。而廖平则更进一步，直谓"成王非幼，周公非摄，此《尚书》成周公之意，又有语增耳。武王克殷后即以天下让周公，《逸周书》所言是也。当时周公直如鲁隐公、宋宣公，兄终弟继，即位正名，故《金縢》称'予一人'、'予小子'，下称'二公'，《诰》称'王曰'。《檀弓》：'文王舍伯邑考而立武王。'盖商法兄终弟及，武王老，周公立，常也。当时初得天下，犹用殷法。自周公政成之后，乃立周法，以传子为主。周家法度皆始于公，欲改传子之法，故归政成王"(《经话》)。即认为克殷后，武王老迈，乃让位周公，周公是堂堂正正的"王"，并无"摄位"之事；后为改行"传子之法"，才"归政成王"的。

围绕周公是否"摄政称王"一事，近今学者依然是众说纷纭，迄今未取得一致看法。

王国维认为："殷以前无嫡、庶之制。……是故大王之立王季也，文王之舍伯邑考而立武王也，周公之继武王而摄政称王也，自殷制言之皆正也。舍弟传子之法实自周始。当武王之崩，天下未定，国赖长君，周公既相武王，克殷胜纣，勋劳最高，以德，以长，以历代之制，则继武王而自立，固其所矣，而周公乃立成王而己摄之，后又反政焉。摄政者，所以济变也。立成王者，所以居正也。自是以后，子继之法遂为百王不易之制矣。……原周公所以能定此制者，以公于旧制本有可以为天子之道，其时又躬握天下之权，而顾不嗣位而居摄，又由居摄而致政，其无利天下之心昭昭然为天下所共见，故其所设施，人人知为安国家、定民人之大计，一切制度遂推行而无所阻矣。"(《殷周制度论》)

顾颉刚认为："武王死后，周公奉了武王的长子诵继位，是为成王。为了这个新造的人邦还没有稳固，内忧外患接叠而来，非由一个才干和威望兼全的人担任起领导的责任不可，所以就由周公执行王政。周公既站在王的地位，发挥王的权力，人们口头上也就称他为'王'，史官记录他的文告时也就写作'王若曰'。""为了周公实际上不是真的周王，所以当时固然有人称他为'王'的，但也有人照旧称他为'周公'的，也有'王'和'周公'杂用称呼的，记载中并不一律。例如《盠鼎铭》云'佳周公于征伐东夷'，而《禽簋铭》云'王伐竺（奄）侯，周公某禽祝'，就都可以证明这一点。"①

童书业师认为："《大诰》中之'王'为周公无疑。……而《康诰》曰'王若曰……'，此'王'亦为周公无疑。""周公摄政称王，犹多尔衮之为摄政王专政也。""春秋时人所以罕言周公摄政而但称'相王室'者，则宗法礼制思想作祟。至战国末年，古'宗法'制已经解体，《荀子》等书即明言周公摄政践阼矣。"②

徐中舒师亦认为："周公辅成王而自行摄政称王，这和清初多尔衮拥立幼君福临而自称摄政王，先后如出一辙。这都是建国初期国家体制未定时，内部争权斗争而出现的一种现象。"③

杨宽认为："这时周公出来摄政，而且称王，是十分必要的。不称王，不足以号令诸侯以及周的所有贵族。""实际上，周公不仅是'权代王'，当时周公'践天子之位'，就是掌握着天子的权力。《大诰》的王，无疑是周公。""从《大诰》《康诰》《酒诰》等文来看，周公摄政称'王'，以'王命'东征，以'王命'分封诸侯，是无疑的。然而，春秋时人不见有称周公摄政称王的，只说周公'相王室'……这是他们为周公讳言，因为这样摄政称王而用'王命'，是不符合当时的宗法制和周礼的。"④

刘起釪认为：周公"为应付危难，便自己执政称王。""周公之称王，在当时历史条件下是很自然的事。"但周公的摄政称王，"并不意味着他必须排除周成王的王位。……所以天子之位的继承权归

① 顾颉刚：《周公执政称王——周公东征史事考证之二》，《文史》1984年第23辑。
② 童书业：《春秋左传研究》，上海：上海人民出版社，1980年，第34页。
③ 徐中舒：《西周史论述》（上），《四川大学学报》1979年第3期。
④ 杨宽：《西周史》，上海：上海人民出版社，1999年，第140—141页。

成王，而自己必须在成王还不能胜任时出来践履这一天子之位以摄政称王，支撑危疑震撼的局面"。①

杜勇认为："武王死后，周公一度摄政称王以治天下。""在周公那个时代，王位传子制尚未凝固……周公在执政时称王也不过是一件极平常的事。""成王先已嗣位，周公旋又称王，周初政治舞台上出现了二王并存的局面。从人类早期的历史来看，这种二头政长的现象并不是个别的。……由于成王一直未离王位，周公摄政数年就退居臣位，致使史籍言周公摄政事多与成王并举，或曰'周公相成王'，《史墙盘》历数西周诸王而不及周公，其原因正在于此。"②

郭伟川谓："周初礼制未备，传位法未定，周承殷制，顺理成章。故武王传位予周公，及后周公之继位称王，既是形势造成，也是合理合法。""事实上，周公称王是完全遵照武王的遗嘱办的：依天命践阼称王；天下平，致政子诵。可以说百分之百执行武王的指示，完全实现武王的遗愿，显示了周公忠诚谋国的品格，武王是可以死而瞑目的。但相形之下，我觉得周公的人格和形象，实在伟大得多！其王与不王，皆以社稷与人民的利益为依归。"③

而杨向奎则认为："周公并没有'称王'，但在成王初年曾经摄政，所有成王时《周诰》都是周公代成王宣告而称王，周公没有自

① 刘起釪：《周公事迹大略》、《由周初诸（诰）作者论"周公称王"的问题》，收入《古史续辨》，北京：中国社会科学出版社，1991年。
② 杜勇：《〈尚书〉周初八诰研究》，北京：中国社会科学出版社，1998年，第21、27页。
③ 郭伟川：《周公称王与周初礼治——〈尚书·周书〉与〈逸周书〉新探》，郭伟川编：《周公摄政称王与周初史事论集》，北京：北京图书馆出版社，1998年。

已称王。"①

美国学者夏含夷的看法略同，他同样认为："可以根据西周时代的第一手历史资料来判定周公摄政时根本不曾称王。"②

还有学者认为，周公既未摄政，更无称王。如马承源即认为："金文中的史实和史籍的真实记载，都说明成王是嗣位之君，并且起着一个国君应起的作用，周公召公则是辅相成王。周公的形象，被汉儒大加夸张而使后人产生错觉，周公摄政事实上不存在。"《小臣单觯》《禽簋》"两件器的铭文都记录了成王作为天子的领导作用，根本否定了史籍讹传的周公'践祚称王'"。③

王慎行认为："'成王年幼'及引申为'在襁褓中'之说，系战国时人与汉代经师误读《尚书》'孺子'一词所致"，"'孺子'之称，不必皆属婴儿之谓"。事实上，"成王即位时当已成年"。但"殷周时代，在天子居丧期间，应由冢宰当国，代王出令，摄行政事"。"武王崩后，天下未宁，成王正值居丧期间，礼当冢宰摄政。周公既为大宰（冢宰），总摄行政，以佐王治邦国，自是常事"。故"史载'周公践阼称王'实乃'冢宰摄政'"，而实际上还是"成王亲自临朝视政、决策军国大事"，无需"周公摄政"。④

还有一部分学者认为周公之当国实为"谋篡"。如李裕民即认为"周公作为圣人是后人捧起来的，实际上他不是那么完美的'圣

---

① 杨向奎：《宗周社会与礼乐文明（修订本）》，北京：人民出版社，1997年，第160页。

② ［美］夏含夷：《周公居东新说——兼论〈召诰〉、〈君奭〉著作背景和意旨》，《西周史论文集》，西安：陕西人民教育出版社，1993年。

③ 马承源：《西周金文和周历的研究》（节录），郭伟川编：《周公摄政称王与周初史事论集》，北京：北京图书馆出版社，1998年。

④ 王慎行：《周公摄政称王质疑》，《河北学刊》1986年第6期。

人'"，"周公自称'王'表明他确已篡夺了王位"。"管叔只是要保卫成王，反对周公夺权，要攻打周公的据点成周，丝毫没有自立为王之意，可见'畔周'乃是周公等人强加给管、蔡的罪名，后人据此记载下来，使管、蔡蒙受了千年不白之冤。唯有明代祝允明看透其中奥秘，而称'管、蔡为忠臣'（《四库全书总目提要》'祝子罪知'条）。可惜传统说法已根深蒂固，祝氏之说非但不为人们接受，反被视为狂人，禁毁其书"。"周公篡位的理由是因为成王年幼，其实成王年龄并不幼小……成王即位时大约十八九岁……十八九岁不算太小，周公凭什么非摄政不可？""旧史的种种饰辞，都掩盖不住历史的真相，周公确曾篡夺了成王的王位"。"周公篡位与管叔反篡位的斗争实质上是统治集团内部争权夺利的斗争。"①

启良亦认为："按照已成传统的王位继承制，继王位的本应是早已成年的成王，而不应是周公，那么周公登上天子位，其谋篡的性质是可想而知的。""周公居东既不是东征，也不是避居东都，而是流亡东方。其情况可能是：就在周公出征东征的过程中，成王及召公等六（大）臣趁其不在国都镐京，废了他的天子名号，并拘捕其属党，成王自己作了天子。周公平定三监之乱后，不能回镐京，只得流亡东方。……在此种情况下，周公贻诗（《鸱鸮》——引者）成王，要求成王看在他昔日的功绩上，不要做得过分。"又谓："周公率师亲征管、蔡，成王在后方发难，控制了镐京，践阼称天子，使得周公东征胜利后不能西归。周公虽然流亡东方，但仍然拥有天子称号……虽然不能回师镐京，凭着自己的兵力，周公完全有可

---

① 李裕民：《周公篡位考——从"桐叶封弟"的疑案说起》，《晋阳学刊》1984年第4期。

能割地称雄，与成王政权分庭抗礼。洛邑就是在此种历史背景下建立的。……这样，由武王打下来的一统天下遂一分为二，变成东西两个并立的政权。"①

以上，我们用较多篇幅介绍了古今学者在周公是否摄政称王这个问题上的不同看法，真可谓林林总总，应有尽有，众说纷纭，莫衷一是。各种说法，似都有一定根据，故能历久而不衰，不被它说吃掉；而任何一种说法，又都嫌根据不足、不硬，故又很难吃掉别人，将自己定为"一尊"。看来，在没有新史料出现的情况下，这个问题恐一时尚难解决。笔者对此问题没有作过专门研究，初步看法可划归"摄政称王"说的一类。这里，我们想顺便指出的是，讨论中，一些学者所流露出的对周公过分顶礼膜拜或过分憎恶的感情色彩，是不必要的，甚至是有害的，因为，这些东西会妨碍人们对历史人物、事件作冷静、公正的观察、判断。

五　关于"制礼作乐"

《左传》文公十八年载季文子使太史克对鲁宣公说："先君周公制周礼。"《国语·鲁语下》："若子季孙欲其法也，则有周公之籍矣。"《左传》哀公十一年记同一件事作"则周公之典在"。《礼记·明堂位》："武王崩，成王幼弱，周公践天子之位以治天下。六年朝诸侯于明堂，制礼作乐，颁度量而天下大服。"《尚书大传》："周公摄政，一年救乱，二年克殷，三年践奄，四年建侯卫，五年营成

---

① 启良：《周公事迹新说》，《江汉论坛》1991 年第 5 期。后来，作者在《中国文明史》一书中，又重申了上述看法，广州：花城出版社，2001 年，第 273—277 页。

周，六年制礼作乐，七年致政成王。"虽不可能如此整齐地一年一件事，但大体的先后次序还是符合基本的历史实际的。《尚书·洛诰》载："周公曰：王肇称殷礼，祀于新邑，咸秩无文。"说明直到营成周时，一直忙于夺权、平叛的周人尚无暇制定自己的礼制，以致遇有重要祀典尚须援用殷礼。叛乱平定、分封就绪、成周告成，周公才有可能坐下来"制礼作乐"。

周公是周初新旧王朝交替这个关键时刻、身居"摄政称王"这个关键位置的关键性人物，其于有周一代制度建设和思想建设的重要作用是明摆着的。杨向奎说："没有周公不会有武王灭殷后的一统天下；没有周公不会有传世的礼乐文明；没有周公就没有儒家的历史渊源，没有儒家，中国传统的文明可能是另一种精神状态。"[1]夏曾佑说："孔子之前，黄帝之后，于中国有大关系者，周公一人而已。"[2]语虽夸饰，但对周公在中国古代制度文明和精神文明建设中的划时代作用还是定位确当的。当然，这决不是说，周公以前无礼乐，礼乐乃周公一手创制。也不是说，周礼为周公一人手定，一步到位，一次完成。正确的说法应该是：（1）礼起源甚早，否则，何来孔子"殷因于夏礼""周因于殷礼""周监于二代"（《论语·为政》《八佾》）之说？（2）周公在制定周王朝自己的礼制时，是既参照、继承了前人，又有自己的创新，颇费了一番工夫、心思的。《孟子·离娄下》谓："周公思兼三王，以施四事，其有不合者，仰而思之，夜以继日，幸而得之，坐以待旦。"崔述《丰镐考信录》

---

① 杨向奎：《宗周社会与礼乐文明（修订本）》，北京：人民出版社，1997年，第141页。

② 夏曾佑：《中国古代史》，北京：生活·读书·新知三联书店，1955年，第31页。

卷五《周公相成王下》解释这段记载说："详其语意，盖即周公制礼事也。周公制礼，皆监前代而损益之，是以有所不合，待思而后能得之也。"（3）周公在制定周王朝礼制中无疑发挥了重要作用，后人常常把周礼和周公联系在一起不是没有一定道理的，但也必须看到，周礼又决非成于一人、一时，诚如友人詹子庆兄所论："西周的典章制度非一时一人所作，从文武王开始创制，由周公总其成，后又经过历代充实完善。"①

古所谓"礼"，在夏、商、西周三代，所涵极广，举凡典章制度、礼节仪式、道德规范等几无所不包，这是当时国家、社会尚处在粗简阶段，社会控制系统尚未细化的反映。有些人，一提起"礼"，往往把它同吉、凶、军、宾、嘉等节仪联起来，这是以后世之"礼"看古之"礼"；事实上，这些"仪"只是古礼的一个组成部分，并且是一个不占主要地位的部分。商国君谓："周公所制之礼，内容非常广泛，包括政治、经济、军事、宗教、婚姻家庭、伦理道德等各方面的规章制度和行为规范，以及吉、凶、军、宾、嘉礼等不同的礼节仪式，其中有许多是用国家强制力保证执行的，具有法律效力。主要制度有分封制、嫡长子继承制、宗法制、井田制、畿服制、爵谥制、法制等。"②金景芳曾强调指出："古代所谓礼，实际是包括上层建筑和经济基础在内的一系列政治的社会的制度，而以政治的制度为主。"③这些看法无疑是正确的；也说明周公

① 詹子庆：《周公——我国古代第一位大政治家、大思想家》，《东北师大学报》1984 年第 1 期。

② 商国君：《略论周公对历史的贡献》，《松辽学刊》1994 年第 2 期。

③ 金景芳：《周公对巩固姬周政权所起的作用》，《吉林大学社会科学论丛·历史专集》，1980 年。后收入《古史论集》，济南：齐鲁书社，1981 年。

制"礼"的主要贡献在大的制度层面，而不仅仅是典礼中的节仪。

关于井田制、分封制、宗法制、官制等，我们在前面的有关专题中已有论述，此不作赘。下面，仅就两个相关问题议论一下。

一提到"周公制礼"，人们很自然地会联想到《周礼》和《仪礼》二书。旧谓周公作《周礼》，《仪礼》的"经"也出自周公。这当然不会是事实。杨向奎说："著述事业，就现在能见到的材料看，在春秋以前还不存在，虽然史官秉笔记录，但不是著述，执笔为文作系统的著述，战国时大盛。《周礼》《仪礼》只能是根据西周流行的典章制度系统化、理想化而成书，成书时代不会早于战国。"①这种既看到《周礼》和《仪礼》有本于西周史事的一面、又有后人系统化、理想化成分一面的持论态度，是妥帖的。顾颉刚一方面承认"'周公制礼'这件事是应该肯定的，因为在开国的时候哪能不定出许多的制度和仪节来"，另一方面却又认为《周礼》"出于齐国以及别国的法家，跟周公和儒家根本不生关系"，②未免偏颇。还有一部分学者，则走向另外一个极端，即过于相信《周礼》。如有的论著即据《周礼》论西周官制，甚至把战国时代施行的"上计"制度也搬到了西周，算在周公账上，从而不适当地拔高了周公，拔高了西周社会发展水准。由于《周礼》《仪礼》等书晚出，后人添加成分甚多，利用时须格外注意，要多加分析、比证，特别是注意将它同《尚书》、尤其是金文材料比证，切忌信手拈来、为我所用。

---

① 杨向奎：《宗周社会与礼乐文明（修订本）》，北京：人民出版社，1997年，第297页。
② 顾颉刚：《"周公制礼"的传说和〈周官〉一书的出现》，《文史》1979年第6辑。

　　再一个问题是，人们虽原则上承认周制对殷制有因、有革，可实际上却往往过分地强调了周公和周制的创新性、原创性，有意无意地忽略、忽视了其承继性。如井田制、分封制、宗法制等一些基本的经济、政治制度，并非周公或周人的创制，而是古已有之，起码是殷已有之，周公或周人只不过把它们进一步发展使之渐趋成熟、完备罢了。之所以会产生这种倾向，原因不外：(1) 殷人是失败者，周人是胜利者，而历史往往是胜利者写就的，褒贬失当在所难免；(2) 周公在儒家心目中形象高大，而传留至今的中国文化元典又基本是儒家的东西，周公既在儒家经典文献中成了最高正面典型，一切功劳、好事自不免全往他身上堆；(3) 王国维《殷周制度论》谓"中国政治与文化之变革，莫剧于殷周之际"，"殷周之兴亡，乃有德无德之兴亡"，是"旧制度废而新制度兴，旧文化废而新文化兴"。吕振羽、翦伯赞、范文澜等西周封建论者，为了证成商周之际确曾发生过一场革命性的社会性质变革，也着意夸大殷、周二代在制度、思想层面的差异。王、吕、翦、范诸氏的上述看法，再加上他们的名气、影响，也在客观上对早已在人们心目中扎了根的一味扬周抑商、夸大周公和周人的创制之功的不良倾向起了推波助澜的作用。顾颉刚有言："'周公制礼'这件事是应该肯定的……不过一件事情经过了长期的传说，往往变成了过分的夸大。……好像周代的一切制度和仪节都由他一手订定，而周所定的礼则是最高超的，因此在三千年来的封建社会里，只有小修改而无大变化，甚至说男女婚姻制度也是由他所创立，那显然违反了历史的真实。"① 徐

---

①　顾颉刚：《"周公制礼"的传说和〈周官〉一书的出现》，《文史》1979 年第 6 辑。

中舒、严一萍、张光直等亦曾根据对周及前代制度、文化等的多方面对比研究，认为殷、周文化基本上是"相因袭的"，夏、商、周三代在文化上"纵有异同之处，未逾损益相因，寻其本则一脉相承"，"三代的文化大同而小异"。①事实上，周公与周人的许多东西，都是渊源有自，而周公和周人又在发展中作出了自己的新贡献——这才是历史的真实，也是对周公的恰当评价。

六　周公在思想、理论上的贡献

除灭商、平叛、营建成周等实际政治活动和"制礼作乐"制度层面的创制外，周公在思想、理论领域亦有重大建树，这集中地表现在他的所谓"敬天""保民""明德""慎罚"的一整套统治思想中。

周公等西周统治者虽不可能完全从对天的崇拜中摆脱出来，但他们毕竟从殷亡中意识到"天不可信"（《尚书·君奭》）、"惟命不于常"、"天畏棐忱，民情大可观"（《尚书·康诰》），于是便在"敬天"的同时在"保民"上狠下功夫。而怎样才能既"敬天"又"保民"，即既不得罪上天、又能牢固保有对下民的统治呢？在周公等人看来，关键还在统治者自身的表现。正是基于此种认识，才又有"明德""慎罚"的治术被提了出来。所谓"明德""慎罚"，就是要统治者克制自己的私欲，检点自己的行为，勤政、廉政、用

---

① 徐中舒：《殷周文化之蠡测》，《国立中央研究院历史语言研究所集刊》第 2 本第 3 分，1931 年；严一萍：《夏商周文化异同考》，《大陆杂志特刊》（一），1952 年，第 394 页；张光直：《从夏商周三代考古论三代关系与中国古代国家的形成》，《中国青铜时代》，北京：生活·读书·新知三联书店，1999 年。

贤，并慎用刑罚。周公等的这套统治思想，其落脚点虽在于对民的占有（剥削和统治），但其中所包含的对天的信仰的淡化、对民的重视和对在位者的约束，仍然具有进步的意义。正如一些学者所指出的："民的地位的突出是人类自我意识的一大进步。……周人的重民思想是中国古代政治思想的一个里程碑。"①"天的神性的渐趋淡化和'人'与'民'的相对于'神'的地位的上升，是周代思想发展的方向。用宗教学的语言来说，商人的世界观是'自然宗教'的信仰，周代的天命观则已具有'伦理宗教'的品格。""可以这样说，西周前期（成王以前）是中国文化精神气质得以型塑的重要时期，而周公在早期中国文化发展的历史上扮演了一个决定性的克里斯玛角色。……周公的思想极大影响了周人的天命信仰，使中国文化由自然宗教发展为具有伦理宗教水平的文化形态，价值理性在文化中开始确立根基。周公是一个真正的克里斯玛人物，和中国历史上第一个思想家，不仅经他之手而奠定了西周的制度，而且构造了西周的政治文化。……周代的文化与周公的思想已经型塑了中国文化的精神气质。"②"周公是中华民族的文化先祖。"③自然，周公等的"德治"亦有其负面影响，诚如赵昆生所论："周代没有完整、系统的法律形式，其中一个原因也就在于'德'成为内心束缚力极强的、具有法律功能的崇高准则；它缓冲了阶级矛盾，模糊了阶级意识，排挤了法律，使它长期处于幼稚和发育不完善的状态。"④

---

①　赵昆生：《周公关于"天"的思想》，《重庆师院学报》1984年第1期。
②　陈来：《古代宗教与伦理——儒家思想的根源》，北京：生活·读书·新知三联书店，1996年，第168、195—196页。
③　启良：《中国文明史》上册，广州：花城出版社，2001年，第462页。
④　赵昆生：《周公关于"天"的思想》，《重庆师院学报》1984年第1期。

专题二十一　武祖姜太公

商周之际，在波澜壮阔的历史大舞台上，论其勋劳、智慧，能够与周公相比肩的首推姜太公。

一　姜太公的族属、里籍与生平事迹大略

《史记·齐太公世家》云："太公望吕尚者，东海上人。其先祖尝为四岳，佐禹平水土甚有功。虞夏之际封于吕，或封于申，姓姜氏。夏商之时，申、吕或封枝庶子孙，或为庶人，尚其后苗裔也。本姓姜氏，从其封姓，故曰吕尚。"谯周《古史考》谓姜太公名牙。《史记索隐》谓姜太公名尚，字牙，官名尚父。清崔述《丰镐考信录》卷八《齐太公》谓："望，其名也；尚父，其字也；吕，其氏也；姜，其姓也；师，其官也；公，其爵也；太公，齐人之追号之也。……牙之名，尚父之官，皆不见于经传，盖由不知望之即名、尚父之即尚，而妄为之说者也。"

司马迁说姜太公的先祖"尝为四岳，佐禹平水土甚有功"。那

么，他的这位先祖究竟是谁呢？《左传》昭公十七年杜注："炎帝神农氏，姜姓之祖也。"《国语·周语下》载太子晋曰：尧时，共工之从孙四岳佐禹治水有功，"皇天嘉之"，"祚四岳国，命以侯伯，赐姓曰姜、氏曰有吕"。贾侍中云："共工，诸侯，炎帝之后，姜姓也。"《世本》："祝融曾孙生伯夷，封于吕，为舜四岳。"而祝融生共工。由此可知，姜太公的远祖为炎帝；作为姜姓一支以吕为氏的伯夷当是他这一支裔的"先祖"。①

关于姜太公的里籍，亦有种种不同说法：

一曰出自西羌或白狄。《后汉书·西羌传》："西羌之本 …… 姜姓之别也。"章太炎也认为"羌者，姜也"，"羌亦姜姓"。②杨筠如认为："姜姓的民族本出于西方。""与周人通婚的姜姓民族，大概是这个民族邻近周人的一个部落。""姜戎从陇西迁来，本自白狄一族。"后世所谓姜太公早年曾在今山东、河南等东方地区活动的记载，统统是"伪史"，乃战国时期"造故事的人"所"附会"。③闻一多认为，"齐人本为西方的羌族"，"周与羌族世为婚姻，弃母姜嫄，太王娶太姜，武王娶邑姜，皆羌族女。参与牧野之战的'西土之人'中的羌，大概就是武王的外家，而太公很可能就是他们的君长。太公以宗亲，兼伐纣有大功，受封于吕，这是这支羌人内徙与华化的开端。后来太公的儿子丁公，又以平蒲姑有功，领着一部分

① 参见韩玉德：《吕望史迹考辨》，徐树梓主编：《姜太公新论》，北京：北京燕山出版社，1993年。下引徐氏此书，但注《姜太公新论》，不再详注主编者及出版社、出版日期。

② 《检论》卷一《序种姓上》。

③ 杨筠如：《姜姓的民族和姜太公的故事》，《古史辨》第2册，上海：上海古籍出版社，1982年。

子姓就地受封，都于营邱，是为齐国"。羌族的申、吕、齐国族人因与诸夏通婚，所以华化得快；莱夷与姜戎因不与诸夏通婚，"故终春秋之世未被同化"。①李白凤认为，"旧说姜太公'东海人也'是一个大错误"，这"大约也是他的后裔攀附高门的事"。姬姓于远古与姜姓俱属"白狄种"，屡世为婚姻。②孙作云亦认为："姜太公是渭水上游的羌族部落长。"③总之，按这派人的观点，不仅姜太公的老根在西部的陕甘地区，是羌人或白狄，即姜太公本人也是出生在这里的。

二曰出自河南汲县。郦道元《水经注》九《清水》：汲县"城北三十里有太公泉，泉上又有太公庙，庙侧高林秀木，翘楚竞茂，相传云太公之故居也"。"城东门北侧，有太公庙，庙前有碑，碑云：'太公望者，河内汲人也。'"晋太康十年（公元 289 年）汲县令卢无忌所勒碑文亦谓"齐太公吕望者，此县人也"。④后儒及近今学者从此说者亦不乏其人。

三曰"东海上人"。《孟子·尽心》："太公辟纣，居东海之滨。"《战国策·秦策五》："太公望，齐之逐夫，朝歌之废屠，子良之逐臣，棘津之仇不庸，文王用之而王。"《荀子·君道》："（文王）举太公于州人而用之。"《吕氏春秋·首时》："太公望，东夷之士也。"《史记·齐太公世家》："太公望吕尚者，东海上人。"《后汉书·郡国三》：琅邪国有"西海"县。刘昭注引《博物记》云："太公吕望

---

① 闻一多：《神话与诗·神仙考》，《闻一多全集》第 1 册，北京：生活·读书·新知三联书店，1982 年，第 155 页。
② 李白凤：《东夷杂考》，济南：齐鲁书社，1981 年，第 8、43 页。
③ 孙作云：《从诗经中所见的灭商以前的周社会》，《诗经与周代社会研究》，北京：中华书局，1966 年。
④ 参见李志清：《姜太公故里考》，收入《姜太公新论》。

所出，今有东吕乡。又钓于棘津，其浦今存。"姜太公所在的这个东吕乡，或谓在今日照；或谓在今莒县；也有学者认为"日照滨海之地为太公避难之'吕'，莒县为太公原籍之'吕'"。①《荀子·君道》所言"举太公于州人"之"州"，据王献唐考证，"州"乃国名，即"淳于""淳"，"淳、州为声转，淳于是复音，通为一事"，地在今山东安邱县境。②总之，在持这派观点的学者看来，"太公是山东土著的姜姓，是无可疑的"。③

此外，尚有《史记正义·齐太公世家》的浙江"海盐县"说，《列仙传》的"冀州"说，因证据不足，早已不为学界所重，这里就不具体介绍了。

限于材料，要彻底弄清姜太公的出生地恐无可能；就现有材料，我们认为还是《史记·齐太公世家》所说的"东海上人"，亦即近今多数学者所说的山东东部沿海人理由相对充分些。

归周前，史籍所载姜太公的活动甚少且具传奇、神话色彩。《史记·齐太公世家》：

> 吕尚盖尝穷困，年老矣，以渔钓奸周西伯。西伯将出猎，卜之，曰："所获非龙非彲，非虎非罴，所获霸主之辅。"于是周西伯猎，果遇太公于渭之阳，与语大悦，曰："自吾先君太公曰：'当有圣人适周，周以兴。'子真是邪？吾太公望子久矣。"故号之曰"太公望"，载与俱归，立为师。

① 景以恩：《齐祖姜太公考》，收入《姜太公新论》。
② 王献唐：《山东古国考》，济南：齐鲁书社，1983年，第196页。
③ 王献唐：《山东古国考》，济南：齐鲁书社，1983年，第164页。

或曰太公博闻，尝事纣。纣无道，去之。游说诸侯，无所遇，而卒西归周西伯。或曰吕尚处士，隐海滨。周西伯拘羑里，散宜生、闳夭素知而招吕尚。吕尚亦曰："吾闻西伯贤，又善养老，盍往焉。"三人者为西伯求美女奇物，献之于纣，以赎西伯。西伯得以出，反国。

太史公果不愧良史之誉，在未能辨别真伪的情况下，只好诸说并录，把问题留给了后人。《战国策·秦策五》曾对归周前姜太公的穷困潦倒经历作了简单概括："太公望，齐之逐夫，朝歌之废屠，子良之逐臣，棘津之仇不庸。""仇"，同"售"，"仇不庸"，即"卖劳力而无人雇佣"。《韩诗外传》卷七、八："吕望行年五十，卖食棘津，年七十屠于朝歌，九十乃为天子师。""太公望少为人婿，老而见去，屠牛朝歌，赁于棘津，钓于磻溪，文王举而用之。"《说苑·尊贤》："太公望，故老妇之出夫也。"《史记索隐·齐太公世家》引谯周："吕望尝屠牛于朝歌，卖饮于孟津。"《楚辞·天问》："师望在肆昌何识？鼓刀扬声后何喜？"王逸注云："吕望鼓刀在列肆，文王亲往问亡。吕望对曰：'下屠屠牛，上屠屠国。'文王喜，载与俱归也。"正是这位"屠国"高人，却"屠牛于朝歌，利不及妻子"（《盐铁论·贫富》），"田不足以偿种，渔不足以偿网"（《说苑·杂言》），窘困之态可想而知。如果《史记·齐太公世家》所谓姜太公"尝事纣"成立的话，那末，在他离开纣之后的漫长岁月里，除一度在子良手下或良国为臣旋被逐外，[1]基本上是浪迹天涯

---

[1]　参见景以恩《齐祖姜太公考》、李永先《姜太公论》、杨善群《姜太公的籍贯和早年活动》，俱收入《姜太公新论》。

（从今山东而河南、而陕西），杀过牛、卖过饭、种过田、捕过鱼、干过佣作，四处混穷，连婚姻家庭也破裂了。但亦有学者认为："《战国策》所云'齐之逐夫'，盖指为纣王军队所逐而言，非老妇之逐也。""在海滨隐居数年后，太公以其满腹经纶，抱着灭殷复仇的壮志，跑到殷都朝歌来窥察敌情、找同盟者了。……为了不暴露他是齐之大老的身份，他屠过牛，市过饭，干过佣作……就在太公屠牛卖肉时，巧遇文王……从此，两人便暗中有了来往。……《孙子·用间》也讲：'周之兴也，吕牙在商。'全指太公归周前在殷的间谍活动。""姜太公之宰牛、卖饭和做庸工，并非是由于穷困，而是在做间谍。……姜太公所活动的朝歌，是殷的都城；孟津是水陆交通要道，周军渡河的地点；棘津也叫汲津、石济津，从这里渡河到朝歌是很近的。这些地点都是周军伐纣的进军路线。姜太公在这些地方秘密做了详细的调查，为以后武王伐纣作了很充分的准备。"[1]事情是否如此，已难确考，录此聊备一说。

姜太公是在什么时候、什么情况下归周的（文王遇于肆载与俱归，还是遇于渭水之阳载与俱归），也已难以确考，但有一点是明确的，即他一入周便受到重用，正如司马迁所说："言吕尚所以事周虽异，然要之为文武师。"（《史记·齐太公世家》）

据史，文王时周人之迅速发展壮大，姜太公曾出了不少力。《史记·齐太公世家》："周西伯昌之脱羑里归，与吕尚阴谋修德以倾商政，其事多兵权与奇计，故后世之言兵及周之阴权皆宗太公为本谋。周西伯政平，及断虞、芮之讼，而诗人称西伯受命曰文王。

① 景以恩《齐祖姜太公考》、李永先《姜太公论》，收入《姜太公新论》。

伐崇、密须、犬夷，大作丰邑。天下三分，其二归周者，太公之谋计居多。"据《说苑·指武》，文王决定伐密须时，就曾采纳了姜太公的意见，其文曰："文王曰：'吾欲用兵，谁可伐？密须氏疑于我，可先往伐？'管叔曰：'不可。其君天下之明君也，伐之不义。'太公望曰：'臣闻之，先王伐枉不伐顺，伐险不伐易，伐过不伐不及。'文王曰：'善'。遂伐密须氏，灭之也。"

武王继立后，姜太公的聪明才智得到了进一步的发挥。《大戴礼记·武王践阼》载："武王践阼……召师尚父而问焉，曰：'黄帝、颛顼之道存乎……'。师尚父曰：'在丹书。王欲闻之则斋矣。'三日，王端冕，师尚父亦端冕，奉书而入。……道书之言曰：'敬胜怠者吉，怠胜敬者灭；义胜欲者从，欲胜义者凶。凡事，不强则枉，弗敬则不正。枉者灭废，敬者万世。'"即位伊始，便以治国大计相询，足见姜太公在武王心目中地位之重。

史载，武王受命九年，曾东观兵盟津。"师行，师尚父左杖黄钺，右把白旄以誓，曰：'苍兕苍兕，总尔众庶，与尔舟楫，后至者斩。'遂至盟津。诸侯不期而会者八百诸侯。"（《史记·齐太公世家》）看样子，姜太公当是这次灭商预演的总指挥。

伐纣前夕，武王"卜，龟兆不吉，风雨暴至，群公尽惧，唯太公强之劝武王，武王于是遂行。"（《史记·齐太公世家》）《通典》卷一百六十二《推人事破灾异》更综合各有关记载绘形绘声地记其事曰："周公曰：'今时逆太岁，龟灼告凶，卜筮不吉，星变为灾，请还师。'太公怒曰：'今纣刳比干，囚箕子，以飞廉为政，伐之有何不可？枯草朽骨安所知乎！'乃焚龟折蓍，援枹而鼓，率众先涉河，武王从之，遂灭纣。"不仅在关键时刻敢于决断，且是活生生一个大无畏的无神论者！

决战中，"武王使师尚父与百夫致师，以大卒驰帝纣师"（《史记·周本纪》）。《集解》引郑玄曰："致师者，致其必战之志也。古者将战，先使勇力之士犯敌焉。"即是说，在这次关键性的大决战中，姜太公又是身先士卒、打先锋的。为此，后人曾满怀深情地讴歌之曰："牧野洋洋，檀车煌煌，驷騵彭彭。雄师尚夫，时维鹰扬。"（《诗经·大雅·大明》）赞扬姜太公在战场上像雄鹰一样武勇捷疾。

克殷后的第二天，"武王立于社，群公奉明水，卫康叔封布采席，师尚父牵牲，史佚策祝，以告神讨纣之罪。散鹿台之钱，发钜桥之粟，以振贫民。封比干墓，释箕子囚。迁九鼎，修周政，与天下更始。师尚父谋居多"（《史记·齐太公世家》）。即是说，在立国后的稳定人心、迅速建立周人的新统治秩序方面，姜太公也是出了不少主意的。

不久，武王死，"管、蔡作乱，淮夷畔周"，周王室"乃使召康公命太公曰：'东至海，西至河，南至穆陵，北至无棣，五侯九伯，实得征之。'齐由此得征伐，为大国"（《史记·齐太公世家》）。在理应"礼乐征伐自天子出"（《论语·季氏》）的时代，齐"得征伐"特权的获得，固然是稳定东方的客观需要，也反映了周室对姜太公的信任、倚重。

二　姜太公的治国思想、方略

灭商后，为屏藩周室，武王乃分封诸侯，姜太公以头号功臣位列"首封"（《史记·周本纪》），被封于营丘，曰齐。（《汉书·地理志下》："周成王时，薄姑氏与四国共作乱，成王灭之，以封师尚父，是为太公。"后之学者亦多认为武王时未暇大规模分封，齐等诸侯之封当在周公东征平叛后。）

说是"封"与齐，实不过是给他个空头地盘，让姜太公自己去打天下。史称：姜太公"东就国，道宿行迟。逆旅之人曰：'吾闻时难得而易失，客寝甚安，殆非就国者了。'太公闻之，夜衣而行，黎明至国。莱侯莱伐，与之争营丘。营丘边莱。莱人，夷也，会纣之乱而周初定，未能集远方，是以与太公争国。"（《史记·齐太公世家》）齐原以蒲（薄）姑地，附近又有莱等夷人，如何处理同当地夷人的关系，是决定姜太公能否在齐地站住脚的关键。史称，"太公至国，修政，因其俗，简其礼，通商工之业，便鱼盐之利，而人民多归齐，齐为大国"（《史记·齐太公世家》）。看来，姜太公所采取的"因其俗""简其礼"的政策，是成功的，并很快赢得了当地民众的拥护，纷往归之。

在政治上，姜太公奉行了一条不同于鲁的"举贤尚功"的方针，这是他的又一成功处。《汉书·地理志下》说："太公治齐，修道术，尊贤智，赏有功。"《淮南子·齐俗》载："太公问周公曰：'何以治鲁？'周公曰：'尊尊亲亲'。太公曰：'鲁从此弱矣！'周公问太公曰：'何以治齐？'太公曰：'举贤而上功。'周公曰：'后世必有劫杀之君！'其后，齐日以大至于霸，二十四世而田氏代之；鲁日以削，至三十二世而亡。"《史记·鲁周公世家》亦载："鲁公伯禽之初受封之鲁，三年而后报政周公。周公曰：'何迟也？'伯禽曰：'变其俗，革其礼，丧三年然后除之，故迟。'太公亦封于齐，五月而报政周公。周公曰：'何疾也？'曰：'吾简其君臣礼，从其俗为也。'及后闻伯禽报政迟，乃叹曰：'呜呼！鲁后世其北面事齐矣！夫政不简不易，民不有近；平易近民，民必归之。'"这虽是后人根据齐强鲁弱编造出的故事，但亦在一定程度上反映了齐、鲁两国治国方针的不同。

在经济上，姜太公根据齐地近海，土地瘠薄多盐碱不利五谷生长的实际，乃"劝其女功，极技巧，通鱼盐"（《史记·货殖列传》），"通利末之道，极女工之巧"（《盐铁论·轻重》），"通商工之业，便鱼盐之利，而人民多归齐，齐为大国"（《史记·齐太公世家》）。在发展经济上也取得了极大成功。

据史，姜太公又是一个以刑杀为威的铁腕人物。《韩非子·外储说右上》载："太公望东封于齐。齐东海上有居士曰狂矞、华士昆弟二人者，立议曰：'吾不臣天子，不友诸侯，耕作而食之，掘井而饮之，吾无求于人也。无上之名，无君之禄，不事仕而事力。'太公望至于营丘，使吏执杀之，以为首诛。周公旦从鲁闻之，发急传而问之曰：'夫二子贤者也，今日飨国而杀贤者，何也？'太公望曰：'是昆弟二人，立议曰：吾不臣天子……彼不臣天子者，是望不得而臣也；不友诸侯者，是望不得而使也；耕作而食之，掘井而饮之，无求于人者，是望不得以赏罚劝禁也。且无上名，虽智不为上用；不仰君禄，虽贤不为望功；不仕则不治，不任则不忠。且先王之所以使其臣民者，非爵禄则刑罚也。今四者不足以使之，则望当谁为君乎？不服兵革而显，不亲耕耨而名，又所以教于国也……是以诛之。"又据《春秋繁露》卷十三《五行相胜》：营荡"为齐司寇。太公封于齐，问焉以治国之要。营荡对曰：'任仁义而已'。太公曰：'任仁义奈何？'营荡对曰：'仁者爱人，义者尊老。'太公曰：'爱人尊老奈何？'营荡对曰：'爱人者，有子不食其力；尊老者，妻长而夫拜之。'太公曰：'寡人欲以仁义治齐，今子以仁义乱齐，寡人立而诛之，以定齐国。'"如上述记载属实，则姜太公又是一个虽贤智不为我用则杀、政见不合立诛的杀人暴君，和后世的秦始皇、曹操们颇类。

杨向奎谓："太公和周公的作风不同，太公重视经济方面的经营，使齐强大起来，而且这种重实利的作风，讲究实效的结果，也为后来的法家学说奠定了基础。后来的《管子》一书，正好是这种思想作风的发扬光大者。"①杨氏的说法，有一定道理。

三 姜太公的军事思想

姜太公不但是一位有丰富军事实践经验的优秀统帅，还是一位优秀的军事理论家。

《汉书·艺文志》："《太公》二百三十七篇，《谋》八十一篇，《言》七十一篇，《兵》八十五篇。"归入道家。钱大昭《汉书辨疑》卷十六《艺文志》曰："《谋》《言》《兵》，就二百三十七篇而析言之；《太公》其总名也。"王先谦《汉书补注·艺文志第十》引沈钦韩《汉书疏证》谓："《志》云《谋》者，即太公之《阴谋》；《言》者，即太公《金匮》……《兵》者，即《太公兵法》。"《隋书·经籍志》著录有：《太公六韬》五卷，注：梁六卷；《太公阴谋》一

---

① 《〈姜太公新论〉序》。

卷，注：梁六卷，梁又有《太公阴谋》三卷；《太公阴符钤录》一卷；《太公金匮》二卷；《太公兵法》二卷，注：梁三卷；《太公兵法》六卷，注：梁有《太公杂兵书》六卷；《太公伏符阴阳谋》一卷；《太公三宫兵法》一卷，注：梁有《太一三宫兵法立成图》二卷；《太公书禁忌立成集》二卷；太公《枕中记》一卷。《隋书·经籍志》所著录之太公书，《汉书·艺文志》不载，足见除《六韬》等少数著作外，多系汉以后人所伪托。即《汉志》所载，班固著录时已有所怀疑，如他在《太公》书下即曾注曰："吕望为周师尚父，本有道者。或有近世又以为太公术者所增加也。"这些书，今多已亡佚，仅存《六韬》一书；而今本《六韬》，也已不是原来的样子，而是宋代颁行《武经七书》时的删定本。后人研究姜太公的军事思想，多据此书。

对《六韬》的成书年代及其可靠性，历来有不同看法。

宋王应麟《汉艺文志考证》认为："《六韬》所传，杂出春秋战国以来兵家，汉魏者好事者始掇为书而名之。"明胡应麟《四部正讹》认为"《六韬》称太公，厥伪瞭然"，乃"魏晋下谭兵之士掇拾剩余为此"。明张萱《疑耀》卷二《韬略非吕望笔》："今所传《六韬》《三略》，乃楚汉间好事者所补，非望笔也。"清姚鼐《惜抱轩文集》五《读〈司马法〉〈六韬〉》谓："今《六韬》微取兵家之说，附之太公，而弥鄙陋。"清崔述《丰镐考信录》卷八《齐太公》也认为："《六韬》所言，术浅而文陋……必秦、汉间人之所伪撰。"近今学者中亦不乏认《六韬》为后人伪托者，如李永先即认为："《六韬》系魏、晋时人掇拾兵书中有关姜太公的韬略传说而成的。"①

　　然相信其早出者亦有说，并从近之考古发掘中找到一些对自己有利的根据。

　　1972年，山东临沂银雀山汉墓所出竹简中有《六韬》残简。据有关专家考证，该墓年代不会晚于汉武帝元狩五年（公元前118年）；而从简文不避刘邦、刘恒、刘彻等的名讳看，简书当写于西汉前。1973年，河北定县也出土了《太公》竹简，内容多有与今本《六韬》相同或相近者；墓葬年代约在汉五凤三年（公元前55年）。此两处汉简，特别是银雀山《六韬》残简的出土，使汉、魏晋伪撰《六韬》说不攻自破。

　　《庄子·徐无鬼》载："女商曰：'先生独何以说吾君乎？吾所以说吾君者，横说之则以《诗》《书》《礼》《乐》，从说之则以《金版六弢》，奉事而大有功者不可为数。'"据此，一些学者断定《六韬》成书于战国时期。②陈青荣根据《群书治要》卷三十一所录《武韬》载周文王曾让人将姜太公的精彩言论"著之金版"等证据，认为《庄子·徐无鬼》所言之《金版六弢》，即《汉书·艺文志》儒家类所著录之《周史六弢》，亦即《六韬》；"《金版六弢》《周史六弢》《六韬》是一本书在不同时期的名称"；《六韬》"既非吕尚亲著，也非后人依托，而是桓公时期齐官府根据周代原始档案整理而成的，所以最初名为《金版六弢》，又因为档案是周史官所记实录，亦称之为《周史六弢》"。③全晰纲赞同陈青荣的看法，而又有所补

①　李永先：《姜太公论》，收入《姜太公新论》。
②　刘宏章：《〈六韬〉初探》，《中国哲学史研究》1985年第2期。
③　陈青荣：《〈六韬〉作者及成书年代》，收入《姜太公新论》。

充，认为"到齐威王时，齐大夫们再一次对《六韬》进行了修订，从而又杂糅进一些战国时代的特色"；"《金版六弢》、《周史六弢》、《太公六韬》、《太公兵法》、《太公》、今本《六韬》都是同一本书在不同时期的不同称谓，其主要内容是周代史官著录在金版上的姜太公与周王有关军事的对话，虽然在流传过程中文字表述有所变异，但其主体内容没有多少变化。《六韬》虽非姜太公亲自所写，却源于周代史官对姜太公与周王对话的真实记录，因此，《六韬》是目前我们能见到的研究姜太公的最重要的一部书"。①

传本《六韬》由《文韬》《武韬》《龙韬》《虎韬》《豹韬》《犬韬》六部分（卷）、六十篇组成。表述形式为姜太公答文王、武王问的问答体。

《六韬》是讲谋略的书，分政治谋略和军事谋略两大方面。政治谋略讲治国大计，涉及爱民、富民、举贤、赏信罚必、重教化等方面。军事谋略是《六韬》的主要内容，涉及民心、选将、练兵、布阵、军械军资、攻守、骄敌、用间、用奇知变、见利不失、遇时不疑以及疾战、突战、火战、水战、林战、山战、车战、骑战、步战等一整套治军思想及战略、战术原则，内容十分丰富。

姜太公多谋善战，是历史上有名的军事指挥家和军事理论家，这大概不会有什么问题。太史公谓"后世之言兵及周之阴权皆宗太公为本谋"（《史记·齐太公世家》），后人尊他为"兵家始祖""武祖"，亦非过誉。问题在于：《六韬》中固然保存有姜太公的军事理论、思想，又明显有后人附加的成分——如宋儒黄震在《黄氏日

---

① 仝晰纲：《青铜的战神——齐鲁兵家文化研究》，上海：学林出版社，1999年，第58、62页。

抄》卷五十八《黄石公三略六韬》中就曾指出《六韬》中的"犹豫狐疑之戒，乃吴子之所已言也；言山兵者即吴子之谷战；言泽兵者即吴子之水战；十四变即吴子之十三击；十一卒即吴子之五练……雨不张盖等语，出尉缭子书；火战等说亦备孙子书"。当代学者刘庆亦曾列举大量例证，指出《六韬》"大量移植兵学言论的主要对象是《尉缭子》和《吴子》"，"很可能是《六韬》抄自《尉缭子》、《吴子》，或三书皆抄自某一秦晋兵学著述"。①这就要求我们在使用《六韬》论姜太公时，务必谨慎行事，务必把《六韬》和其他可靠古文献多加比证，以还姜太公一个比较真实的面目，切忌不加分析地据《六韬》甚至其他神话传说，将姜太公后世化、神化。

---

① 刘庆：《〈六韬〉与齐国兵学》，收入《姜太公新论》。

后 记

　　本卷各专题的介绍、论述，大体就是这个样子。大家读后可能会感到有些专题介绍、论述得比较细，并有一定深度，有些专题则不是那样，显得比较单薄、粗简。这种状况，固然同笔者的学识有限有关，主要的还是由各问题的材料状况和研究状况决定的。部分读者可能比较习惯于无歧义、无遗留的圆满阅读，殊不知事本复杂，学无止境，与其给读者一个表面上看来头头是道、滴水不漏、体系完备、自成一家的解释，倒不如抱着存疑的态度把问题展现给读者，把解决问题的希望留待来日更实事求是、也更对读者负责些。

　　历史是一个不可割断的连续发展过程。历史上的许多东西，特别是制度、思想文化层面的东西，更是前有源，后有流，不可孤立地去看。如井田制、分封制、宗法制、国野制、德、礼等等，大都源自前朝，延留后世（有些，如井田制、宗法制等，可能在西周表现得更完备、更典型些）。限于体例，本卷只能侧重于谈西周，读者若想了解事情的来龙去脉，则一定要与前、后卷联系起来看，对照着看。这样做，虽也可能暂时把自己的思想搅得更乱（对同一问题，不同卷次的作者很可能有完全不同或不尽一致的看法），但从长远考虑，却大有裨益。